现代职业教育汽车类专业"互联网+"创新教材

汽车底盘构造与维修

主　编　文定凤　杨长忠
副主编　欧益娥　杨正荣
参　编　赵亚辉　龙文锋　冯文宝　赵鹏喜
主　审　姚秀驰

机械工业出版社

本书由绪论和十个项目组成,包括汽车底盘概述、离合器的检修、变速器的检修、万向传动装置的检修、驱动桥的检修、悬架的检修、车架与车桥的检修、车轮和轮胎的检修、机械转向系统的检修、动力转向系统的检修、制动系统的检修。

本书在书中相关资料文本或图附近设置了二维码,使用者可用智能手机进行扫描,便可观看相关多媒体内容,可以方便读者理解相关知识,以便更深入地学习。

本书适用于职业教育汽车类专业的教学,也可供相关专业或维修企业、4S 店人员参考使用。

为方便教学,本书配有电子课件,凡选用本书作为授课教材的教师均可登录 www.cmpedu.com 以教师身份免费注册下载,或来电咨询:010-88379201。

图书在版编目(CIP)数据

汽车底盘构造与维修/文定凤,杨长忠主编. —北京:机械工业出版社,2018.8(2023.12重印)

现代职业教育汽车类专业"互联网+"创新教材

ISBN 978-7-111-60050-3

Ⅰ.①汽… Ⅱ.①文…②杨… Ⅲ.①汽车-底盘-结构-职业教育-教材②汽车-底盘-车辆修理-职业教育-教材 Ⅳ.①U463.1②U472.41

中国版本图书馆 CIP 数据核字(2018)第 156257 号

机械工业出版社(北京市百万庄大街 22 号　邮政编码 100037)
策划编辑:师　哲　责任编辑:师　哲
责任校对:陈　越　封面设计:马精明
责任印制:单爱军
北京虎彩文化传播有限公司印刷
2023 年 12 月第 1 版第 8 次印刷
184mm×260mm・13.25 印张・313 千字
标准书号:ISBN 978-7-111-60050-3
定价:39.80 元

电话服务	网络服务
客服电话:010-88361066	机　工　官　网:www.cmpbook.com
010-88379833	机　工　官　博:weibo.com/cmp1952
010-68326294	金　书　网:www.golden-book.com
封底无防伪标均为盗版	机工教育服务网:www.cmpedu.com

前言 preface

随着汽车工业的快速发展，汽车行业对汽车专业人才的要求越来越高，然而传统的教育模式已经不能满足职业教育的现状。本书是技工院校汽车类专业的一体化教材，旨在培养学生成为高技能人才。本书紧紧围绕职业工作需求，以"工学结合、基于工作过程"为导向，以培养学生的职业技能为核心，以"实用"为编写原则，形成理实一体化的教学模式。

技工院校是培养具有一定理论基础知识和娴熟技能的中高级适用性人才的职业院校，随着我国社会主义市场经济和现代化加工技术的迅速发展，社会及企业对技能人才的知识与技能结构提出了更新、更高的要求。

本书具有以下特点：

（1）科学性　立足汽车底盘各总成维修能力的提高，采用以学习任务为导向的新模式，突出技能培养，在结构上采用以"理论认知—故障分析—动手解决故障"为主线的理实一体化框架。

（2）针对性　注重职业岗位对人才的知识和能力要求，力求与相应职业资格标准衔接。每个项目由多个任务完成，每个任务都有学生动手实施的内容，重在动手能力的培养，使学生毕业后能适应岗位需求。

（3）实用性　在内容选择上结合修理厂常见的故障，使内容具有真实性和实用性。通过学习，使学生懂得汽车底盘各部分的工作原理，了解各部分的结构，检修各部分的故障，并具备独立进行维护操作的能力。

（4）生动性　本书内容通俗易懂，图文并茂，形式生动活泼，学生可以在"学中做、做中学"，有利于激发学生的学习兴趣。

本书主要内容包括汽车底盘概述、离合器的检修、变速器的检修、万向传动装置的检修、驱动桥的检修、悬架的检修、车架与车桥的检修、车轮和轮胎的检修、机械转向系统的检修、动力转向系统的检修、制动系统的检修。

本书由文定凤、杨长忠任主编，欧益娥、杨正荣任副主编，参加编写的还有赵亚辉、龙文锋、冯文宝、赵鹏喜，全书由姚秀驰主审。

在本书编写过程中，上海数林软件有限公司的朱松给予了大力帮助并提供了许多资料，在此致以诚挚的谢意。

由于编者水平有限，书中难免存在不妥和错误之处，恳请读者提出宝贵意见。

编者

contents 目录

前　言
绪论　汽车底盘概述 ·· 1
项目一　离合器的检修 ·· 5
　　任务一　认知离合器 ··· 6
　　任务二　离合器故障分析 ··· 10
　　任务三　检修离合器 ·· 13
　　项目考核与评价 ·· 18
项目二　变速器的检修 ··· 20
　　任务一　认知手动变速器变速结构 ······································ 21
　　任务二　认知手动变速器操纵机构 ······································ 29
　　任务三　认知自动变速器 ··· 34
　　任务四　变速器故障分析 ··· 38
　　任务五　检修变速器 ·· 42
　　项目考核与评价 ·· 49
项目三　万向传动装置的检修 ··· 52
　　任务一　认知万向传动装置 ·· 53
　　任务二　万向传动装置故障分析 ·· 58
　　任务三　检修万向传动装置 ·· 60
　　项目考核与评价 ·· 62
项目四　驱动桥的检修 ··· 64
　　任务一　认知驱动桥 ·· 65
　　任务二　驱动桥故障分析 ··· 72
　　任务三　检修驱动桥 ·· 75
　　项目考核与评价 ·· 82
项目五　悬架的检修 ··· 84
　　任务一　认知悬架系统 ··· 85
　　任务二　悬架故障分析 ··· 93
　　任务三　检修悬架系统 ··· 94

项目考核与评价 ………………………………………………………………………… 97

项目六　车架与车桥的检修 ………………………………………………………… 99
　　任务一　认知车架与车桥 …………………………………………………… 100
　　任务二　检修车架与车桥 …………………………………………………… 103
　　项目考核与评价 ………………………………………………………………… 108

项目七　车轮和轮胎的检修 ………………………………………………………… 110
　　任务一　认知车轮与车胎 …………………………………………………… 111
　　任务二　车轮与轮胎故障分析 ……………………………………………… 115
　　任务三　检修车轮与轮胎 …………………………………………………… 118
　　项目考核与评价 ………………………………………………………………… 125

项目八　机械转向系统的检修 ……………………………………………………… 127
　　任务一　认知机械转向系统 ………………………………………………… 128
　　任务二　机械转向系统故障分析 …………………………………………… 137
　　任务三　检修机械转向系统 ………………………………………………… 140
　　项目考核与评价 ………………………………………………………………… 145

项目九　动力转向系统的检修 ……………………………………………………… 147
　　任务一　认知动力转向系统 ………………………………………………… 148
　　任务二　动力转向系统故障分析 …………………………………………… 156
　　任务三　检修动力转向系统 ………………………………………………… 160
　　项目考核与评价 ………………………………………………………………… 164

项目十　制动系统的检修 …………………………………………………………… 165
　　任务一　认知制动器 ………………………………………………………… 168
　　任务二　认知液压制动系统 ………………………………………………… 174
　　任务三　认知气压制动系统与驻车制动系统 ……………………………… 178
　　任务四　认知制动防抱死系统（ABS）……………………………………… 183
　　任务五　制动系统故障分析 ………………………………………………… 187
　　任务六　检修制动系统 ……………………………………………………… 191
　　项目考核与评价 ………………………………………………………………… 202

参考文献 ……………………………………………………………………………… 205

绪 论

汽车底盘概述

汽车底盘是汽车的重要组成部分，是汽车的基础。汽车底盘由传动系统、行驶系统、转向系统、制动系统及车身和附属设备组成。汽车底盘的作用是支承、安装汽车发动机及其各部件、总成，形成汽车的整体造型，并接受发动机的动力，使汽车产生运动，保证正常行驶。汽车底盘总体结构如图0-1所示。

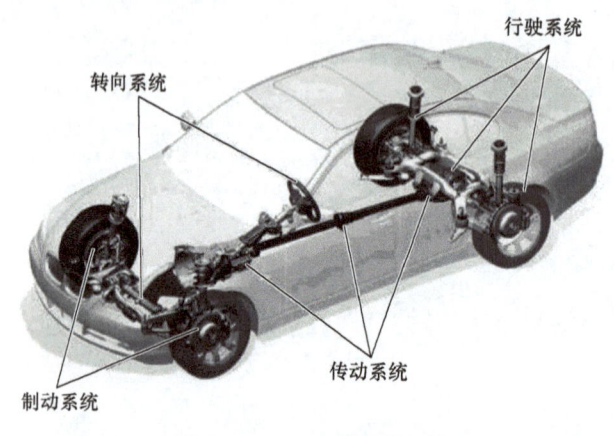

▲ 图0-1　汽车底盘总体结构

1. 传动系统

汽车发动机与驱动轮之间的动力传递装置称为汽车的传动系统。它应保证汽车在各种行驶条件下具有必需的牵引力、车速以及牵引力与车速之间协调变化等功能，使汽车具有良好的动力性和燃油经济性；还应保证汽车能倒车以及左、右驱动轮能适应差速要求，并使动力传递能根据需要而平稳地结合或彻底、迅速地分离。传动系统包括离合器、变速器、万向传动装置、驱动桥等部分。传动系统组成如图0-2所示。

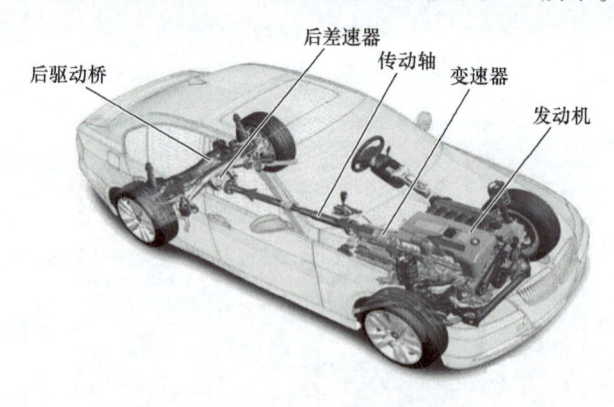

▲ 图0-2　传动系统的组成

2. 行驶系统

汽车行驶系统接受传动系统的动力，通过驱动轮与路面的作用产生牵引力，使汽车正常行驶，承受汽车的总重量和地面的反力，缓和不平路面对车身造成的冲击，衰减汽车行驶中的振动，保持行驶的平顺性且与转向系统配合，保证汽车操纵稳定性。常见的行驶系统有轮式、半履式、车轮-履带式及水路两用式等多种类型,但应用最为广泛的是轮式行驶系统。轮式行驶系统主要由悬架、车架与车桥、车轮和轮胎等组成。轮式行驶系统组成如图0-3所示。

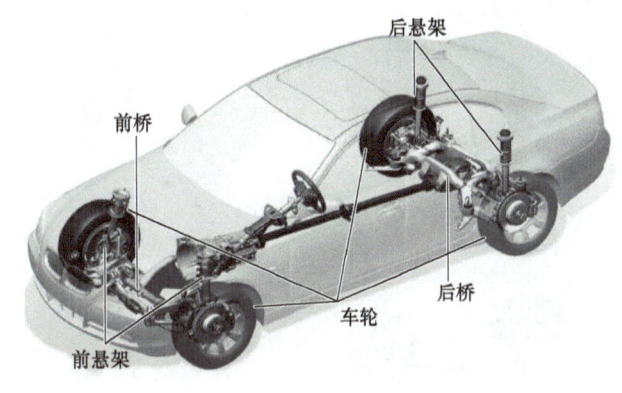

▲ 图 0-3 轮式行驶系统的组成

3. 转向系统

汽车转向系统能保证汽车能按驾驶员的意志而进行转向行驶。转向系统主要由转向盘、转向轴、转向器、转向摇臂、转向直拉杆、转向节臂、转向梯形臂、转向横拉杆和助力转向装置等组成。转向系统按照转向能源的不同可分为机械转向系统和动力转向系统两大类。转向系统组成如图0-4所示。

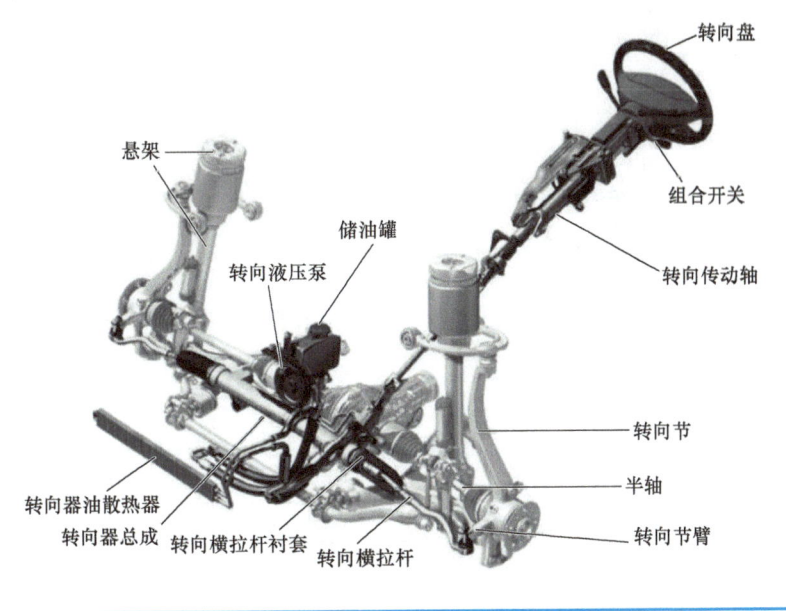

▲ 图 0-4 转向系统的组成

4. 制动系统

制动系统使行驶中的汽车减速甚至停车、使下坡行驶的汽车速度保持稳定、使已停驶的汽车保持不动，从而保证汽车行驶和停车的安全。制动系统主要由供能装置（如储液罐、制动总泵等）、控制装置（如 ABS 泵等）、传动装置（如高压制动管路等）和制动器等组成。轿车的制动系统组成如图 0-5 所示。

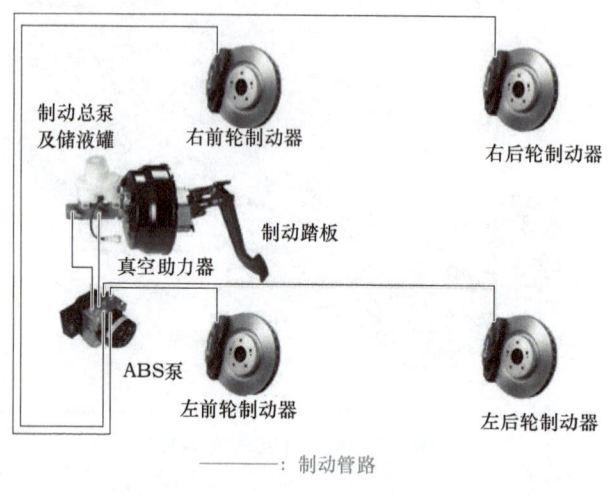

▲ 图 0-5　轿车制动系统的组成

项目一
离合器的检修

任务一　认知离合器

任务目标

1. 正确描述离合器的基本组成和各部件的作用。
2. 了解离合器的类型和工作原理。

知识储备

一、离合器的类型

（1）按传递转矩的方式不同分　可分为摩擦式、液力式、电磁式离合器。

（2）按从动盘数目不同分　可分为单片、双片和多片离合器。

（3）按压紧弹簧的形式分　可分为膜片弹簧式和螺旋弹簧式离合器。

1）膜片弹簧式离合器。膜片弹簧式离合器所用的压紧弹簧是用薄弹簧钢板制成的带有锥度的膜片弹簧（形状为蝶形，又称蝶形弹簧），如图1-1所示。

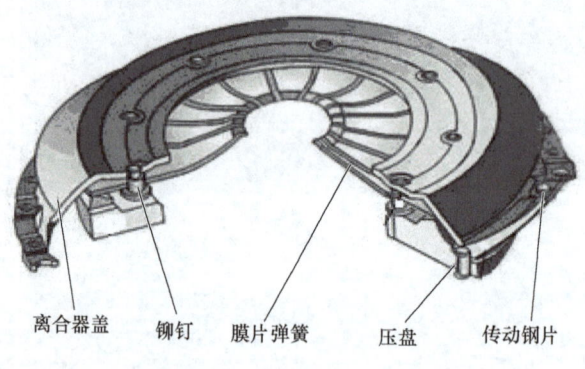

▲ 图1-1　膜片弹簧式离合器

特点：① 膜片本身兼起压紧弹簧和分离杠杆的作用，使得离合器结构简化、质量减小，并显著缩短了离合器的轴向尺寸。

② 由于膜片弹簧与压盘以整个圆周接触，使压紧力分布均匀，摩擦片的接触良好，磨损均匀。

③ 由于膜片弹簧具有非线性弹性特征，故能在从动盘摩擦片磨损的情况下，仍能可靠地传递发动机的转矩，而不产生打滑等。其应用非常广泛。

2）螺旋弹簧式离合器。螺旋弹簧沿着压盘的圆周做同心圆布置，如图1-2所示。

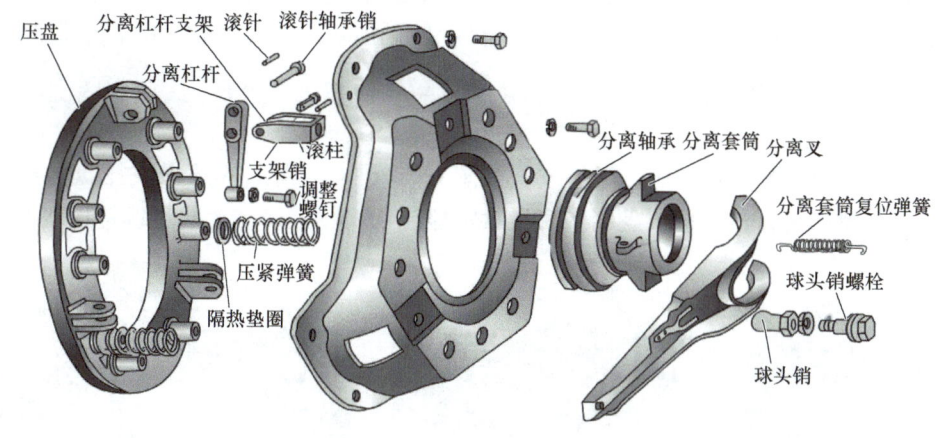

▲ 图1-2 螺旋弹簧式离合器结构图

二、摩擦式离合器的组成

摩擦式离合器主要由主动部分、从动部分、压紧机构和操纵机构四部分组成。

1. 主动部分

主动部分由飞轮、离合器盖和压盘等组成。

主动部分的飞轮与发动机的曲轴相连，离合器盖用螺栓固定在飞轮的后端面上，压盘通过传动钢片与离合器盖相连，可轴向移动。只要发动机的曲轴转动，飞轮便带动离合器盖及压盘一起转动。

2. 从动部分

从动部分由从动盘和输出轴等组成。

离合器的从动盘带有双面摩擦片，离合器正常接合时分别与飞轮和压盘接通；通过花键套装在变速器的输入轴上，输入轴通过轴承支承在曲轴后端中心孔内。其结构如图1-3所示。

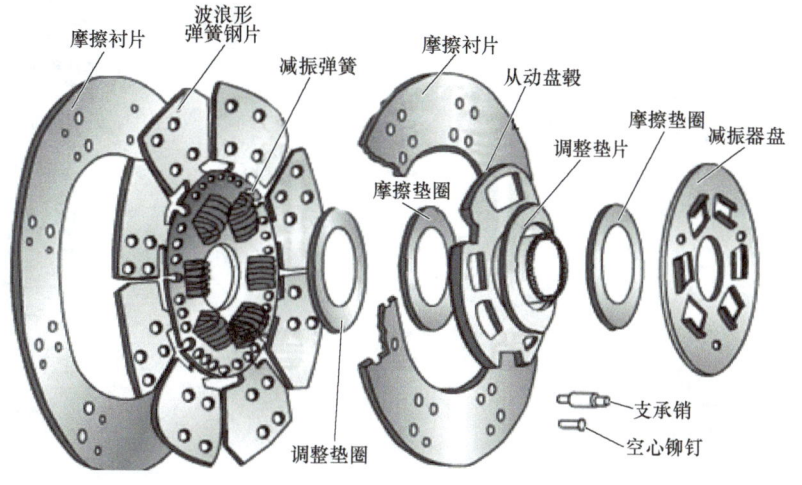

▲ 图1-3 离合器从动盘分解图

在大多数汽车上，为了避免因发动机转矩不断地变化产生共振而产生瞬时的冲击，在从动盘上装设有扭转减振器。扭转减振器主要是由布置在从动盘上的若干根螺旋弹簧组成，如图1-4所示。

3. 压紧机构

压紧机构由压紧弹簧和压盘等组成，如图1-5所示。压紧弹簧安装在压盘与离合器盖之间，沿圆周均匀分布，将压盘和从动盘紧紧地压在飞轮上，三者通过铆钉连接在一起。

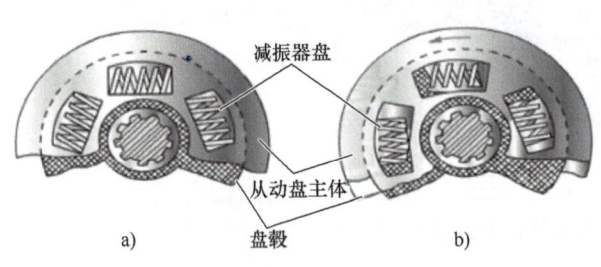

▲ 图1-4 扭转减振器
a) 不工作时 b) 工作时

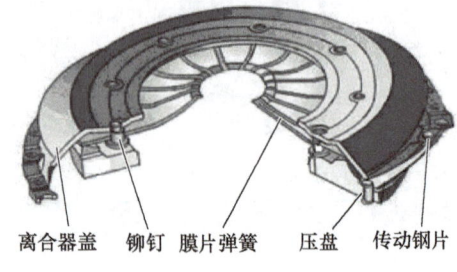

▲ 图1-5 离合器压紧机构

4. 操纵机构

操纵机构由离合器踏板、分离杠杆、分离套筒和分离轴承等组成，有机械式、液压式和气压式三种形式。机械式操纵机构通常有杠杆式和绳索式两种形式。

绳索式操纵机构如图1-6所示。

绳索式操纵机构广泛用于乘用车和微型货车上。这种传动装置由于拉索磨损较大，其工作时受到车身、拉杆和拉索变形等影响，会导致行程损失过大。但其结构简单，制造成本低。

液压式操纵机构如图1-7所示。一般由离合器踏板、主缸、储液罐、工作缸、分离叉、分离轴承和管路系统组成。当驾驶人踩下离合器踏板时，踏板受到作用力，在主缸中产生

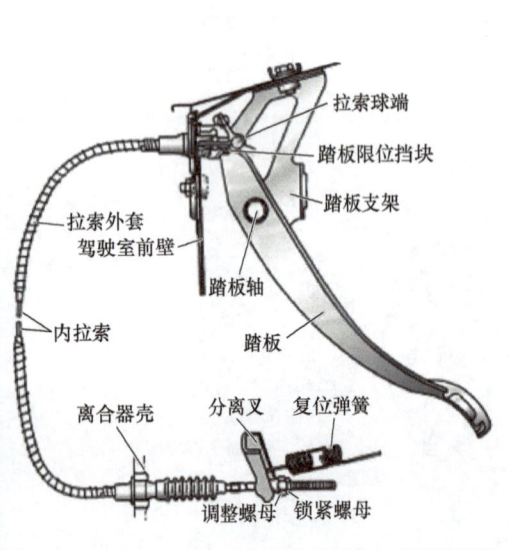

▲ 图1-6 离合器绳索式操纵机构

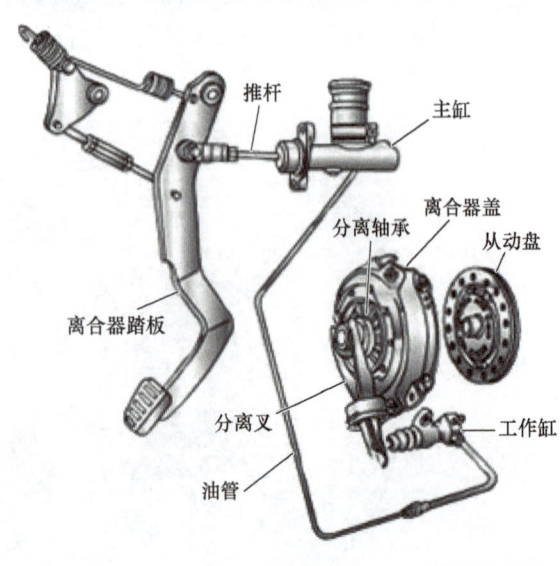

▲ 图1-7 离合器液压式操纵机构

液压，压力通过液压油管被传送到工作缸。此压力用于推动分离叉，从而使离合器分离。

三、摩擦式离合器的工作原理

摩擦式离合器的工作原理如图 1-8 所示。

1. 动力传递过程

发动机的飞轮是离合器的主动部分，带有摩擦片的从动盘和从动盘毂借滑动花键与从动轴（变速器的输入轴）相连。压紧弹簧将从动盘压紧在飞轮的端面上，发动机的转矩靠飞轮与从动盘接触面间的摩擦作用传递到从动盘毂上，从而传递到从动轴上输出。

扫一扫
液压离合器工作原理

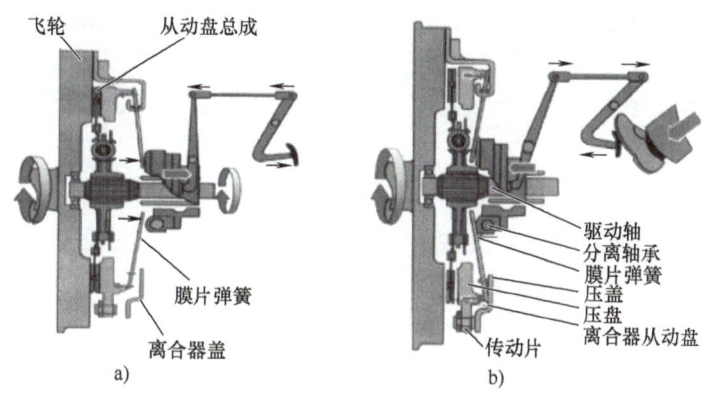

▲ 图 1-8 摩擦式离合器的工作原理
a）接合状态图 b）分离状态图

2. 动力切断过程

离合器的主、从动部分在压紧弹簧的作用下，常处于接合状态，以传递转矩。需要切断动力时，只要踩下离合器踏板，分离叉将作用力传递到分离轴承，使分离轴承往前移动，推动分离杠杆，克服压紧弹簧的压紧力，从而使主、从动部分处于分离状态，切断动力传递。

四、离合器踏板自由行程

从踩下离合器踏板到离合器开始分离，离合器踏板的行程称为离合器踏板自由行程（实质是分离杠杆与分离轴承之间的间隙），目的是防止摩擦片磨损变薄后离合器打滑，如图 1-9 所示。

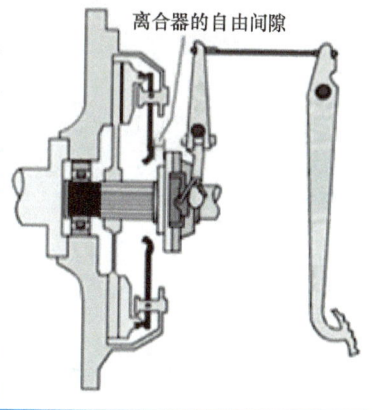

▲ 图 1-9 离合器踏板自由行程

任务实施

根据知识储备内容，实施离合器的认知实训，完成以下实训工单，见表 1-1。

表1-1　离合器结构认知

一、选用的离合器品牌或使用车型：_____，类型：_____。
二、对照离合器实物写出其组成部件的位置及功用，完成后请在后面的 □ 内打√。

1. 主动部分

1）飞轮：　　　　位置_____　功能_____ □
2）离合器盖：　　位置_____　功能_____ □
3）压盘：　　　　位置_____　功能_____ □

2. 从动部分

1）从动盘：　　　位置_____　功能_____ □
2）输出轴：　　　位置_____　功能_____ □

3. 压紧机构

压紧弹簧：　　　位置_____　类型_____　功能_____ □

4. 操纵机构

1）离合器踏板：　　位置_____　功能_____ □
2）离合器储油罐：　位置_____　功能_____ □
3）离合器主缸：　　位置_____　功能_____ □
4）主缸推杆：　　　位置_____　功能_____ □
5）高压油管：　　　位置_____　功能_____ □
6）离合器工作缸：　位置_____　功能_____ □
7）分离杠杆：　　　位置_____　功能_____ □
8）分离套筒：　　　位置_____　功能_____ □
9）分离轴承：　　　位置_____　功能_____ □
10）分离板（或分离叉）位置_____　功能_____ □

任务二　离合器故障分析

 **任务目标**

能正确分析离合器的常见故障。

 知识储备

离合器常见的故障主要有离合器打滑和分离不彻底等。

一、离合器打滑

1. 故障现象

1）汽车起步时,松开离合器踏板,汽车不能行驶;直到完全松开离合器踏板,汽车仍不能行驶或只能勉强起步。
2）汽车在行驶中加速时车速不能迅速提高,而发动机转速却很高。
3）汽车载重、上坡或在不良道路上行驶时打滑较明显,严重时可嗅到摩擦片烧蚀而产生的焦臭味。
4）拉紧驻车制动器用低档起步时,发动机不熄火。

2. 故障原因

1）离合器踏板自由行程过小或没有自由行程,使压盘处于半分离状态。
2）离合器踏板与驾驶室底板有碰擦,复位弹簧过软导致回复力不足,使踏板不能完全放松。
3）压紧弹簧或膜片弹簧过软或折断、开裂。
4）摩擦片磨损导致过薄或表面硬化、沾有油污、铆钉头外露。
5）离合器盖、飞轮连接螺栓松动。
6）离合器分离杠杆高度调整不当,其内端不在同一平面上。
7）压盘磨损导致过薄或变形。

二、离合器分离不彻底

1. 故障现象

踩下离合器踏板,挂档有齿轮撞击声且难以挂入,如果勉强挂上,则在尚未完全放松离合器踏板时,发动机熄火。

2. 故障原因

1）离合器踏板自由行程过大。
2）分离杠杆弯曲变形、支座松动、支座轴销脱出,使分离杠杆内端高度难以调整。
3）分离杠杆调整不当,使其内端不在同一平面内或内端高度太低。
4）双片离合器中间压盘限位螺钉调整不当,个别分离弹簧疲劳、高度不足或折断,中间压盘在传动销上或在离合器驱动窗口内轴向移动不灵活。
5）从动盘钢片翘曲、摩擦片破裂或铆钉松动;新换的摩擦片太厚或从动盘正反装错。
6）从动盘花键孔与变速器第一轴花键轴卡滞。
7）离合器液压操纵机构漏油、有空气或油量不足。
8）膜片弹簧弹力减弱。
9）发动机曲轴与变速器输入轴不同轴。

 **任务实施**

根据离合器故障分析填写离合器故障诊断流程图。

一、离合器打滑

离合器打滑故障诊断流程图如图 1-10 所示。请在图中空白框内填写相关内容。

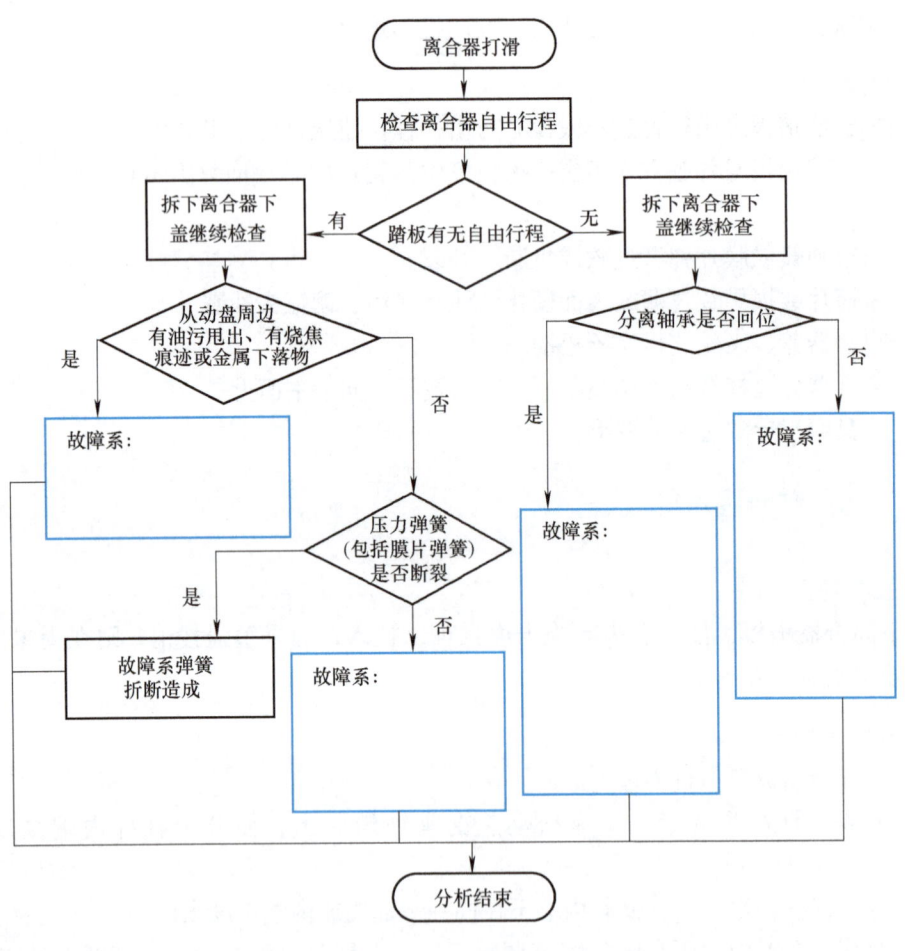

▲ 图 1-10 离合器打滑故障诊断流程图

二、离合器分离不彻底

离合器分离不彻底故障诊断流程图如图 1-11 所示。请在图中空白框内填写相关内容。

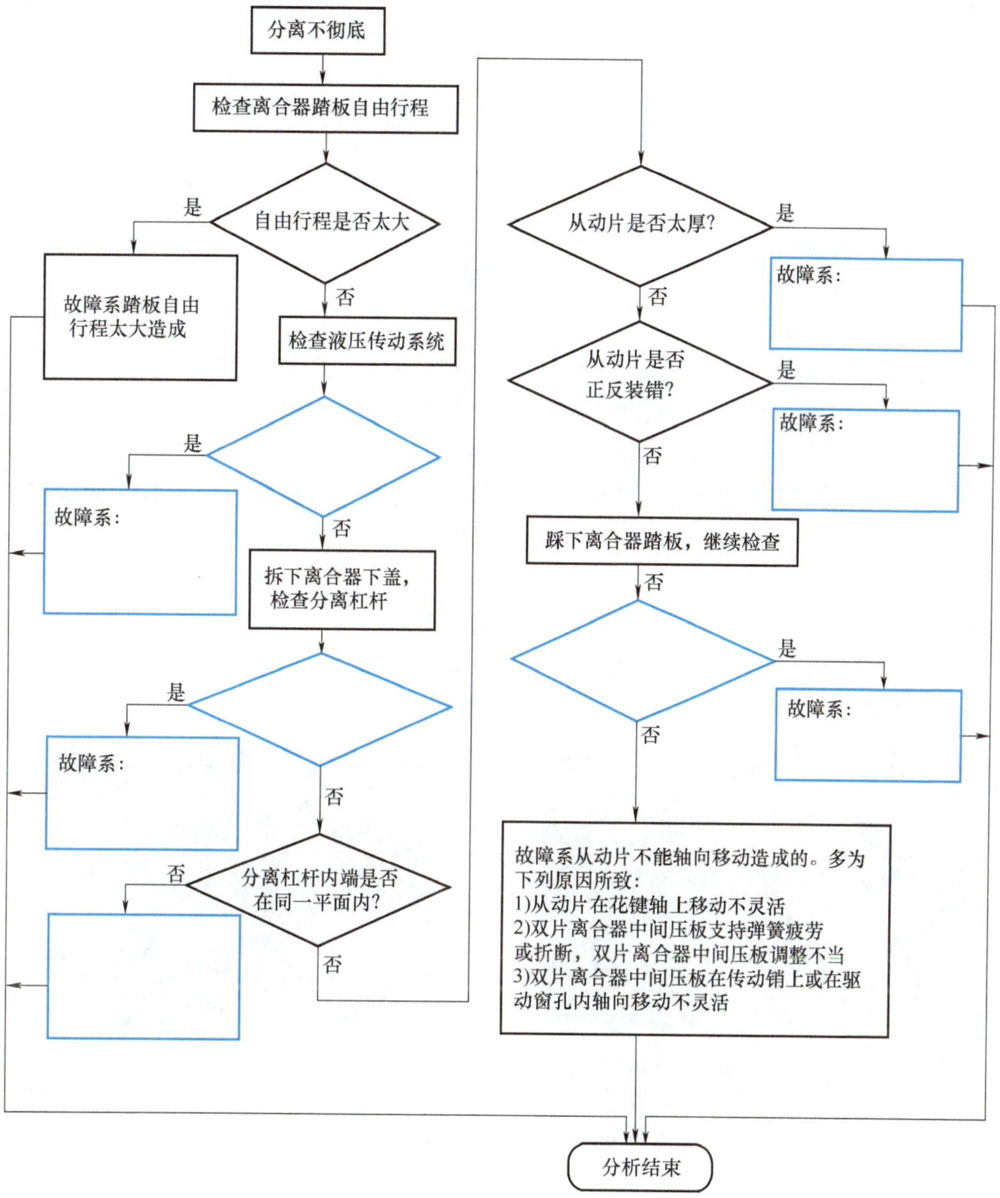

▲ 图1-11 离合器分离不彻底故障流程图

任务三　检修离合器

 **任务目标**

能正确检修离合器的各个部分，并对其做正确的判断。

 知识储备

一、离合器从动盘的更换

1. 离合器的拆卸

（1）离合器拆卸注意事项

1）为保证重新安装后原有的平衡不被破坏，拆卸和分解前应在离合器盖、压盘和飞轮三者的相对应位置作上装配标记。安装时，对准装配标记后连接紧固。

2）摩擦衬片和分离轴承不得用溶剂油和水清洗，安装前用砂布摩擦飞轮、离合器压盘和从动盘摩擦衬片上的污渍，不允许沾有油污。

3）从飞轮上拆卸和安装离合器总成时，应对角交叉，分步旋松或拧紧紧固螺钉，防止离合器盖变形。

（2）离合器的拆卸步骤

1）在离合器盖与飞轮之间作装配记号，如图1-12所示。

2）再按顺序拆松离合器盖与飞轮上的连接螺栓，最后拆下。

3）取下离合器的压紧机构和从动盘，如图1-13所示。

▲ 图1-12　作装配记号

▲ 图1-13　拆下从动盘

2. 离合器的装配

（1）离合器装配注意事项

1）在装配时，应清洁、润滑各部件的装配部位。

2）装离合器从动片时，单片短侧朝向飞轮；双片离合器两从动盘短毂相对安装，应注意两从动盘长短毂方向，短侧相对安装。

3）飞轮与离合器盖装配时，原有平衡垫片的，应按原位置装配。

4）安装离合器时，须用与变速器第一轴相同规格的花键轴，定位离合器从动盘。

5）离合器装合后，应进行动平衡实验，不平衡量应不大于规定值。

（2）离合器的装配步骤

1）采用变速器输入轴将离合器压紧机构和从动盘定心在飞轮上，并对正记号，如图1-14所示。

2）按规定顺序和转矩分2～3遍拧紧离合器盖与飞轮上的连接螺栓，如图1-15所示。

▲ 图1-14 对正记号

▲ 图1-15 拧紧螺栓

提示：不同车型的离合器拆装步骤略有不同。

二、离合器的检测与维修

1. 离合器的检测

（1）摩擦片磨损程度的检测　用游标卡尺测量铆钉孔的深度，铆钉孔的最小深度：小型车辆为0.30mm；货车为0.50mm。超过极限时应更换从动盘，如图1-16所示。

（2）离合器压盘平面度的检测　用塞尺和钢直尺测量压盘的平面度误差，如图1-17所示，最大平面度误差不能超过0.20mm。

▲ 图1-16 摩擦片磨损程度的检测

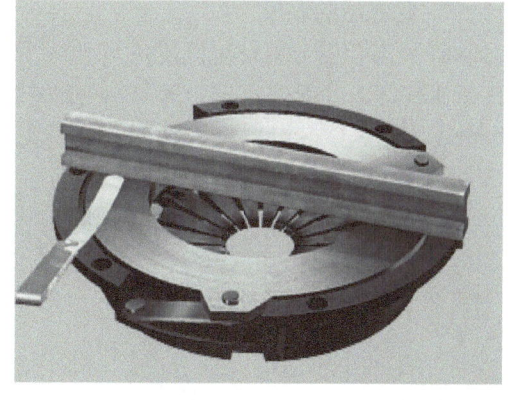

▲ 图1-17 离合器压盘平面度的检测

（3）离合器膜片弹簧的检测　如图1-18所示，膜片弹簧内端起分离杠杆的作用，内端与分离轴承摩擦磨损不得超过膜片厚度的1/2。膜片弹簧的高度差不得大于0.3mm，否则更换。

▲ 图1-18　离合器膜片弹簧的检测

（4）从动盘径向跳动的检测　在从动盘距边缘2.5mm处测量其端面跳动量不应大于0.5mm。如果摆差过大，则应更换从动盘，如图1-19所示。

▲ 图1-19　从动盘径向跳动的检测

2. 离合器的调整

（1）离合器分离杠杆高度的调整（只有螺旋弹簧式离合器可调）　调整目的：保证各分离杠杆内端面处于与变速器第一轴中心线相垂直的同一平面上，以使离合器分离时，压盘受力均匀。各分离杠杆高度差应不大于0.3mm。调整方法如图1-20所示。

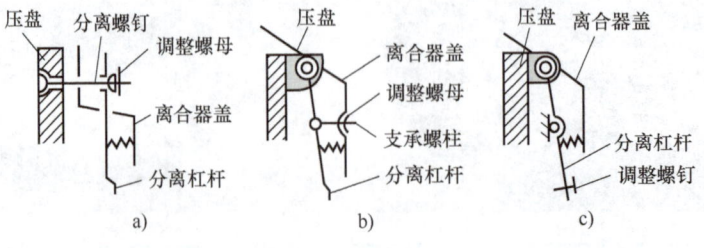

▲ 图1-20　离合器分离杠杆高度的调整
a）外端可调式　b）支点可调式　c）力点可调式

（2）离合器踏板自由行程的调整

1）检查方法。将有刻度的钢直尺支在驾驶室地板上，首先测量出踏板完全放松时的高度，再用手轻轻推压踏板，当感觉阻力增大时即为分离轴承端面与分离杠杆内端面刚好接触，此时停止推压，再测出踏板高度，前后测量的高度之差值即为离合器踏板的自由行程。

2）调整方法。按其结构形式不同有两种方法：

① 机械式操纵机构的调整：旋动离合器拉杆上的调整螺母，然后用止动螺母锁紧。

② 液压式操纵机构的调整：分两步调整，先调整主缸活塞与推杆间隙，然后调整分离杠杆端面与分离轴承之间间隙。

任务实施

根据知识储备内容，实施检修离合器实训完成表 1-2～表 1-6 的内容。

选用的离合器品牌或使用车型号：_____，类型：_____。

表 1-2　离合器拆卸表单

步骤	作业内容	完成情况		
1	准备工具	□完成	□基本完成	□未完成
2	在离合器盖与飞轮之间作装配记号	□完成	□基本完成	□未完成
3	再按顺序拧松离合器盖与飞轮上的连接螺栓，最后拆下	□完成	□基本完成	□未完成
4	取下离合器的压紧机构和从动盘	□完成	□基本完成	□未完成

表 1-3　离合器检测表单

项目	工量具	测量值	参考值	结果判断
目测各零部件情况				
从动铆钉孔的深度				
压盘平面度误差				
膜片弹簧高度差				
从动盘径向跳动				

表 1-4　离合器检修故障分析报告表

故障现象描述	
故障的可能原因分析	
制订解决方案	
解除故障实施过程记录	
总结	

表 1-5　离合器装配表单

步骤	作业内容	完成情况
1	采用变速器输入轴将离合器压紧机构和从动盘定心在飞轮上，并对正记号	□完成　□基本完成　□未完成
2	按规定顺序和转矩分2~3遍拧紧离合器盖与飞轮上的连接螺栓	□完成　□基本完成　□未完成
3	正确装配所有变速传动机构	□完成　□基本完成　□未完成

表 1-6　离合器踏板自由行程调整作业表单

步骤	作业内容	测量值	参考值	完成情况
1	工量具准备			□完成　□基本完成　□未完成
2	离合器踏板自由行程的检查			□完成　□基本完成　□未完成
3	松开主缸推杆的锁紧螺母			□完成　□基本完成　□未完成
4	调节主缸推杆			□完成　□基本完成　□未完成
5	复查自由行程			□完成　□基本完成　□未完成
6	拧紧锁紧螺母			□完成　□基本完成　□未完成

项目考核与评价

一、填空题

1. 摩擦式离合器可分为主动部分、_____、_____和_____四个部分。
2. 摩擦式离合器的机械式操纵机构有_____和_____两种。
3. 当轿车离合器摩擦衬片上铆钉头埋入深度大于_____时，可不必更换衬片。轻度油污可用_____，表面烧焦_____，出现裂纹_____。
4. 离合器液压操纵机构有离合器踏板、_____、油管、_____、分离叉和分离轴承等组成。
5. 离合器常见的故障有：_____、_____和_____。

二、判断题

（　　）1. 离合器踏板自由行程过大会造成分离不彻底的故障。
（　　）2. 在离合器的全部工作过程中，都不允许从动盘有打滑现象。
（　　）3. 膜片式离合器不需要调整离合器分离杠杆的高度。
（　　）4. 双片离合器从动盘短毂相对安装。

三、选择题

1. （　　）会造成汽车离合器压盘及飞轮表面烧蚀。
   A. 严重打滑　　　B. 分离不彻底　　　C. 动平衡破坏　　　D. 踏板自由行程过大
2. 离合器从动部分有（　　）。

A. 压盘　　　　　B. 离合器盖　　　C. 摩擦片　　　　D. 分离杠杆
3. 膜片弹簧式离合器分离杠杆高度采用（　　）调整。
A. 重点　　　　　B. 力点　　　　　C. 支点　　　　　D. 不要
4. 离合器最容易磨损的零部件为（　　）。
A. 分离轴承　　　B. 从动盘　　　　C. 压盘　　　　　D. 分离杠杆
5. 离合器传动钢片的主要作用是（　　）。
A. 将离合器盖的动力传给压盘　　　B. 将压盘的动力传给离合器盖
C. 固定离合器盖和压盘　　　　　　D. 起到动平衡作用
6. 离合器打滑的原因之一是（　　）
A. 离合器踏板无自由行程　　　　　B. 离合器踏板自由行程过大
C. 新换摩擦片　　　　　　　　　　D. 以上答案都不对

四、名词解释

离合器踏板自由行程：

五、问答题

1. 简述离合器打滑的原因。

2. 对离合器的要求有哪些？

3. 简述离合器分离不彻底的原因。

离合器的检修项目学习评价表

班　级		姓　名		学　号		总　评	
项目	自我评价 20%		小组评价 30%		教师评价 50%		小计
任务一							
任务二							
任务三							
评语							
学生总结							

项目二
变速器的检修

任务一 认知手动变速器变速结构

1. 掌握手动变速器的基本结构和各部件的作用。
2. 了解手动变速器的类型和工作原理。

一、概述

手动变速器包括操纵机构和变速传动机构两大部分。操纵机构是驾驶者操纵变速器的一套机构,其作用是通过驾驶者的操作,实现换档。变速传动机构是变速器的主体,是由若干组齿轮组成的齿轮副,其作用是通过改变齿轮的啮合路线实现变速器输出速度、转矩和方向的改变。

1. 变速器的功用

(1) 实现变速变矩(前进档) 汽车在行驶的过程中,随着行驶条件的变化,常常需要改变汽车的牵引力和行驶速度,为此,必须在发动机与传动轴之间设置变速器,来改变发动机传到驱动轮上的转矩,以满足各种行驶条件的需要。同时使发动机在有利(功率较高而油耗较低)的工况下工作。

(2) 实现倒车(倒档) 在发动机旋转方向不变的前提下,使汽车能倒退行驶。

(3) 实现中断动力传动(空档) 使发动机能够起动、怠速运转,并便于变速器换档或进行动力中断。

2. 变速器的类型

(1) 按传动比的变化方式分 可分为有级变速器、无级变速器和综合式变速器。

1) 有级变速器:采用齿轮传动,具有若干个定值传动比。按所有轮系形式不同,有轴线固定式变速器(普通变速器)和轴线旋转式变速器(行星齿轮变速器)两种。目前,轿车和轻、中型货车变速器通常有4~5个前进档和一个倒档,在重型货车的组合式变速器中,则有更多档位。所谓变速器档数即指的是前进档的档位数。

2) 无级变速器:常见的有电力式和液力式(动液式)两种。传动比为连续变化的。

(2) 按操纵方式分 可分为手动变速器(MT)和自动变速器(AT)两种,如图2-1所示。

▲ 图2-1 变速器操纵方式

a）手动变速器 b）自动变速器

二、变速器的工作原理

普通齿轮变速器是通过齿轮传动机构中不同齿数的齿轮相啮合得到不同的传动比，从而改变了输出转速和转矩。

传动比是直接体现齿轮传动转速（或转矩）变化的一个参数。齿轮传动是一种啮合传动，主动轮过一齿，从动轮也过一齿，故传动比为主动轮转速与从动轮转速之比或从动轮齿数与主动轮齿数之比（用 i 表示）。

（1）一对齿轮传动的传动比 图2-2a 中动力由小齿轮传给大齿轮，其传动比为 2:1，转速降低一倍，转矩增加一倍；图2-2b 中动力由大齿轮传给小齿轮，其传动比为 1:2，转速降增加一倍，转矩降低一倍。

$$i_{12} = \frac{n_1}{n_2} = \frac{z_2}{z_1}$$

式中，i 为传动比；n 为齿轮转速，单位为 r/min；z 为齿轮齿数。

▲ 图2-2 一对齿轮传动

（2）对于多级传动的传动比（见图2-3）

$$i_{14} = i_{12} i_{34} = \frac{n_1}{n_4} = \frac{z_2 z_4}{z_1 z_3}$$

式中，i 为传动比；n 为齿轮转速，单位为 r/min；z 为齿轮齿数。

总之传动比越大，输出的转速越小，转矩越大。传动比大于 1，减速；传动比小于 1，增速。

（3）档位分析

1）当 $i>1$ 时，输出的转速降低，转矩增大，为减速档。i 越大，输出的转速降得越低，转矩增得越大，此时档位为低速档。

2）当 $i=1$ 时，输出的转矩和转速都不变，为直接档。

3）当 $i<1$ 时，转速升高，转矩降低，为超速档。

根据输出的速度高低分：输出的速度越低，档位越低；反之输出的速度越高，档位越高。

如丰田卡罗拉五档变速器的档位传动比情况如下：

$i_1=3.545$，$i_2=1.905$，$i_3=1.310$，$i_4=1.00$，$i_5=0.838$，$i_R=3.25$

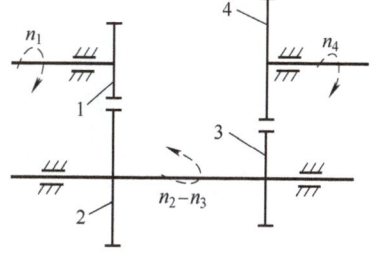

▲ 图 2-3　多级齿轮传动

1、3—主动轮　2、4—从动轮

三、手动变速器的结构

手动变速器包括变速传动机构和操纵机构两大部分。

变速传动机构是变速器的主体，按工作轴的数量（不包括倒档轴）可分为三轴式变速器和两轴式变速器。

（1）三轴式变速传动机构的组成　三轴式变速传动机构主要由至发动机的输入轴、中间轴、至差速器的输出轴和各齿轮组成。

如图 2-4 所示，设有输入轴 1（也称Ⅰ轴）和输出轴 7（也称Ⅱ轴）和中间轴 12。输入轴上装有一个齿轮 2，称为输入常啮合齿轮，输入轴通过花键与离合器的从动盘连接（即为离合器的从动轴）。输出轴上装有多个（因为该种变速器都有一个直接档，是不经过任何齿轮传动的）档位的从动轮，如 3、4、5、6 齿轮，与万向传动中的万向节凸缘盘花键连接。中间轴上装有与输入轴的常啮合齿轮 16 和其他一部分档位中间轴齿轮，如 9、10、13、14 齿轮，一般安装在变速器的底部两端用轴承支承在变速器壳体上。在动力传动的过程中输入轴上的常啮合齿轮与中间轴上的常啮合齿轮啮合，动力由输入轴传递到中间轴，中间轴上的档位齿轮再与输出轴上的档位齿轮相啮合，动力由中间轴传递到输出轴，在这一传递过程中经过了两对外啮合齿轮，即：三轴式变速器前进档输入输出的转向最终是相同的，常用于发动机前置后驱的汽车中。

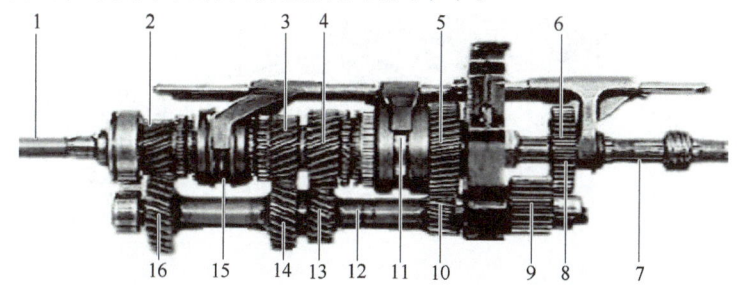

▲ 图 2-4　五菱之光三轴式四档变速传动机构

1—输入轴　2—输入轴常啮合齿轮　3—三档输出齿轮　4—二档输出齿轮　5—一档输出齿轮　6—倒档输出齿轮
7—输出轴　8—倒档惰轮　9—中间轴倒档齿轮　10—中间轴一档齿轮　11—一、二档同步器　12—中间轴
13—中间轴二档齿轮　14—中间轴三档齿轮　15—三、四档同步器　16—中间轴常啮合齿轮

五菱之光三轴式四档变速器各档传动路线见表 2-1。

表 2-1　五菱之光三轴式四档变速器各档传动路线

档位	动力传递路线
一档	当一、二档同步器往一档齿轮方向推时挂入一档 动力传递路线：输入轴 1→输入轴常啮合齿轮 2→中间轴常啮合齿轮 16→中间轴 12→中间轴一档齿轮 10→输出轴 7 一档齿轮 5→一、二档同步器 11→输出轴 7 输出
二档	当一、二档同步器往二档齿轮方向推时挂入二档 输入轴 1→输入轴常啮合齿轮 2→中间轴常啮合齿轮 16→中间轴 12→中间轴二档齿轮 13→输出轴二档齿轮 4→一、二档同步器 11→输出轴 7 输出
三档	当三、四档同步器往三档齿轮方向推时挂入三档 输入轴 1→输入轴常啮合齿轮 2→中间轴常啮合齿轮 16→中间轴 12→中间轴三档齿轮 14→输出轴三档齿轮 3→三、四档同步器 15→输出轴 7 输出
四档	当三、四档同步器往四档齿轮方向推时挂入四档（为直接档） 输入轴 1→输入轴常啮合齿轮 2→三、四档同步器 15→输出轴 7 输出
倒档	当倒档惰轮往中间轴倒档齿轮方向推时挂入倒档 输入轴 1→输入轴常啮合齿轮 2→中间轴常啮合齿轮 16→中间轴 12→中间轴倒档齿轮 9→倒档惰轮 8→输出轴倒档齿轮 6→输出轴 7 输出

（2）两轴式变速传动机构的组成　两轴式变速器按发动机与车身的相对位置分为横置和纵置两种。其中横置式传动方向与驱动轮的转向一致（即：前后转），输出轴与下一传动连接的还是圆柱齿轮，如图 2-5 所示；纵置式传动方向与驱动轮的方向不一致（即：左右转），于是需设置锥齿轮传动来改变其传动方向，如图 2-6 所示。

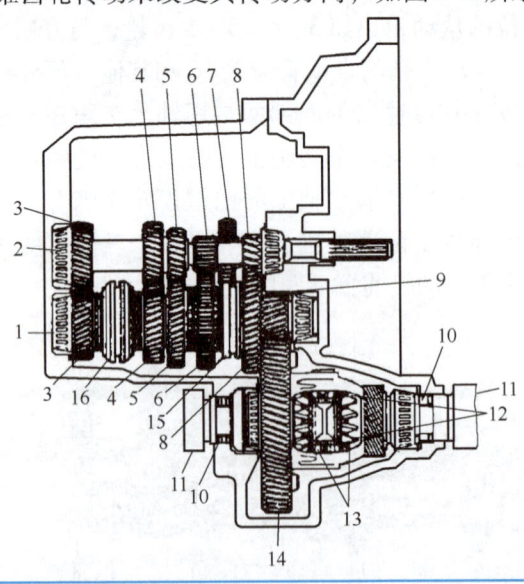

▲ 图 2-5　长安轿车两轴式四档变速器结构图

1—输出轴　2—输入轴　3—四档齿轮　4—三档齿轮　5—二档齿轮　6—倒档齿轮　7—倒档惰轮　8—一档齿轮　9—主减速器主动齿轮　10—差速器油封　11—等速万向节轴　12—差速器行星齿轮　13—差速器半轴齿轮　14—主减速器从动齿轮　15—一、二档同步器　16—三、四档同步器

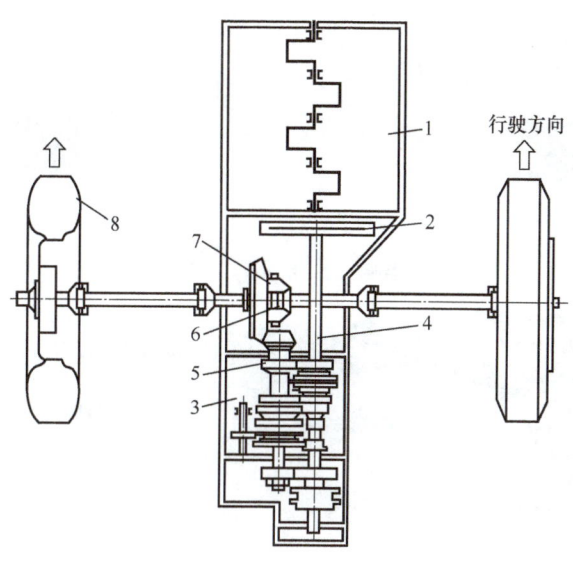

▲ 图2-6　发动机纵向布置的两轴变速器

1—发动机总成　2—离合器总成　3—变速器总成　4—变速器输入轴　5—变速器输出轴
6、7—主减速器，差速器总成　8—驱动轮

长安轿车两轴式四档变速器各档传动路线见表2-2。

表2-2　长安轿车两轴式四档变速器各档传动路线

档位	动力传递路线
一档	当一、二档同步器往一档齿轮方向推时挂入一档 动力传递路线：输入轴→输入轴一档齿轮→输出轴一档齿轮→一、二档同步器→输出轴主减速器主动齿轮输出
二档	当一、二档同步器往二档齿轮方向推时挂入二档 动力传递路线：输入轴→输入轴二档齿轮→输出轴二档齿轮→一、二档同步器→输出轴主减速器主动齿轮输出
三档	当三、四档同步器往三档齿轮方向推时挂入三档 动力传递路线：输入轴→输入轴三档齿轮→输出轴三档齿轮→三、四档同步器→输出轴主减速器主动齿轮输出
四档	当三、四档同步器往三档齿轮方向推时挂入四档 动力传递路线：输入轴→输入轴四档齿轮→输出轴四档齿轮→三、四档同步器→输出轴主减速器主动齿轮输出
倒档	当倒档惰轮往倒档齿轮方向推时挂入倒档 输入轴→输入轴倒档齿轮→倒档惰轮→输出轴倒档齿轮→输出轴主减速器主动齿轮输出

四、分动器

分动器将变速器输出的动力分配到各驱动桥兼起变速作用（俗称副变速器）。

1. 分动器在汽车上的布置形式

1) 四驱车的布置形式如图 2-7 所示。

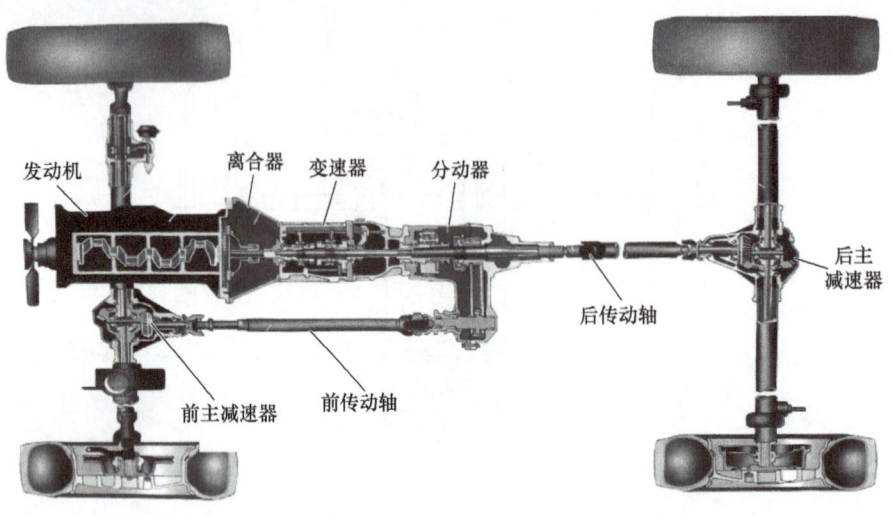

▲ 图 2-7　四驱车的布置形式

2) 其他多轴驱动的布置形式如图 2-8 所示。

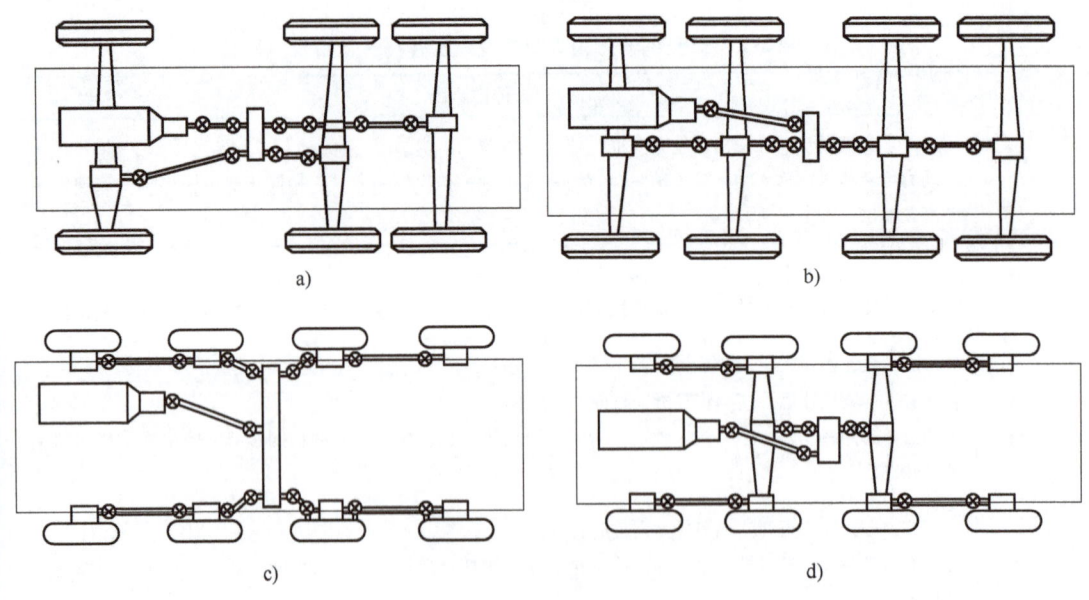

▲ 图 2-8　多轴驱动的布置形式

a) 6×6 驱动布置形式　b) 8×8 贯通式驱动桥　c) 8×8 非贯通式驱动桥　d) 8×8 混合式驱动桥

2. 分动器的结构

分动器也是一个齿轮传动系统。其输入轴直接或间接通过万向传动装置与变速器的第二轴相连，其输出轴则有若干个，分别经万向传动装置与各驱动桥连接。为增加传动系统的最大传动比及档数，目前绝大多数越野车都装用两档分动器，如东风 EQ2080 型（6×6）三轴越野车的两档分动器结构如图 2-9 所示。

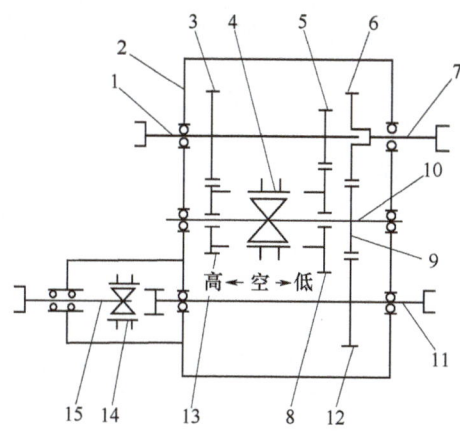

▲ 图 2-9　东风 EQ2080 型（6×6）三轴越野车的两档分动器结构

1—输入轴　2—分动器壳　3、5、6、8、9、12、13—齿轮　4—换档结合套　7—后桥输出轴
10—中间轴　11—中桥输出轴　14—前桥结合套　15—前桥输出轴

3. 分动器的使用原则

在多轴驱动的汽车上，当分动器挂入低速档时，其输出的转矩会很大，此时前桥必须加以驱动，以分担一部分载荷。于是其操纵原则总结为：

未先接上前桥，不得挂入低速档；未先退出低速档，不得摘下前桥。

根据知识储备内容，实施手动变速器结构认知实训完成表 2-3～表 2-5 的内容。

选用的变速器品牌或使用车型：＿＿＿＿＿＿＿＿，类型：＿＿＿＿＿＿＿＿。

表 2-3　手动变速器的外部结构的认知

对照变速器实物认识下列零部件，并写出其位置及功用，完成后请在后面的 □ 内打 √。

1. 变速器操纵机构　　位置＿＿＿＿＿＿　功能＿＿＿＿＿＿＿＿＿＿　□
2. 离合器操纵机构　　位置＿＿＿＿＿＿　功能＿＿＿＿＿＿＿＿＿＿　□
3. 通气孔　　　　　　位置＿＿＿＿＿＿　功能＿＿＿＿＿＿＿＿＿＿　□
4. 输入轴　　　　　　位置＿＿＿＿＿＿　功能＿＿＿＿＿＿＿＿＿＿　□
5. 输出轴（法兰）　　位置＿＿＿＿＿＿　功能＿＿＿＿＿＿＿＿＿＿　□
6. 加油螺栓　　　　　位置＿＿＿＿＿＿　功能＿＿＿＿＿＿＿＿＿＿　□
7. 放油螺栓　　　　　位置＿＿＿＿＿＿　功能＿＿＿＿＿＿＿＿＿＿　□
8. 倒档灯开关　　　　位置＿＿＿＿＿＿　功能＿＿＿＿＿＿＿＿＿＿　□
9. 车速传感器　　　　位置＿＿＿＿＿＿　功能＿＿＿＿＿＿＿＿＿＿　□

表 2-4 手动变速器齿轮传动机构的认知

1. 根据变速器实物认识下列零部件，并按要求填写下列内容，完成后请在后面的 □ 内打√。

1）输入轴：　　　　位置＿＿＿＿＿＿＿＿＿＿＿＿　　功能＿＿＿＿＿＿＿＿＿＿＿＿＿＿＿＿＿＿＿　　　　　　　□
2）输出轴：　　　　位置＿＿＿＿＿＿＿＿＿＿＿＿　　功能＿＿＿＿＿＿＿＿＿＿＿＿＿＿＿＿＿＿＿　　　　　　　□
3）中间轴：　　　　位置＿＿＿＿＿＿＿＿＿＿＿＿　　功能＿＿＿＿＿＿＿＿＿＿＿＿＿＿＿＿＿＿＿　　　　　　　□
4）一档主动齿轮：　位置＿＿＿＿＿＿＿＿＿＿＿＿　　功能＿＿＿＿＿＿＿＿＿＿＿＿　　齿数＿＿＿＿　□
5）一档从动齿轮：　位置＿＿＿＿＿＿＿＿＿＿＿＿　　功能＿＿＿＿＿＿＿＿＿＿＿＿　　齿数＿＿＿＿　□
6）二档主动齿轮：　位置＿＿＿＿＿＿＿＿＿＿＿＿　　功能＿＿＿＿＿＿＿＿＿＿＿＿　　齿数＿＿＿＿　□
7）二档从动齿轮：　位置＿＿＿＿＿＿＿＿＿＿＿＿　　功能＿＿＿＿＿＿＿＿＿＿＿＿　　齿数＿＿＿＿　□
8）三档主动齿轮：　位置＿＿＿＿＿＿＿＿＿＿＿＿　　功能＿＿＿＿＿＿＿＿＿＿＿＿　　齿数＿＿＿＿　□
9）三档从动齿轮：　位置＿＿＿＿＿＿＿＿＿＿＿＿　　功能＿＿＿＿＿＿＿＿＿＿＿＿　　齿数＿＿＿＿　□
10）五档主动齿轮：　位置＿＿＿＿＿＿＿＿＿＿＿＿　　功能＿＿＿＿＿＿＿＿＿＿＿＿　　齿数＿＿＿＿　□
11）五档从动齿轮：　位置＿＿＿＿＿＿＿＿＿＿＿＿　　功能＿＿＿＿＿＿＿＿＿＿＿＿　　齿数＿＿＿＿　□
12）输入轴常啮合齿轮：位置＿＿＿＿＿＿＿＿＿＿　　功能＿＿＿＿＿＿＿＿＿＿＿＿　　齿数＿＿＿＿　□
13）中间轴常啮合齿轮：位置＿＿＿＿＿＿＿＿＿＿　　功能＿＿＿＿＿＿＿＿＿＿＿＿　　齿数＿＿＿＿　□
14）倒档主动齿轮：　位置＿＿＿＿＿＿＿＿＿＿＿＿　　功能＿＿＿＿＿＿＿＿＿＿＿＿　　齿数＿＿＿＿　□
15）倒档从动齿轮：　位置＿＿＿＿＿＿＿＿＿＿＿＿　　功能＿＿＿＿＿＿＿＿＿＿＿＿　　齿数＿＿＿＿　□
16）倒档惰轮：　　　位置＿＿＿＿＿＿＿＿＿＿＿＿　　功能＿＿＿＿＿＿＿＿＿＿＿＿　　齿数＿＿＿＿　□

2. 根据齿数计算各档的传动比。
一档：＿＿＿＿＿　二档：＿＿＿＿＿　三档：＿＿＿＿＿　四档：＿＿＿＿＿　五档：＿＿＿＿＿　倒档：＿＿＿＿＿

表 2-5 变速器的认识

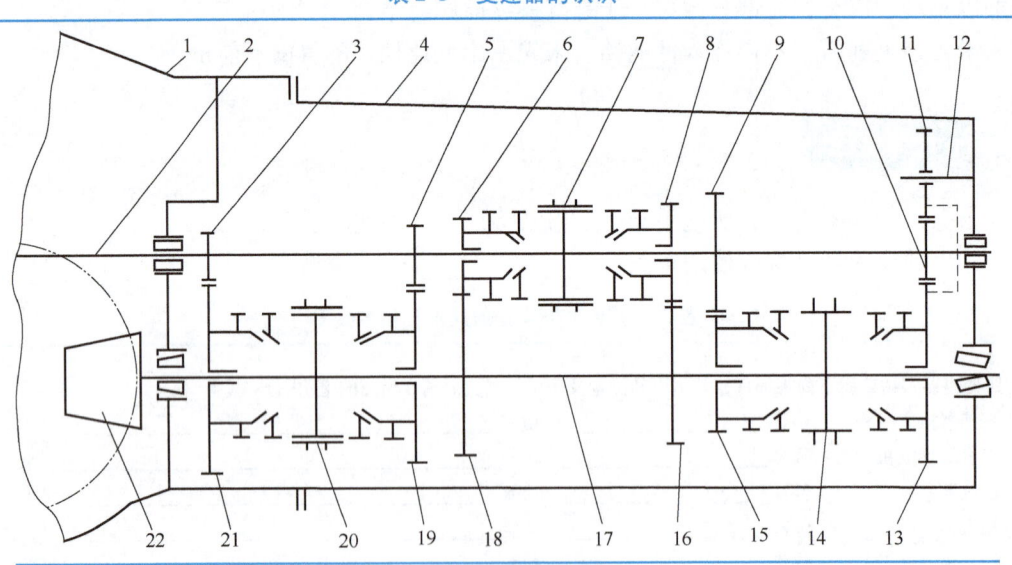

一、写出上图中各序号所指的零部件名称。

1＿＿＿＿＿＿　2＿＿＿＿＿＿　3＿＿＿＿＿＿　4＿＿＿＿＿＿　5＿＿＿＿＿＿
6＿＿＿＿＿＿　7＿＿＿＿＿＿　8＿＿＿＿＿＿　9＿＿＿＿＿＿　10＿＿＿＿＿＿
11＿＿＿＿＿＿　12＿＿＿＿＿＿　13＿＿＿＿＿＿　14＿＿＿＿＿＿　15＿＿＿＿＿＿
16＿＿＿＿＿＿　17＿＿＿＿＿＿　18＿＿＿＿＿＿　19＿＿＿＿＿＿　20＿＿＿＿＿＿
21＿＿＿＿＿＿　22＿＿＿＿＿＿

（续）

二、写出各档传动路线，完成的在□ 内打√。
1. 一档传动路线为：_____ □
2. 二档传动路线为：_____ □
3. 三档传动路线为：_____ □
4. 四档传动路线为：_____ □
5. 五档传动路线为：_____ □
6. 倒档传动路线为：_____ □

任务二　认知手动变速器操纵机构

任务目标
1. 掌握手动变速器操纵机构的基本结构和各部件的作用。
2. 了解手动变速器操纵机构的类型。

 知识储备

变速器操纵机构包括换档操作机构、换档同步器和锁止装置。

一、换档操作机构

汽车在行驶过程中根据使用条件不同需要经常换档，以达到所需的车速和驱动力，这就需要驾驶员通过变速器的换档操作机构使相应档位的齿轮进入工作状态，以实现动力从发动机经变速器传到驱动轮。此外，需要暂时中断动力传递如滑行或停车时，变速器应由工作状态进入空档，这也是变速器的操作机构来实现的。

按变速器的操纵杆与变速器的相互位置，换档操作机构分为直接操作式和远距离操作式两种。

1. 直接操作式

该种操作机构用于变速器的位置在驾驶员附近，变速杆从驾驶室底板伸出，驾驶员可直接操作。一般由变速杆、拨块、拨叉、拨叉轴以及安全装置等组成，多集中装于变速器盖或侧盖上，如图 2-10 所示。

2. 远距离操作式

发动机前置前驱及后置后驱动的，由于变速器距离变速杆较远，通常在变速杆与拨叉之间增加若干传动杆，组成远距离操作机构，主要由支撑杆、换档杆、接合器、外换档杆、倒档保险挡块和变速杆等组成。远距离操作机构又分为杆式操作机构和拉索式操作机构，如图 2-11 所示。

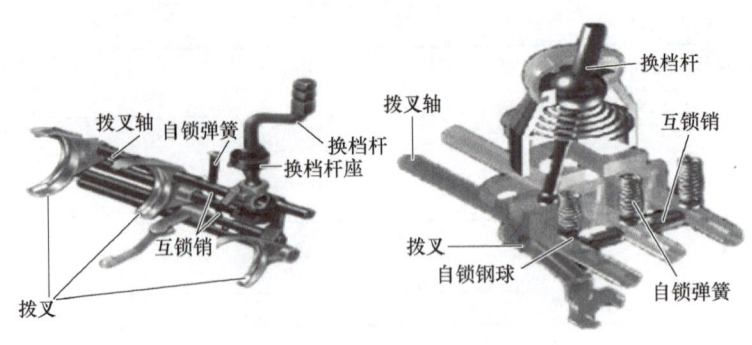

▲ 图 2-10　直接操纵式操作机构

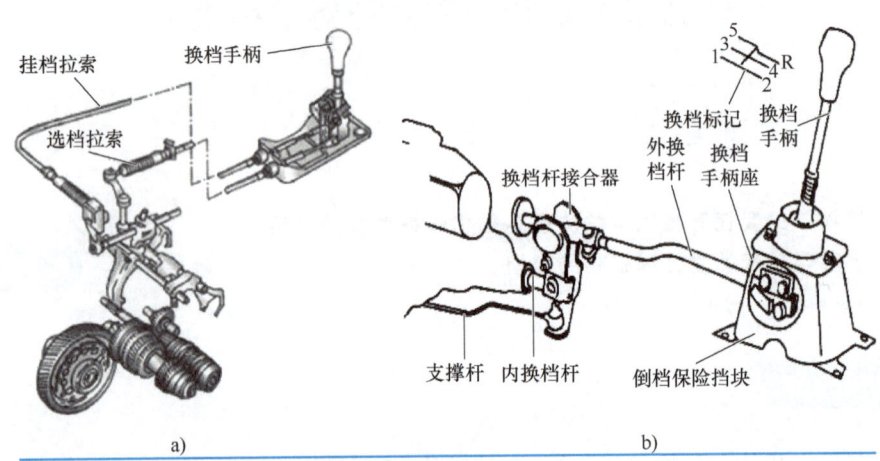

▲ 图 2-11　远距离操作式变速器换档机构
a）拉索式　b）杆式

二、换档同步器

目前手动变速器换档方式有滑动齿轮、结合套和同步器三种。

同步器是改善汽车机械式变速器换档性能的主要零部件，对减轻驾驶员的劳动强度，致使操纵轻便，提高齿轮及传动系统的平均使用寿命，提高汽车行驶安全性和舒适性，并对改善汽车起步时的加速性和经济性起着极其重要的作用。

1. 同步器的功用

同步器的功用是一方面使结合套与待啮合的齿圈迅速同步以缩短换档时间，实现顺利换档；另一方面同步前强行挂档，使接合套等在空档时保持在中间位置，同时又不妨碍整个结合和分离过程。

2. 同步器的结构

目前广泛采用的是惯性摩擦式同步器，惯性摩擦式同步器又分为锁环式和锁销式。

（1）锁环式同步器　这是目前大多数车辆所采用的同步器，其结构如图 2-12 所示。主要由花键毂、结

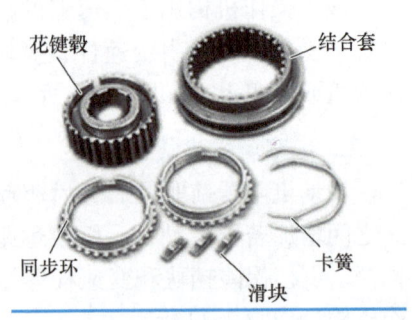

▲ 图 2-12　锁环式同步器

合套、同步环（也称锁环）、滑块、卡簧等组成。同步环、齿圈及花键毂上具有相同的花键齿。两个同步环和齿圈上的花键齿在对着结合套的一端都有倒角（称锁止角）且与结合套齿端的倒角相同。同步环具有与齿圈上的锥形摩擦面锥度相同的内锥面，并有细牙螺旋槽，以便于两锥面接触后起到破坏油膜、增加锥面间摩擦的作用。三个滑块分别嵌合在花键毂的三个轴向槽中。

（2）锁销式同步器　锁销式同步器结构如图 2-13 所示，主要由摩擦锥盘、摩擦锥环、锁销、结合套和定位销等组成。两个有内锥面的摩擦盘分别固定在带有外花键齿圈的斜齿上，并随齿轮一起旋转。与摩擦盘相配合的两个外锥面的摩擦锥环，通过三个锁销和三个定位销与结合套连接。锁销与定位销在同一圆周上相互均匀地分布。锁销的两端固定在摩擦锥环的孔中，其中部直径小于两端。只有在锁销与结合套孔对中时，结合套方能沿锁销轴向移动，即挂档。锁销中部和结合套上相应的销孔的两端有角度相同的倒角，即锁止角。三个定位销可对结合套进行空档定位，并可将结合套上的推力传给摩擦锥环，其定位和传力是靠定位槽与结合套中的钢球和定位弹簧，结合套可沿定位销轴向移动，但不能相对转动。定位销的两端伸入到摩擦锥环相应的浅槽中，但与摩擦锥环并不固定，有一定的间隙，因此两摩擦锥环及三个锁销相对于结合套及三个定位销可转过一个角度。一个结合套、三个锁销、三个定位销和两个摩擦环构成一个整体，通过结合套的内花键齿套在齿毂上。

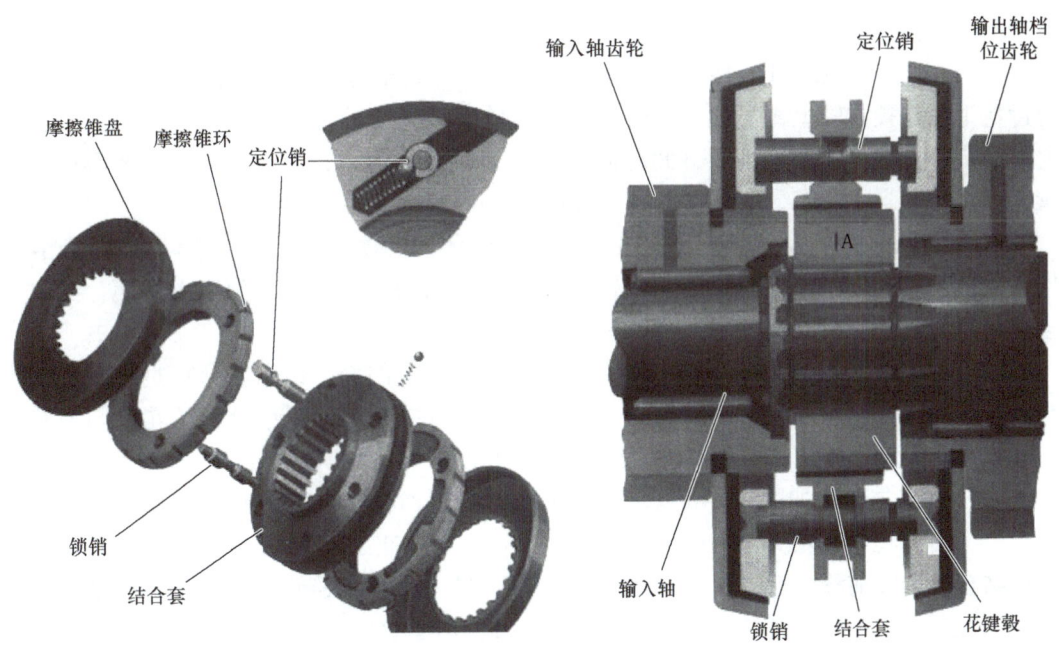

▲ 图 2-13　锁销式同步器结构

目前，锁销式同步器应用在东风 EQ1092 等极少数汽车上。

3. 同步器的工作原理

同步前挂档一共分为以下四步完成，如图 2-14 所示。

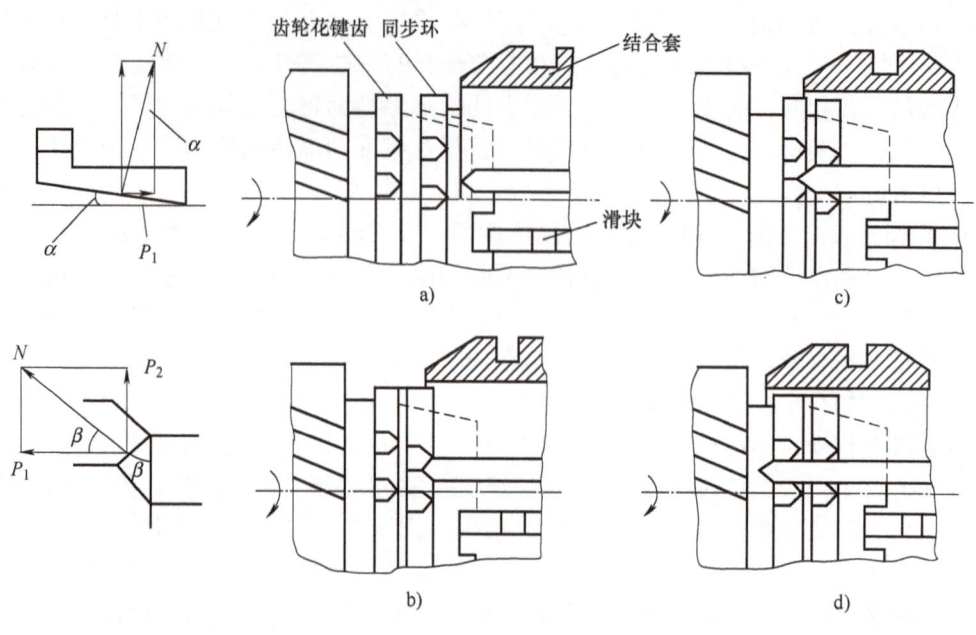

▲ 图 2-14　惯性式同步器工作原理
a) 空档　b) 挂档　c) 锁止　d) 同步挂档

（1）空档　如图 2-14a 所示：空档位置各零部件处于自由状态，结合套在中间位置，通过花键毂连接在轴上，与轴一起转动。而齿轮和齿轮上的花键齿圈与轴之间空套在轴上，同步环套在齿轮的锥面上，此时同步环没有受到任何力，与齿轮的锥面间不产生摩擦，都均处于自由状态，动力不通过该齿轮的档位输出，即处于空档位置。

（2）挂档　如图 2-14b 所示：拨叉推动结合套，接合套带动滑块推动两锥面相靠，使滑块推动同步环压向齿轮，齿轮的锥面和同步环的内锥面之间产生摩擦力矩。此时结合套的短齿倒角压在同步环短齿倒角上。

（3）锁止　如图 2-14c 所示：拨叉作用在结合套上的力，使结合套穿过同步环短齿与齿轮花键齿圈倒角接触，在没有同步前由于转速差的原因使得结合套的花键与齿轮的花键相顶，无论驾驶员用多大的力，结合套都难以与齿轮的花键啮合。

（4）同步挂档　如图 2-14d 所示：驾驶员继续施加在结合套上的力 N 使摩擦力矩继续产生，结合套与齿轮实现同步转动，倒角面上产生轴向力 P_1 和切向力 P_2，轴向分力 P_1 推动结合套继续前移，切向分力 P_2 使同步环等回转一个角度，档位齿轮花键与结合套之间的花键对齐便于结合套的花键顺利地与档位齿轮花键啮合，完成换档。

三、变速器锁止装置

为了保证变速器操纵机构在任何情况下都能准确、安全、可靠地工作，对变速器操纵机构有以下几点要求：

1. 自锁

（1）作用　防止变速器自行脱档或自行挂档，并保证齿轮以全齿长啮合。

（2）结构　变速器自锁装置如图 2-15 所示，自锁装置由自锁钢球和自锁弹簧拨叉轴组成。换档拨叉轴上方有三个凹坑，当钢球处于中间的凹坑时拨叉轴处于空档位置，处于其他两个凹坑时拨叉轴就挂入了相应的某一档位，钢球被弹簧紧压在凹坑里起到自锁作用。

2. 互锁

（1）作用　防止变速器同时挂入两个档位。

（2）结构　变速器的互锁装置如图 2-16 所示，由互锁钢球、互锁销和拨叉轴组成。中间的拨叉轴两侧面各有一个凹坑且中空，中间有一销从此穿过，两边的拨叉轴的内侧面各有一个凹坑，当变速器处于空档时，这些凹坑与销在一条直线上，相互之间具有一定的间隙，当变速器挂上某档位时，相应的拨叉轴的凹坑就离开此位置，互锁钢球和互锁销被挤压在其他拨叉轴的凹坑中锁住其他轴，即实现互锁。

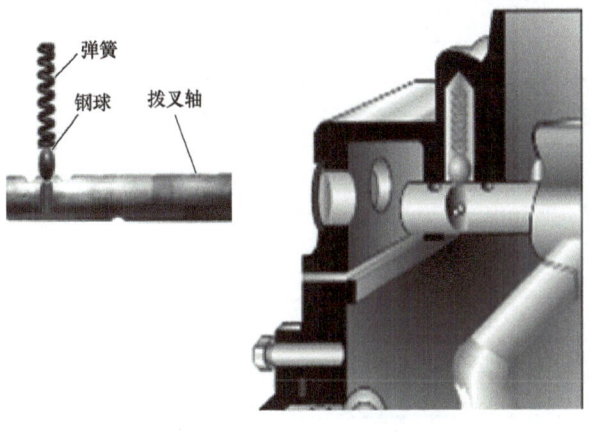

▲ 图 2-15　自锁装置

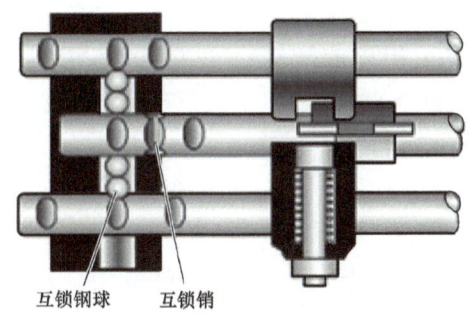

▲ 图 2-16　互锁装置

3. 倒档锁

（1）作用　防止驾驶员误挂入倒档。

（2）结构　倒档锁由倒档锁销和倒档锁弹簧组成，如图 2-17 所示。倒档锁销和倒档

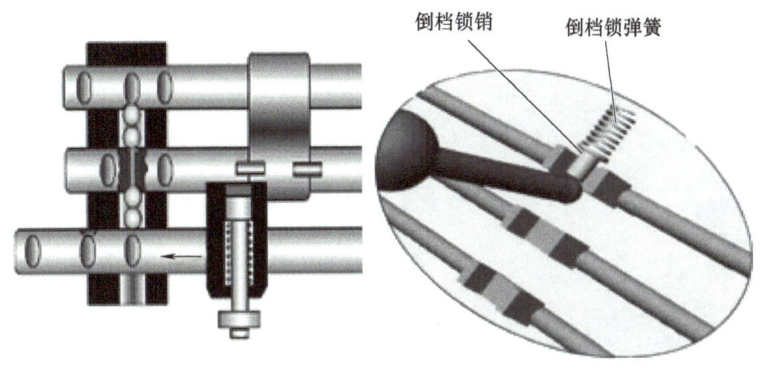

▲ 图 2-17　倒档锁装置

锁弹簧是装置在倒档轴拨叉轴的拨块槽中的，只有将倒档锁弹簧压缩后，拨块才能进入倒档拨叉轴的拨块槽中进行倒档的挂档。这样就提示驾驶员防止误挂倒档。

 任务实施

根据知识储备内容，完成手动变速器操纵机构认知实训（表2-6）。

表2-6　手动变速器操纵机构的结构认知

一、选用的变速器品牌或使用车型号：_____，类型：_____。
二、对照变速器实物认识下列零部件，并写相关内容，完成后请在后面的 □ 内打√。
1）变速器操换档杆　　　位置_____　功能_____ □
2）变速器操换档传动装置　位置_____　功能_____ □
3）拨叉　　　　　　　　位置_____　功能_____ 根数____ □
4）拨叉轴　　　　　　　位置_____　功能_____ 根数____ □
5）同步器　　　　　　　位置_____　功能_____ 类型____
　　各组成零件名称_____ □
6）自锁　　　　　　　　位置_____　功能_____
　　各组成零件名称_____ □
7）互锁　　　　　　　　位置_____　功能_____
　　各组成零件名称_____ □
8）倒档锁　　　　　　　位置_____　功能_____ □

任务三　认知自动变速器

 任务目标

1. 了解自动变速器的基本结构和功用。
2. 掌握自动变速器的正确使用。

 知识储备

一、自动变速器的组成

自动变速器的厂牌型号很多，外部形状和内部结构有所不同，但它们的组成基本相同，都是由液力变矩器和齿轮式自动变速器组合起来的。常见的组成部分有液力变矩器、

行星齿轮机构、离合器、制动器、油泵、滤清器、管道、控制阀体和速度调压器等。根据这些部件的功能，可将它们分成液力变矩器、变速齿轮机构、换挡执行机构、供油系统、自动换挡控制系统和换挡操纵机构六大部分，如图2-18所示。

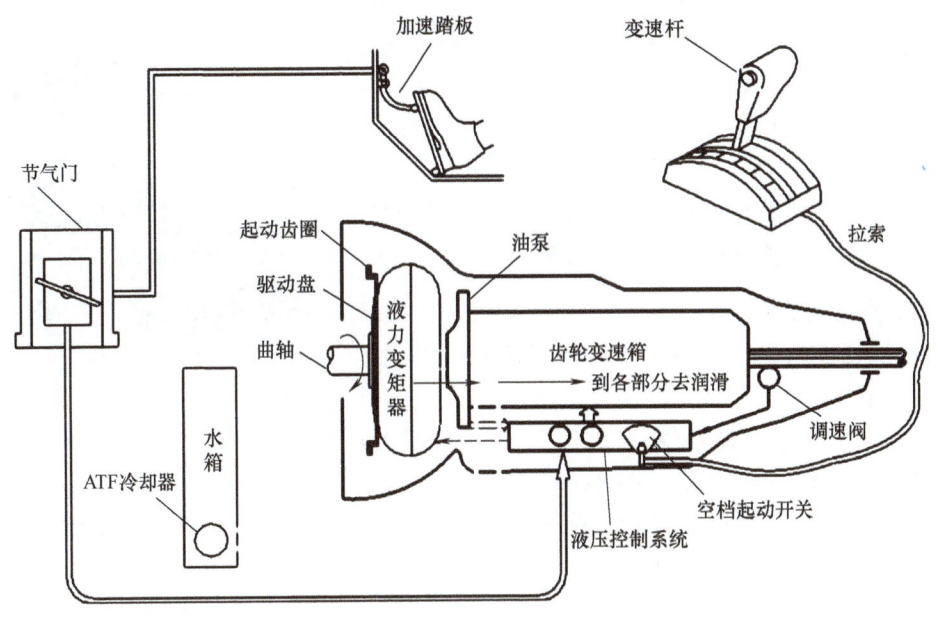

▲ 图2-18 自动变速器的组成

1. 液力变矩器

液力变矩器由泵轮、涡轮和导轮组成，如图2-19所示，前壳体位于自动变速器的最前端，安装在发动机的飞轮上，其作用与采用手动变速器的汽车中的离合器相似。它利用油液循环流动过程中动能的变化将发动机的动力传递给自动变速器的输入轴，并能根据汽车行驶阻力的变化，在一定范围内自动地、无级地改变传动比和转矩，具有一定的减速增扭功能。

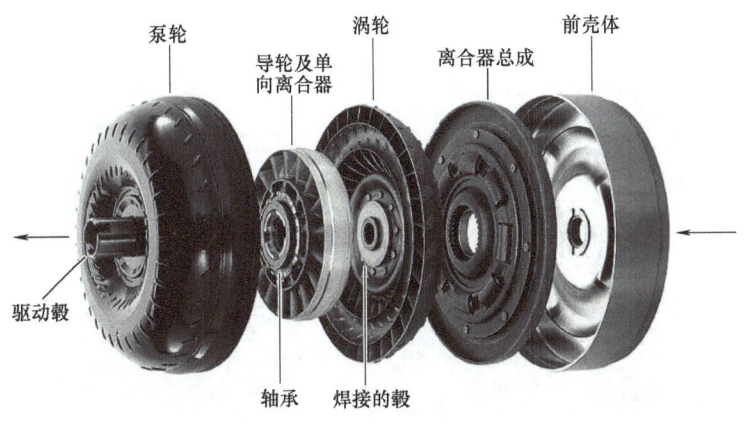

▲ 图2-19 液力变矩器

2. 变速齿轮机构

自动变速器中的变速齿轮机构所采用的形式有普通齿轮式和行星齿轮式两种。采用普通齿轮式的变速器，由于尺寸较大，最大传动比较小，只有少数车型采用。目前绝大多数轿车自动变速器中的齿轮变速机构采用的是行星齿轮式，如图2-20所示。行星齿轮机构是自动变速器的重要组成部分之一，主要由太阳轮（也称中心轮）、内齿圈、行星架和行星齿轮等元件组成。行星齿轮机构是实现变速的机构，速比的改变是通过以不同的元件作主动件和限制不同元件的运动而实现的。在速比改变的过程中，整个行星齿轮组还存在运动，动力传递没有中断，因而实现了动力换档。

▲ 图2-20 行星齿轮机构

3. 换档执行机构

换档执行机构主要是用来改变行星齿轮中的主动元件或限制某个元件的运动，改变动力传递的方向和速比，主要由多片式离合器（见图2-21）、制动器（见图2-22）和单向离合器（图2-23）等组成。离合器的作用是把动力传给行星齿轮机构的某个元件使之成为主动件。制动器的作用是将行星齿轮机构中的某个元件抱住，使之不动。单向离合器也是行星齿轮变速器的换档元件之一，其作用是限制某个元件的旋转方向，也用于固定或连接几个行星排中的某些太阳轮、行星架和齿圈等基本元件，让行星齿轮变速器组成不同传动比的档位。

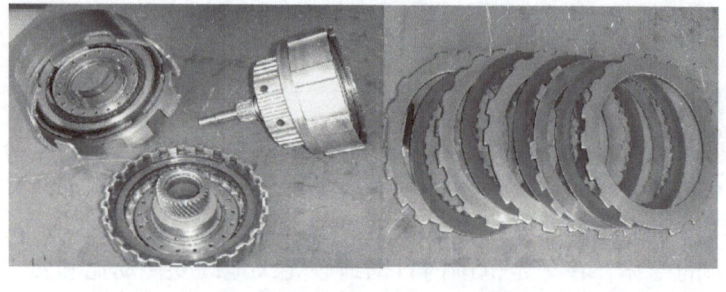

契块式单向
离合器工作原理

滚柱式单向
离合器工作原理

▲ 图2-21 湿式多片离合器

▲ 图2-22 片式制动器

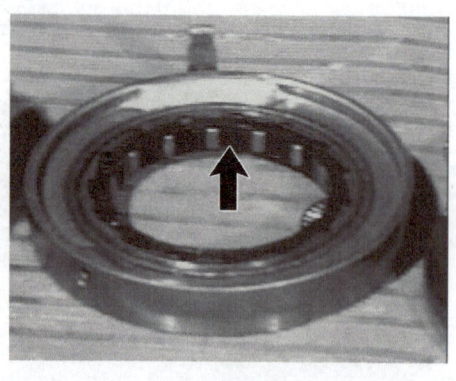

▲ 图2-23 单向离合器

4. 供油系统

自动变速器的供油系统主要由油泵、油箱、滤清器、调压阀及管道组成。油泵是自动变速器最重要的总成之一，它通常安装在变矩器的后方，由变矩器壳后端的轴套驱动。在发动机运转时，不论汽车是否行驶，油泵都在运转，为自动变速器中的变矩器、换档执行机构、自动换档控制系统部分提供一定油压的液压油。油压的调节由调压阀来实现。

5. 自动换档控制系统

自动换档控制系统能根据发动机的负荷（节气门开度）和汽车的行驶速度，按照设定的换档规律，自动地接通或切断某些换档离合器和制动器的供油油路，使离合器接合或分开、制动器制动或释放，以改变齿轮变速器的传动比，从而实现自动换档。

自动变速器的自动换档控制系统有液压控制和电液压（电子）控制两种。

液压控制系统由阀体和各种控制阀及油路组成，阀门和油路设置在一个板块内，称为阀体总成。图 2-24 为 01N 型自动变速器阀体。不同型号的自动变速器阀体总成的安装位置有所不同，有的装置于上部，有的装置于侧面，纵置的自动变速器一般装置于下部。

在液压控制系统中，增设控制某些液压油路的电磁阀，就成了电液控制的换档控制系统，若这些电磁阀是由电子计算机控制的，则成为电子控制的换档系统。

6. 换档操纵机构

自动变速器的换档操纵机构包括手动选择阀的操纵机构和节气门阀的操纵机构等。驾驶员通过自动变速器的操纵手柄改变阀板内的手动阀位置，控制系统根据手动阀的位置及节气门开度、车速、控制开关的状态等因素，利用液压自动控制原理或电子自动控制原理，按照一定的规律控制齿轮变速器中的换档执行机构的工作，实现自动换档。

▲ 图 2-24 01N 型自动变速器阀体

二、自动变速器档位的正确使用

1. 起动

变速器置于 N 或 P 位。

2. 起步

应先踩下制动踏板再挂档。

3. 一般行驶

1）降档时应将车速减至相应车速后降档。

2）用变速杆选择档位时，应先选档后在加油。

4. 上、下坡

变速杆置于 D 位。

5. 雨天和雪地

行驶时使用低速档或打开雪地程序控制开关。

6. 拖车

变速器发生故障或漏油的，应拆下传动轴后拖回；无故障的置于 N 位拖回。

7. 临时停车

短时停车可保持在 D 位；稍长时最好置于 N 或 P 位；长时间停车置于 N 位。

8. 停车和倒车

驻车时先停稳，先将变速器档位置于 N 位，拉驻车制动，再关点火开关后置于 P 位；倒车先停稳，再挂 R 档。

 任务实施

根据知识储备内容，完成自动变速器认知（表2-7）。

表 2-7　自动变速器认知

一、选用的变速器品牌或使用车型：＿＿＿＿＿＿＿，类型：＿＿＿＿＿＿＿。

二、根据下图，填写各字母的含义。

1. P 表示＿＿＿＿＿＿＿＿＿；
2. R 表示＿＿＿＿＿＿＿＿＿；
3. N 表示＿＿＿＿＿＿＿＿＿；
4. D 表示＿＿＿＿＿＿＿＿＿；
5. 2 表示＿＿＿＿＿＿＿＿＿；
6. L 表示＿＿＿＿＿＿＿＿＿；

三、对照自动变速器实训台认识下列零部件，并写出相关内容，完成后请在后面的 □ 内打√。

1. 自动变速器变速杆：　　位置＿＿＿＿＿＿＿功能＿＿＿＿＿＿＿　　□
2. 液力变矩器：　　　　　位置＿＿＿＿＿＿＿功能＿＿＿＿＿＿＿　　□
3. 节气门位置传感器：　　位置＿＿＿＿＿＿＿功能＿＿＿＿＿＿＿　　□
4. 车速传感器：　　　　　位置＿＿＿＿＿＿＿功能＿＿＿＿＿＿＿　　□

任务四　变速器故障分析

 任务目标

能正确分析变速器的常见故障。

知识储备

一、变速器挂档困难

1. 故障现象

汽车起步或在行驶中换档时,变速器齿轮撞击发响或不能顺利挂入所需的档位。

2. 故障原因

1)离合器分离不彻底。
2)变速器轴弯曲变形或花键损坏。
3)拨叉或拨叉轴磨损变形或磨损。
4)自锁钢球损坏。
5)同步器磨损或损坏。
6)变速器的变速操纵机构调整不当(多为远程控制式)。
7)齿轮油不足或过量、齿轮油不符合规定规格,也会造成挂档困难。

二、变速器乱档

1. 故障现象

变速杆不能挂入所需要的档位、一次挂入两个档位或者挂档后不能退回空档。

2. 故障原因

1)变速杆定位销折断或球孔、球头磨损松旷。
2)互锁销磨损严重而失去互锁作用。
3)变速杆下端拨头的工作面或拨叉轴上拨块的凹槽磨损过大。

三、变速器跳档

1. 故障现象

汽车在行驶中,发动机转速、负荷突然发生变化或汽车剧烈振动时,变速器的啮合套或滑动齿轮脱离啮合位置,变速杆从某一档跳回空档。

2. 故障原因

1)变速器与飞轮壳的连接螺栓松动。
2)变速器自锁装置失效:自锁钢球和拨叉轴的凹槽磨损或自锁弹簧弹力不足或折断。
3)操纵机构变形或磨损过甚导致松旷,使齿轮未能全齿长啮合或啮合不足。
4)齿轮或齿套沿齿长方向磨损成锥形,同步器磨损或损坏。
5)变速器轴、轴承磨损松旷或轴向间隙过大,使轴转动时齿轮啮合不好,发生跳动和轴向窜动。

任务实施

一、变速器跳档

变速器跳档故障诊断流程图如图 2-25 所示。请在图中空白框内填写相关内容。

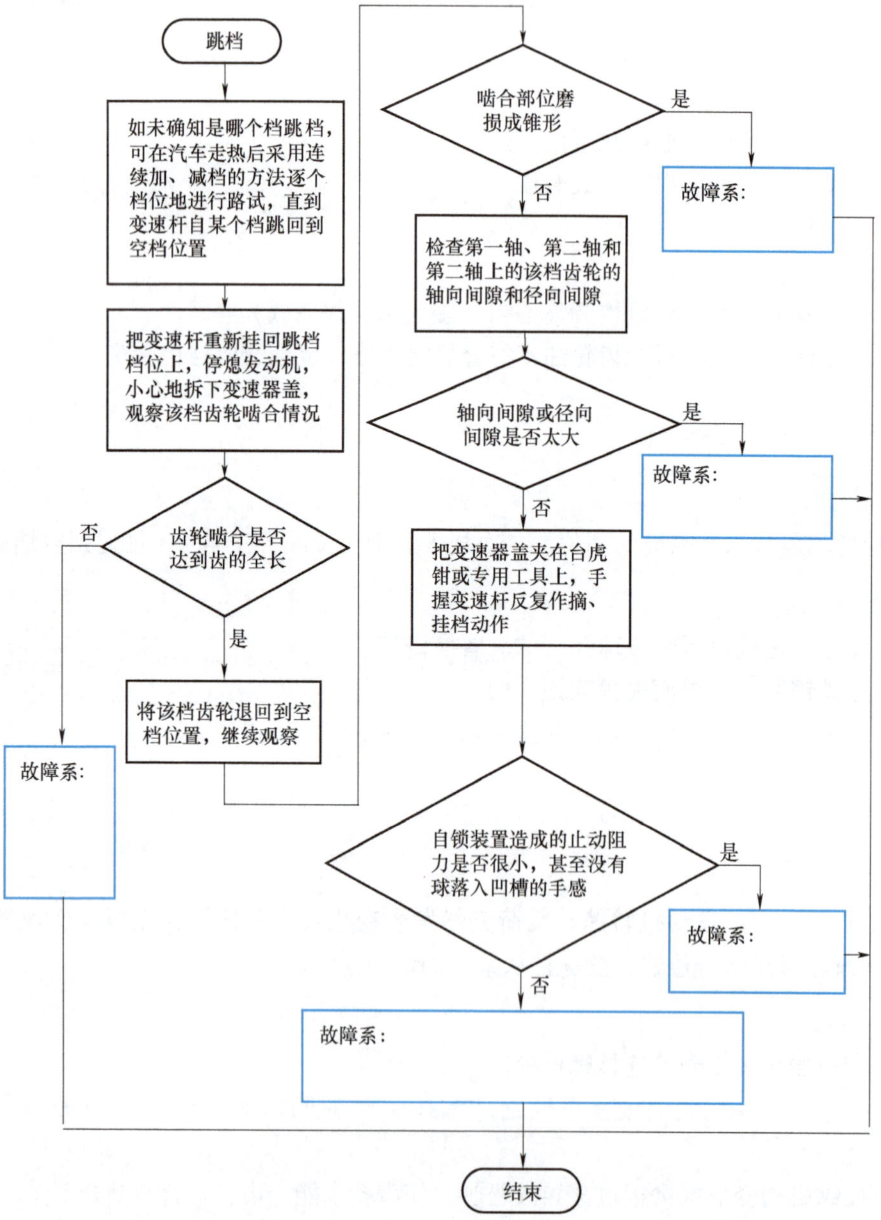

▲ 图 2-25　变速器跳档故障诊断流程图

二、变速器乱档

变速器乱档故障诊断流程图如图 2-26 所示。请在图中空白框内填写相关内容。

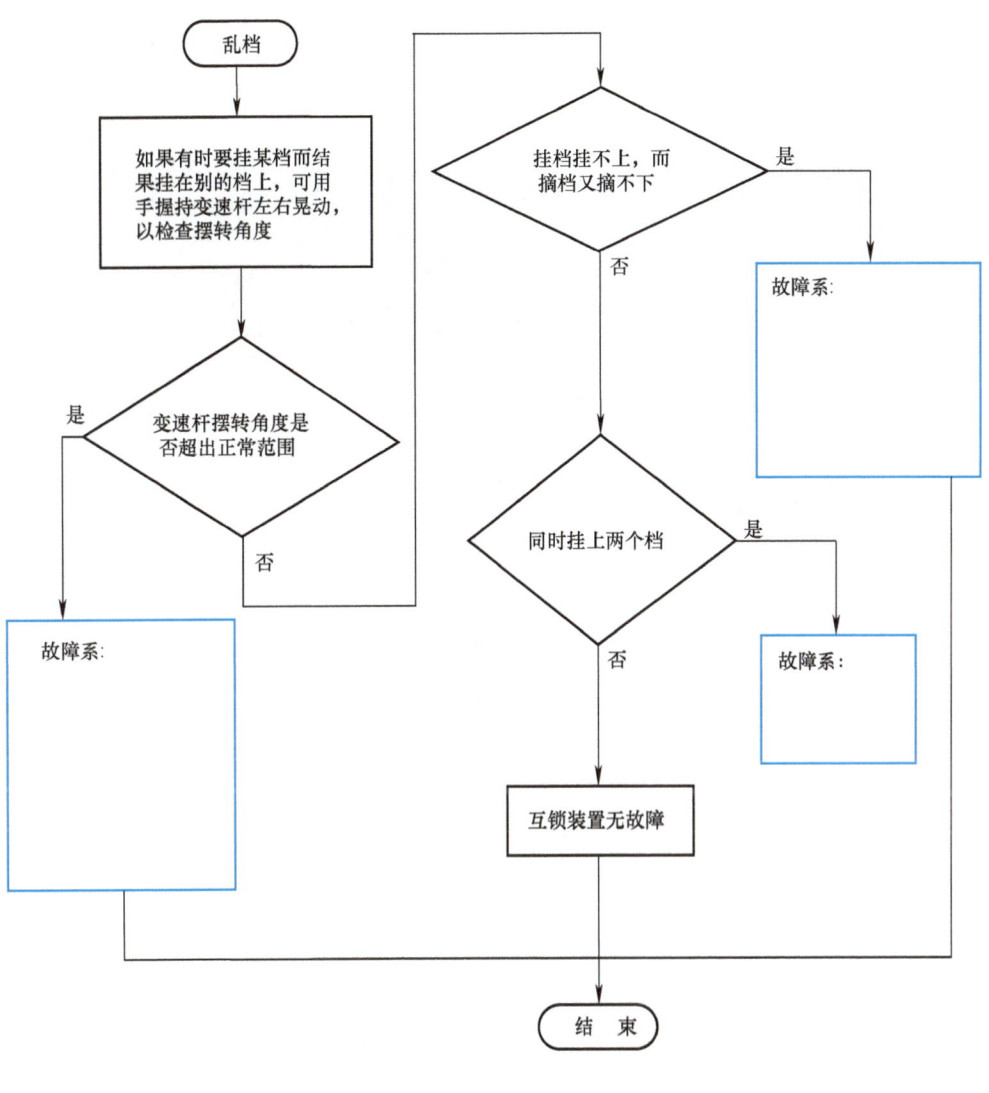

▲ 图 2-26　变速器乱档故障诊断流程图

三、变速器挂档困难

变速器换档困难故障诊断流程图如图 2-27 所示。请在图中空白框内填写相关内容。

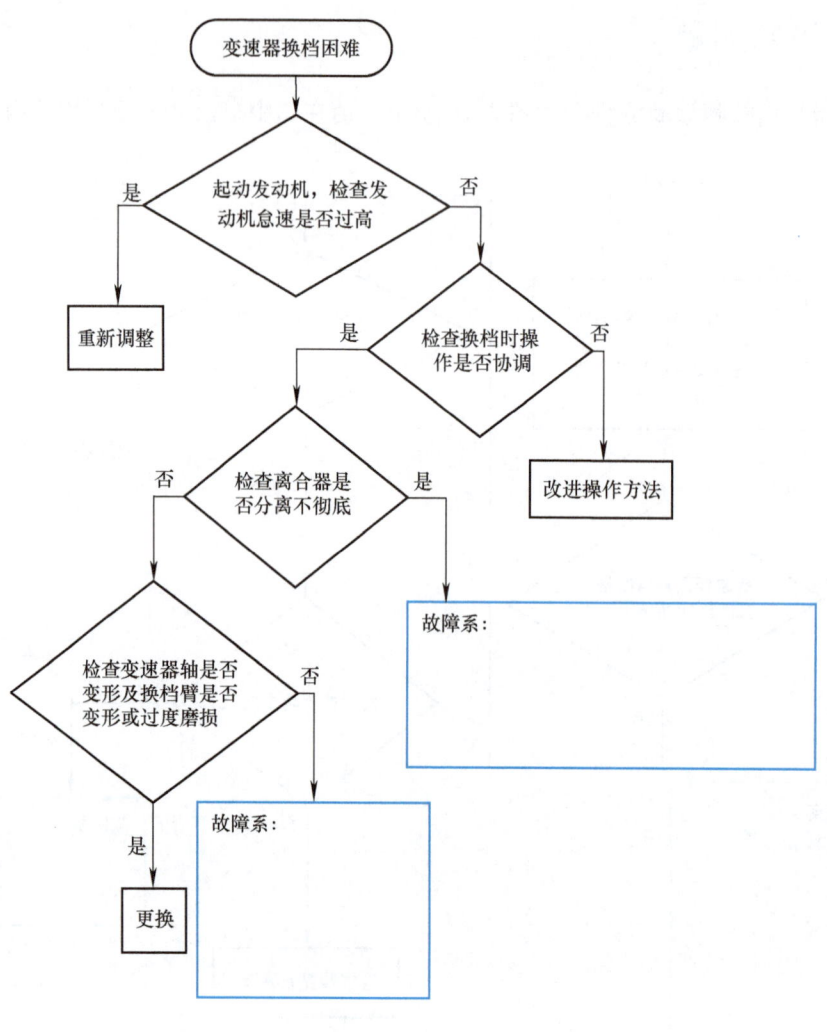

▲ 图2-27　变速器挂档困难故障诊断流程图

任务五　检修变速器

　任务目标

1. 能正确地使用测量和拆装的工量具。
2. 能按要求正确拆装变速器。
3. 能正确检测变速器的各个部分，并对其做正确的判断和调试。

 知识储备

一、手动变速器的拆装

1. 变速器总成的分解

1）将变速器摆放在试验台上，处于空档位置，如图 2-28 所示。

2）取出离合器推力轴承，如图 2-29 所示。

▲ 图 2-28　将变速器安置在试验台上

▲ 图 2-29　取出离合器推力轴承

3）取下放油螺栓，放出变速器油，如图 2-30 所示。

4）拆下变速杆、换档止动螺栓和倒档止动螺栓。

5）拆下换档机构，如图 2-31 所示。

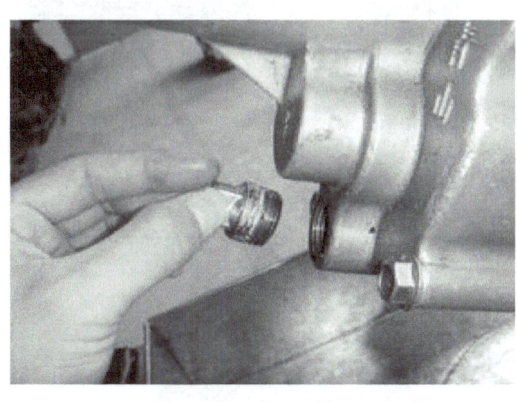

▲ 图 2-30　取下放油螺栓

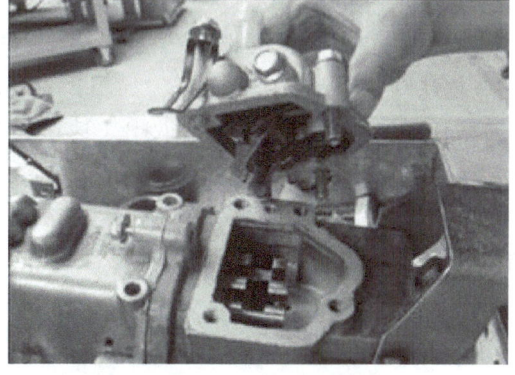

▲ 图 2-31　拆下换挡机构

6）卸下变速器的后壳体，由于有密封胶，拆卸时可用木槌或铜棒敲击，如图 2-32 所示。

7）分解变速器上下壳体，拆下上壳体，如图 2-33 所示。

8）拔出输入轴和输出轴总成，如图 2-34 所示。

汽车底盘构造与维修

▲ 图 2-32　拆下变速器后盖

▲ 图 2-33　上下壳体分离

▲ 图 2-34　拆卸输入输出轴总成

2. 变速器输出轴总成的分解与组装

1）将第一轴和第二轴分开，如图 2-35 所示。

2）拆下三、四档花键毂卡环，取下花键毂和三档从动齿轮及同步器锁环，如图 2-36 所示。

3）用卡环钳拆下卡环，取出车速里程表传动齿轮，如图 2-37 所示。

4）用专用工具取下卡环，拉出后端支撑轴承，如图 2-38 所示。

▲ 图 2-35　分开第一轴和第二轴

▲ 图 2-36　拆下花键毂和三档齿轮

▲ 图 2-37　取下卡环

▲ 图 2-38　取下轴承

5）取下五档从动齿轮卡环，后端轴承，取下五档从动齿轮及同步器，如图 2-39 所示。

6）取下同步器卡环，拆下五档、倒档同步器，如图 2-40 所示。

▲ 图 2-39　取下卡环及齿轮

▲ 图 2-40　取下五档、倒档同步器

7）拆卸倒档从动齿轮，如图 2-41 所示。

8）用专用工具拆卸中间支撑轴承，如图 2-42 所示。

▲ 图 2-41　拆卸倒档从动齿轮

▲ 图 2-42　拆卸中间支撑轴承

9）分别拆卸一档从动齿轮，一、二档同步器，二档从动齿轮，如图 2-43、图 2-44 和图 2-45 所示。

▲ 图 2-43　拆卸一档从动齿轮

▲ 图 2-44　拆卸一、二档同步器

10）按照分解的反顺序对输出轴进行组装，如图 2-46 所示。

▲ 图 2-45　拆卸二档从动齿轮

▲ 图 2-46　输出轴组装总成

3. 变速器换档机构的拆卸

1）用专用工具取出一、二档拨叉和三、四档拨叉的定位销，如图 2-47 所示（注意在取定位销时一定要使定位销的位置与变速箱壳体上的装配工艺槽的位置相对应，如图 2-48）。

▲ 图 2-47　取出定位销

▲ 图 2-48　装配工艺槽的位置

2）取下三根拨叉轴，并取出自锁和互锁弹簧、钢珠及互锁销，如图 2-49 所示。

4. 变速器的装配

变速器的安装程序和分解程序相反。

安装注意事项：

1）变速器安装时使用的所有部件，必须清洗干净。

2）安装前，对变速器内有滑动和摩擦表面的部件，要用变速器油润滑。

3）在安装输出轴的同步器时，一定要将同步器毂的位置安装正确，接合套外带拨叉槽的一端应朝前。

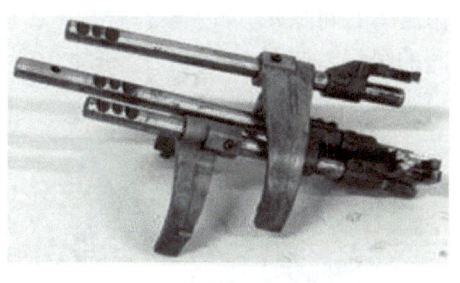

▲ 图 2-49　取下换档拨叉轴

4）安装壳体总成时，应注意检查锁球、弹簧、互锁销不许漏装。

5）安装倒档齿轮时，注意齿轮牙齿的一端有倒角。安装输入轴及中间轴上的倒档齿轮时，其牙齿有倒角的一端朝外，而倒档滑动齿轮上牙齿有倒角的一端应朝里。

6）将变速器各壳体组装在一起时，应先擦干净各壳体的结合面，在接合面上均匀地涂上一层密封剂，经过几分钟后，再将各壳体装配在一起。组装上、下壳体时，应注意要将各换档拨叉插入各自的同步器结合套的槽里。壳体对齐后，均匀地依次将各紧固螺栓拧紧，注意拧紧力大小要一致。

二、手动变速器的检修

1. 齿轮和轴承的检修

1）目视检查齿面是否有斑点，如果斑点轻微可以用油石修磨；如果斑点面积超过 15%，则应更换齿轮。

2）检查齿厚，如果齿厚磨损超过 0.2mm，则应更换齿轮。

3）检查齿长的磨损，如果磨损超过 15%，则应更换齿轮。

4）装好轴承和内座圈后，用百分表检查齿轮与滚针轴承之间的间隙，如果超标应该更换轴承，如图 2-50 所示。

2. 输入轴、输出轴的检修

1）目视检查输入轴、输出轴，不应有裂纹，轴颈及花键不应有严重磨损，轴上的齿轮不应有断齿和严重磨损，否则应更换。

2）检查轴的径向圆跳动，不应超过 0.05mm，否则应更换，如图 2-51 所示。

▲ 图 2-50　齿轮与轴承配合的检修

3. 同步器的检修

将同步环压在各自齿轮的锥面上，按压转动同步环时要有阻力，用塞尺测量环齿与

轮齿之间的间隙 a，如果不符合规定，应更换同步环。并用塞尺测量锁环和换档齿轮端面之间的间隙，如图 2-52 所示。

▲ 图 2-51　检测轴的径向圆跳动

▲ 图 2-52　检测同步器

任务实施

根据知识储备内容，实施检修变速器实训，完成表 2-8～表 2-11。

选用的变速器品牌或使用车型：_____，类型：_____。

表 2-8　变速器拆卸表

步骤	作业内容	完成情况
1	准备工具	□完成　□基本完成　□未完成
2	将变速器置于空档位置	□完成　□基本完成　□未完成
3	拆卸变速杆	□完成　□基本完成　□未完成
4	拆卸变速器盖连接螺栓	□完成　□基本完成　□未完成
5	拆卸锁止机构	□完成　□基本完成　□未完成
6	拆解所有变速传动机构	□完成　□基本完成　□未完成

表 2-9　变速器检测表

项目	工量具	测量值	参考值	结果判断
目测各零部件情况				
齿轮与轴之间的间隙				
轴的径向跳动量				
轴的轴向跳动量				
同步环磨损的检测				

表 2-10　变速器检修故障分析报告表

故障现象描述	
故障的可能原因分析	
制订解决方案	
解除故障实施过程记录	
总结	

表 2-11　变速器装配表

步骤	作业内容	完成情况
1	正确装配所有变速传动机构	□完成　□基本完成　□未完成
2	将装好的机构置于空档位	□完成　□基本完成　□未完成
3	正确装配锁止机构	□完成　□基本完成　□未完成
4	正确装配变速器盖连接螺栓	□完成　□基本完成　□未完成
5	将换档机构置于空档	□完成　□基本完成　□未完成
6	装配换档机构	□完成　□基本完成　□未完成
7	挂档试验	□完成　□基本完成　□未完成

项目考核与评价

一、填空题

1. 变速器操纵机构的锁止机构包括_____、_____和_____三种。

2. 变速器按传动比变化方式可分为_____和_____两种。

3. 变速器是由不同_____的齿轮啮合，将发动机的动力传递到驱动轮上实现变速的。

4. 两轴式变速器是在输入轴和输出轴之间增加一个_____轮实现倒档的。

5. 手动变速器的同步器有_____和_____式两种类型。目前在轿车和货车上多采用_____同步器。

6. 变速器一轴的前端与离合器的_____相连，二轴的后端通过凸缘与_____相连。

7. 为防止变速器工作时，由于油温升高、气压增大而造成润滑油渗漏现象，在变速器盖上装有_____。

8. 在多轴驱动的汽车上，为了将变速器输出的动力分配到各驱动桥，变速器之后需装有_____。

9. 变速器在使用过程中的常见故障有_____、_____、_____和异响。
10. 分动器的前端接_____，后端接_____。

二、判断题

（   ）1. 变速器的档位越低，传动比越小，汽车的行驶速度越低。
（   ）2. 超速档主要用于汽车在良好路面上轻载或空载运行，以提高汽车的燃料经济性。
（   ）3. 变速器中传动比越大的档位，其输出的转速和转矩均越大。
（   ）4. 惰轮既能改变输出转速，也能改变传动方向。
（   ）5. 无同步器的变速器，在换档时，无论从高速档换到低速档，还是从低速档换到高速档，其换档过程完全一致。
（   ）6. 采用移动齿轮或接合套换档时，待啮合的一对齿轮圆周速度必须相等。
（   ）7. 同步器能够保证变速器换档时，待啮合齿轮圆周速度迅速达到一致，以减少冲击和磨损。
（   ）8. 换档时，一般用两根拨叉轴同时工作。
（   ）9. 东风 EQ1090 型汽车变速器的互锁装置中，两个互锁钢球的直径之和正好等于相邻两根拨叉轴间的距离。
（   ）10. 变速器在换档时，为避免同时挂入两个档，必须装设自锁装置。
（   ）11. 互锁装置的作用是当驾驶员用变速杆推动某一拨叉轴时，自动锁上其他所有拨叉轴。
（   ）12. 分动器的操纵机构必须保证非先挂低速档而不得接前桥；非先摘前桥而不得退低速档。
（   ）13. 汽车设置变速器的目的是为了改变发动机的转矩，增加发动机的功率。
（   ）14. 变速器变速传动机构只是改变发动机曲轴输出的转速，不改变转矩和转向。
（   ）15. 变速器异常响声现象，可能是由于变速器内部齿轮磨损过大引起的。

三、选择题

1. 变速器斜齿轮磨损会造成（   ）。
   A. 挂档困难　　　　B. 跳档　　　　C. 异响　　　　D. 乱档
2. 汽车变速器（   ）的主要作用是改变转矩、转速和旋转方向。
   A. 变速操纵机构　　B. 变速传动机构　　C. 安全装置　　D. 齿轮
3. 变速器互锁装置的主要作用是（   ）。
   A. 防止变速器乱挡　　B. 防止变速器跳挡　　C. 防止变速器误挂倒挡
4. 下列因素中造成变速器乱档的原因是（   ）。
   A. 齿轮轮齿磨损成锥形　　　　　　B. 倒档锁装置失效
   C. 互锁装置失效　　　　　　　　　D. 自锁装置失效
5. 分动器的作用是（   ）。
   A. 将变速器的动力分配至各个驱动桥　　B. 实现倒档
   C. 改变力的传递方向　　　　　　　　　D. 以上各项对

6. 三轴式变速器不包括（　　）。
   A. 输入轴　　　　　B. 输出轴　　　　　C. 中间轴　　　　　D. 倒档轴
7. 两轴式变速器的特点是输入轴与输出轴（　　），且无中间轴。
   A. 重合　　　　　　B. 垂直　　　　　　C. 平行　　　　　　D. 斜交
8. 对于五档变速器而言，传动比最大的前进档是（　　）。
   A. 一档　　　　　　B. 二档　　　　　　C. 四档　　　　　　D. 五档
9. 汽车变速器（　　）的主要作用是改变转矩、转速和旋转方向。
   A. 变速操纵机构　　B. 变速传动机构　　C. 安全装置　　　　D. 齿轮
10. 根据传动比下列是超速档的是（　　）。
    A. 3.5　　　　　　B. 1　　　　　　　C. 0.85
11. 变速器保证工作齿轮在全齿宽上啮合的是（　　）。
    A. 自锁装置　　　　B. 互锁装置　　　　C. 倒档锁　　　　　D. 差速锁
12. 变速器的操纵机构由（　　）等构成。
    A. 换档杆　　　　　B. 变速叉　　　　　C. 变速轴　　　　　D. 安全装置
13. 东风 EQ1092 型汽车的变速器操纵机构是（　　）。
    A. 远距离操纵式　　B. 直接操作式　　　C. 其他
14. 变速器的（　　）的作用是固定换档叉轴，避免叉轴自行移动而脱档（又称跳档）。
    A. 互锁装置　　　　B. 传动装置　　　　C. 倒档锁装置　　　D. 自锁装置
15. 上海桑塔纳轿车手动变速器中的同步器形式为（　　）。
    A. 惯性锁销式　　　B. 惯性锁环式　　　C. 自动增力式

变速器的检修项目学习评价表

班　级		姓　名		学　号		总　评	
项目	自我评价 20%		小组评价 30%		教师评价 50%		小计
任务一							
任务二							
任务三							
任务四							
任务五							
评语							
学生总结							

项目三
万向传动装置的检修

任务一 认知万向传动装置

1. 掌握万向传动装置的基本结构和各部件的作用。
2. 了解万向传动装置的类型和工作原理。

知识储备

一、万向传动装置

1. 万向传动装置的组成与功用

万向传动装置位于变速器与驱动桥之间,如图3-1所示,从而满足变速器输出轴和驱动桥输入轴的夹角与距离经常变化的要求。万向传动装置的作用就是能在夹角与距离不断变化的转轴之间传递动力。万向传动装置一般由万向节、传动轴和中间支承等组成,如图3-2所示。

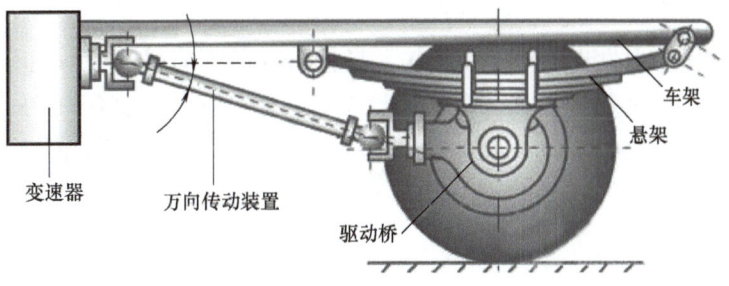

▲ 图3-1 变速器与驱动桥之间的万向传动装置

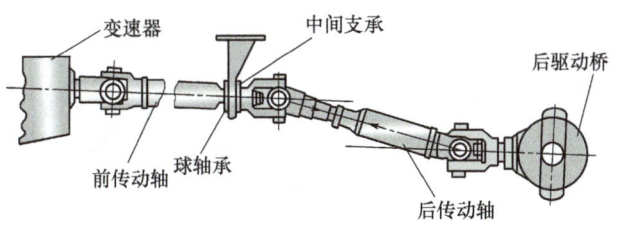

▲ 图3-2 万向传动装置的组成

2. 万向传动装置的应用与布置

万向传动装置在汽车上的应用主要有以下几个方面:

1）前置发动机后轮驱动的汽车，位于变速器与驱动桥之间（4×2 汽车），如图 3-3a 所示。

2）多桥驱动的汽车，位于变速器与分动器、分动器与驱动桥之间，如图 3-3b 所示。

3）发动机前置前驱动的汽车，位于断开式驱动桥的半轴之间，如图 3-3c 所示。

4）位于转向驱动桥的内、外半轴之间，如图 3-3d 所示。

5）位于转向机构的转向轴和转向器之间，如图 3-3e 所示。

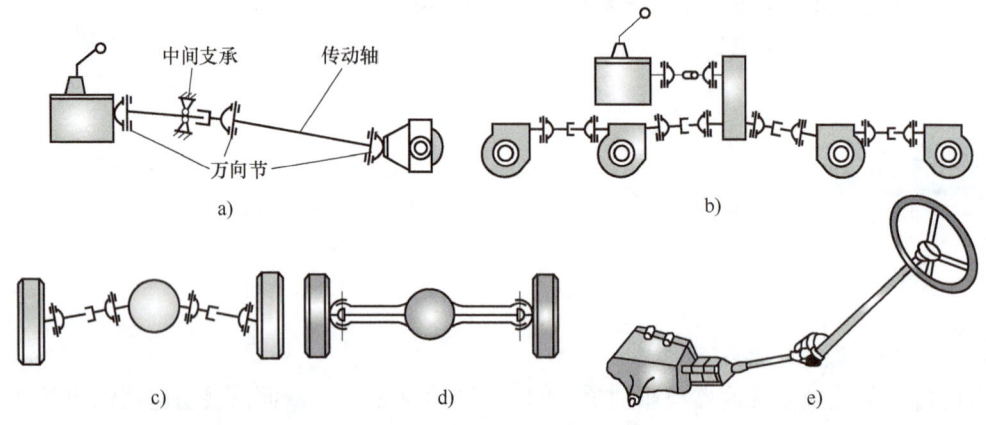

▲ 图 3-3　万向传动装置

二、万向节的分类

按万向节传递动力过程中输入、输出的转速特性的不同，可分为不等速万向节、等角速万向节和准等角速万向节。不等速万向节主要有普通十字轴万向节；等角速万向节常用的有球笼式万向节，也有采用球叉式或自由三枢轴万向节；准等角速万向节有双联式和三销轴式两种。

三、不等速万向节

在发动机前置后轮驱动的传动系统中，变速器与驱动桥之间一般采用普通万向传动装置来传递发动机动力，所用的万向节为普通十字轴万向节。

十字轴式刚性万向节的结构如图 3-4 所示。两万向节叉上的孔分别活套在十字轴的两对轴颈上。当主动轴转动时，从动轴既能随之转动，又可绕十字轴中心在任意方向摆动。在十字轴轴颈与万向节叉孔之间装有滚针和套筒组成的轴承，并用开环或带锁片的螺钉和轴承盖使之轴向定位。为了润滑轴承，十字轴内钻有互相贯通的油道，油道与注油嘴及安全阀相通。

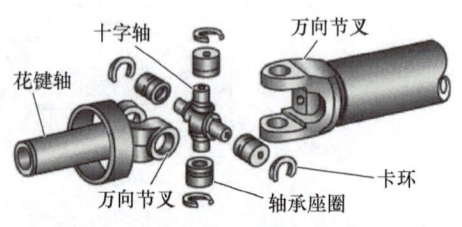

▲ 图 3-4　十字轴式刚性万向节

普通十字轴刚性万向节结构简单、传动可靠、效率高；允许相邻两轴的最大交角为 15°～20°。其缺点是单个万向节在输入轴与输出轴不共线时，两轴的角速度不相等，且两

转轴之间的夹角 α 越大，不等速性就越大。

为了实现等速传动，可将两个万向节串联安装。并且满足第一个万向节两轴间的夹角 $α_1$ 等于第二个万向节两轴间的夹角 $α_2$；第一个万向节的从动叉和第二个万向节的主动叉处在同一平面内，如图 3-5 所示。

四、等角速万向节

等角速万向节常用的是球笼式等速万向节。

球笼式等速万向节按其安装位置可分为内等速万向节和外等速万向节；按其主、从动叉的轴向位置能否改变可以分为伸缩型和非伸缩型两种类型。一般内万向节为伸缩型万向节，而外万向节为非伸缩型万向节。

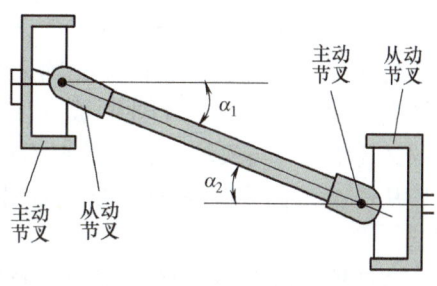

▲ 图 3-5 十字万向节的安装

如图 3-6 所示，非伸缩型球笼式等速万向节由六个钢球、星形套、球形壳和保持架等组成。万向节星形套与主动轴用花键固接在一起，星形套外表面有六条弧形凹槽滚道，球形壳的内表面有相应的六条凹槽，六个钢球分别装在各条凹槽中，由球笼使其保持在同一平面内。动力由主动轴、钢球、球形壳输出。

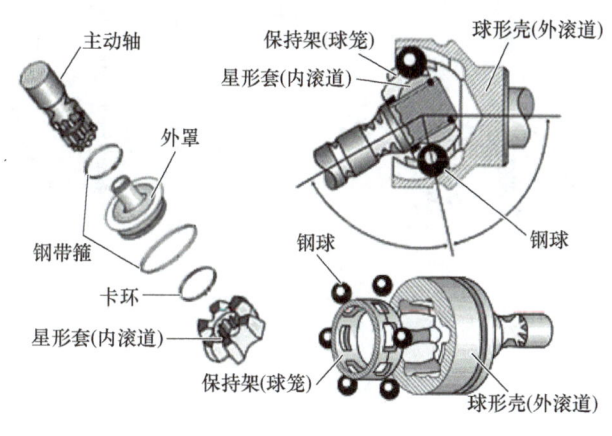

▲ 图 3-6 球笼式万向节

球笼式等速万向节工作时六个钢球都参与传力，故承载能力强、磨损小、寿命长。允许相邻两轴的最大交角为 42°～47°，它被广泛应用于各种型号的转向驱动桥和独立悬架的驱动桥。

五、准等速万向节

1. 双联式万向节

双联式万向节实际上是一套将传动轴长度缩减至最小的双十字轴式万向节等速传动装置，双联叉相当于传动轴及两端处在同一平面内的万向节叉。当输入轴与输出轴的交角较小时，处在圆弧上的两轴轴线交点离上述中垂线很近，能使两轴角度接近相等，所以称双联式万向节为准等速万向节,如图3-7所示。

2. 三销轴式万向节

三销轴式万向节由双联式万向节演变而来,主要由主、从动偏心轴叉、三销轴和密封件等组成。主、从动偏心轴叉分别与转向驱动桥的内、外半轴制成一体,其上的叉孔中心线与叉轴中心线垂直不相交。主、从动叉由两个三销轴连接,如图3-8所示。

三销轴式万向节的最大特点是允许相邻两轴有较大的夹角,最大可达45°,可以获得较小的转弯半径,以及较大的转向轮偏转角,从而提高汽车的机动性。

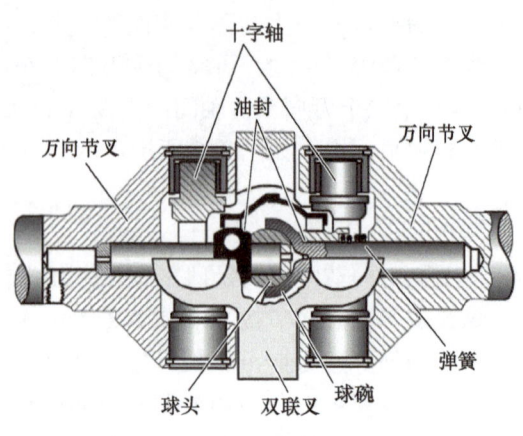

▲ 图3-7 双联式万向节

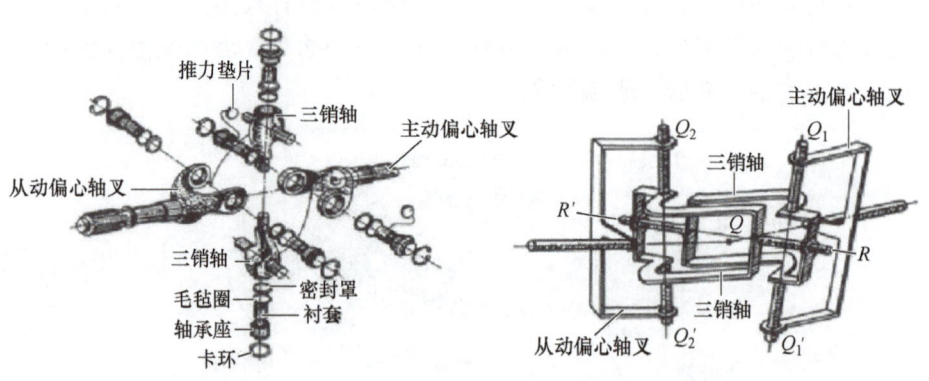

▲ 图3-8 三销轴式万向节

六、传动轴和中间支承

1. 传动轴

在常见的轻、中型货车中,传动轴部件一般由传动轴及两端焊接的花键轴和万向节叉组成,如图3-9所示。

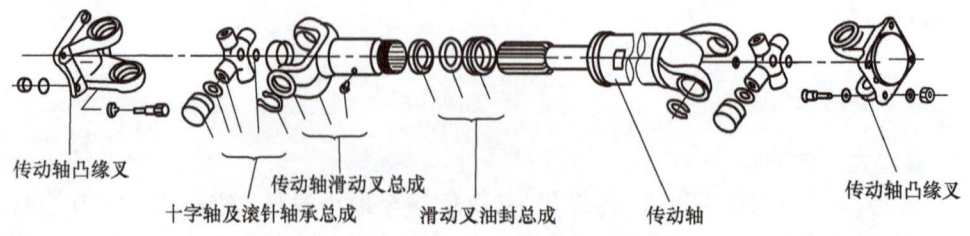

▲ 图3-9 传动轴总成

传动轴中设有滑动叉和花键轴组成的滑动花键连接，以适应两端连接件间相对位置的变化。为减少磨损，还装有加注润滑脂的注油嘴及油封堵盖和防尘罩。传动轴是一高度旋转的长轴，为了避免由于不平衡而引起的剧烈运动，除重型汽车外，传动轴一般采用无缝钢管，而使用薄钢板卷焊而成。在与万向节装配后，应必须经过动平衡试验，并在滑动叉与传动轴上刻有带箭头的记号，装配时应使记号对准。

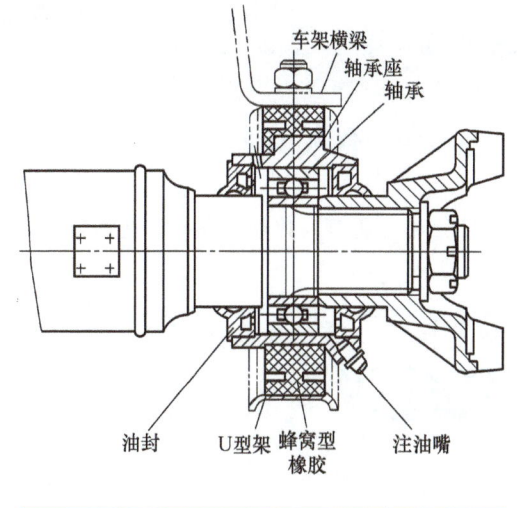

▲ 图3-10　万向传动中间支承

2. 中间支承

传动轴分段时需要加中间支承，中间支承通常装在车架横梁上，它能补偿传动轴轴向和角度方向的安装误差，以及汽车行驶过程中因发动机窜动或车架变形引起的位移。其结构如图3-10所示。

任务实施

根据知识储备内容，完成万向传动装置认知实训（表3-1）。

表3-1　万向传动装置的认知

一、选用的车型（或驱动形式）：_____，类型（万向节的类型）：_____。
二、对照万向传动实物认识下列零部件，并写出其位置及功用，完成后请在后面的 □ 内打√。
1. 十字轴式万向节
　1）十字轴：　　位置_____　　功能_____　　□
　2）万向节叉：　位置_____　　功能_____　　□
　3）卡环：　　　位置_____　　功能_____　　□
　4）花键轴：　　位置_____　　功能_____　　□
　5）轴承座圈：　位置_____　　功能_____　　□
2. 球笼式等速万向节
　1）钢球：　　　位置_____　　功能_____　　□
　2）星形套：　　位置_____　　功能_____　　□
　3）球形壳：　　位置_____　　功能_____　　□
　4）保持架：　　位置_____　　功能_____　　□
3. 传动轴　　　　位置_____　　功能_____　　□
4. 中间支承　　　位置_____　　功能_____　　□

任务二 万向传动装置故障分析

能正确分析万向传动装置的常见故障。

万向传动装置由于经常受汽车在复杂道路上行驶的影响,使传动轴在其角度和长度不断变化的情况下传递转矩,因此常出现传动轴动不平衡、万向节与中间支承松旷、异响等故障。

一、传动轴动不平衡

1. 现象

在万向节和伸缩叉技术状况良好时,汽车行驶中发出周期性的响声;速度越高响声越大,甚至伴随有车身振动,转向盘手感麻木。

2. 原因

1) 传动轴上的平衡块脱落。
2) 传动轴弯曲或传动轴管凹陷。
3) 传动轴管与万向节叉焊接不正或传动轴未进行过动平衡试验和校准。
4) 伸缩叉安装错位,造成传动轴两端的万向节叉不在同一平面内,不满足等速传动条件。

3. 故障诊断与排除方法

1) 检查传动轴管是否凹陷:有凹陷,则故障由此引起;无凹陷,则继续检查。
2) 检查传动轴管上的平衡片是否脱落,如脱落,则故障由此引起;否则继续检查。
3) 检查伸缩叉安装是否正确,不正确,则故障由此引起;否则继续检查。
4) 拆下传动轴进行动平衡试验,校准以消除故障。弯曲应校直。

二、万向节松旷

1. 现象

在汽车起步或突然改变车速时,传动轴发出"吭"的响声;在汽车缓行时,发出"咣当、咣当"的响声。

2. 原因

1) 凸缘盘连接螺栓松动。
2) 万向节主、从动部分游动角度太大。

3）万向节十字轴磨损严重。

3. 故障诊断与排除方法

1）用榔头轻轻敲击各万向节凸缘盘连接处，检查其松紧度。太松旷则故障由连接螺栓松动引起，否则继续检查。

2）用双手分别握住万向节主、从动部分转动，检查游动角度。游动角度太大，则故障由此引起。

三、传动轴异响

1. 现象

汽车行驶中传动装置发出周期性的响声；车速越高响声越大，严重时伴随有车身振动。

2. 原因

主要原因是传动轴动不平衡或由于传动轴变形、平衡块脱落等；其次是中间支承吊架固定螺栓松动或万向节凸缘盘连接螺栓松动，使传动轴偏斜。

3. 故障诊断与排除

除"传动轴动不平衡"诊断方法外，再检查中间支承吊架固定螺栓和万向节凸缘盘连接螺栓是否松动，若有松动，则异响由此引起。

根据万向传动装置故障分析填写万向传动装置故障诊断流程图如图3-11所示。

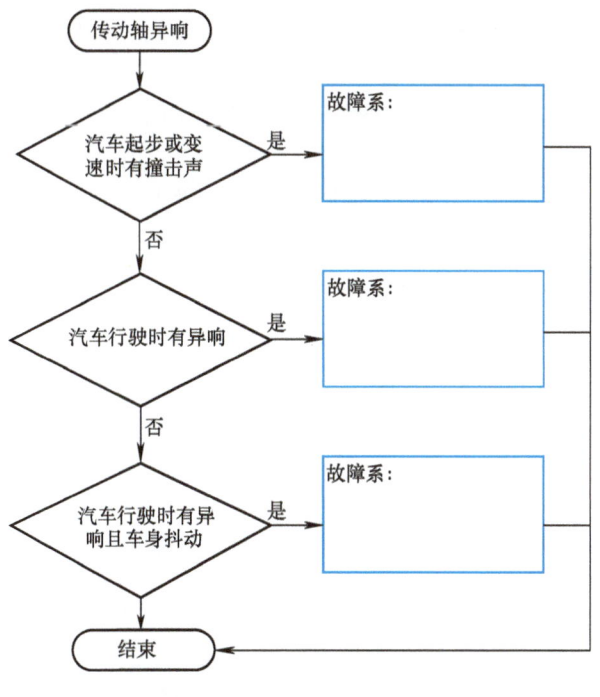

▲ 图3-11 传动轴异响诊断流程图

任务三　检修万向传动装置

任务目标

能正确检测万向传动装置的各个部分，并对其做正确的判断。

知识储备

万向传动装置的维修工作主要是：检查防尘罩、万向节、中间支承支架和轴承；润滑传动轴、万向节、十字轴和中间支承轴承；校紧各连接螺栓等。

1. 万向传动装置的拆卸（以东风 EQ1092 汽车为例）

1）用三角木垫好车轮，将变速器置于空档，放松驻车制动手柄。
2）在传动轴各连接件之间做好装配记号，拆下滑动叉防尘罩卡箍。
3）拆下后传动轴与主减速器凸缘的连接螺栓，取下后传动轴。
4）拆下中间支承与横梁的固定螺栓及中间传动轴与驻车制动器制动毂的连接螺栓，取下中间传动轴。

2. 万向传动装置的检修

（1）万向节叉、十字轴及轴承的检修　万向节叉和十字轴的损伤形式有裂纹、磨损等。

当十字轴轴颈表面有疲劳剥落、磨损沟槽或滚针压痕深度在 0.10mm 以上时，应更换。当滚针轴承的油封失效、滚针断裂、轴承内圈有疲劳剥落时，应更换。

十字轴与轴承的最小配合间隙应符合原厂规定，最大配合间隙应符合表 3-2 的规定。十字轴及轴承装入万向节叉后的轴向间隙：剖分式轴承承孔为 0.10~0.50mm；整体式轴承承孔为 0.02~0.25mm；轿车为 0~0.05mm。

表 3-2　十字轴轴承的配合间隙

十字轴轴颈直径/mm	≤18	18~23	>23
最大配合间隙/mm	符合原厂规定	0.10	0.14

对于轿车前驱动桥用的等速万向节常见的损伤形式是球形壳、球笼、星形套及钢球的凹陷、磨损、裂纹、麻点等，如有则更换。检查防护罩是否有刺破、撕裂等损坏现象，如有则更换。

（2）传动轴的检修
① 传动轴轴管的损伤形式有裂纹和严重的凹瘪两种。
② 传动轴轴管全长上的径向圆跳动检测如图 3-12 所示。公差应符合表 3-3 的规定。

表 3-3　传动轴轴管的径向圆跳动公差

轴长/mm	≤600	600~1000	>1000
径向圆跳动公差/mm	0.6	0.8	1.0

轿车传动轴径向全跳动公差应比表 3-3 相应减小 0.2mm。中间传动轴支承轴颈的径向圆跳动公差为 0.10mm，如图 3-12 所示。当传动轴轴管的径向圆跳动误差超过上表的规定时，应对传动轴进行较正或更换。

③ 用百分表检查传动轴花键与花键套的配合间隙。若超过 0.30mm 应更换新件（轿车应不大于 0.15mm），装配后应能滑动自如。

④ 检查传动轴弯曲量，小于 5mm 时用冷压校正，大于 5mm 时用加热校正或更换新件。

3. 传动轴的装配

按拆卸的相反次序进行，注意对准原来的装配记号。按规定拧紧力矩紧固固定螺母，并对中间支承轴承、十字轴等处进行润滑。

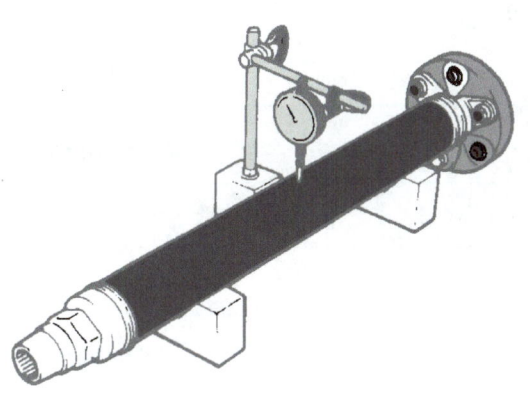

▲ 图 3-12　传动轴径向圆跳动的检测

检修调整好的万向传动装置，应做到：装配尺寸正确，防尘罩无裂纹（损坏），卡箍可靠，中间支承无松动，轴承间隙正常，万向节无松旷（卡滞、异响）。

任务实施

根据知识储备内容，实施检修万向传动装置实训，完成表 3-4 ~ 表 3-6。

选用的万向传动装置品牌或使用车型号：＿＿＿＿＿＿＿＿＿，类型：＿＿＿＿＿＿＿＿。

表 3-4　万向传动装置拆卸表

步　骤	作 业 内 容	完 成 情 况
1	准备工具	□完成　□基本完成　□未完成
2	用三角木垫好车轮，将变速器置于空档，放松驻车制动手柄	□完成　□基本完成　□未完成
3	在传动轴各连接件之间作好装配记号，拆下滑动叉防尘罩卡箍	□完成　□基本完成　□未完成
4	拆下后传动轴与主减速器凸缘的连接螺栓，取下后传动轴	□完成　□基本完成　□未完成
5	拆下中间支承与横梁的固定螺栓及中间传动轴与驻车制动器制动毂的连接螺栓，取下中间传动轴	□完成　□基本完成　□未完成

表 3-5　万向传动装置检测表

项　目		工量具	测量值	参考值	结果判断
目测各零部件情况					
万向节					
传动轴	径向圆跳动				
	花键与花键套的配合				
	弯曲量				

表 3-6　万向传动装置检修故障分析报告表

故障现象描述	
故障的可能原因分析	
制订解决方案	
解除故障实施过程记录	
总结	

项目考核与评价

一、填空题

1. 万向传动装置一般由＿＿＿＿和＿＿＿＿组成，传动距离较远时加装＿＿＿＿。

2. 等速万向节的基本原理是从结构上保证万向节在工作过程中＿＿＿＿。

3. 万向传动装置除用于汽车的传动系统外，还可用于＿＿＿＿和＿＿＿＿。

4. 单个十字轴万向节传动的缺点是具有＿＿＿＿，而导致传动系统受到扭转转动，使用寿命降低。

5. 传动轴在高速旋转时，由于离心力的作用而产生剧烈振动。因此，当传动轴与万向节装配后，必须满足＿＿＿＿要求。

6. 球笼式等速万向节按主、从动叉在传动转矩过程中轴向是否产生位移分为＿＿＿＿和＿＿＿＿。

7. 为了避免运动干涉，传动轴中设有由＿＿＿＿和＿＿＿＿组成的滑动花键连接。

8. 万向节按主、从动叉在转动过程中转速是否时刻相等可分为＿＿＿＿、

_____和_____。

二、选择题

1. 十字轴式刚性万向节的十字轴颈一般都是（　　）。
   A. 空心的　　　　　B. 实心的　　　　　C. 无所谓
2. 为适应传动轴工作在长度方面的变化，通常在传动轴中采用（　　）。
   A. 伸缩花键　　　B. 万向节叉　　　C. 空心轴管　　　D. 扭转减振器
3. 为了提高传动轴的强度和刚度，减轻重量，传动轴一般都做成（　　）。
   A. 空心的　　　B. 实心的　　　C. 半空、半实的　　　D. 无所谓
4. 十字轴式万向节的损坏是以（　　）的磨损为标志的。
   A. 十字轴轴颈　　B. 滚针轴承　　C. 油封　　D. 万向节叉

三、简答题

1. 简述十字轴式双万向节传动的等速条件。

2. 汽车万向传动装置的应用与布置有哪些？

3. 汽车为什么要采用万向传动装置？

4. 万向传动装置常见故障有哪些？如何进行诊断与排除？

万向传动装置的检修项目学习评价表

班　级		姓　名		学　号		总　评	
项目	自我评价 20%		小组评价 30%		教师评价 50%		小计
任务一							
任务二							
任务三							
评语							
学生总结							

项目四
驱动桥的检修

任务一　认知驱动桥

1. 掌握驱动桥的基本结构和各组成的作用。
2. 了解主减速器和差速器的类型及工作原理。

知识储备

一、驱动桥的功用、组成及类型

1. 驱动桥的功用与组成

（1）功用　驱动桥是传动系统的最终环节，它将万向传动装置传来的发动机转矩传给驱动车轮，并经过降速增矩、改变动力传动方向，使汽车行驶，而且允许左右驱动车轮以不同的转速旋转。

（2）组成　驱动桥一般由主减速器、差速器、半轴及桥壳组成。

2. 驱动桥的类型

驱动桥按结构形式一般可分为整体式和断开式两种。

（1）整体式驱动桥　如图 4-1 所示，整体式驱动桥也称非断开式驱动桥。驱动桥壳由中间的主减速器壳和两边与之刚性连接的半轴套管组成，通过悬架与车身或车架相连。

（2）断开式驱动桥　断开式驱动桥采用独立悬架，如图 4-2 所示。桥壳需要分为用铰链连接的几段，更多的是只保留主减速器壳（或带有部分半轴套管）部分。

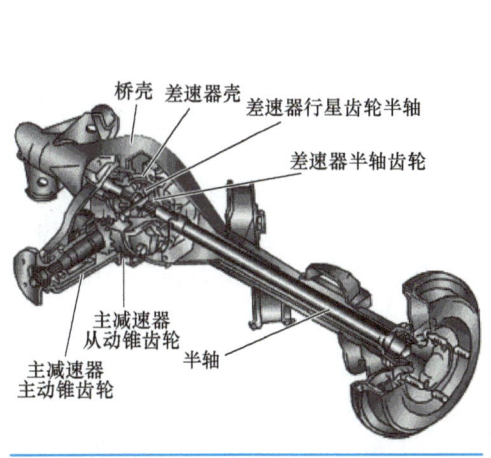

▲ 图 4-1　整体式驱动桥

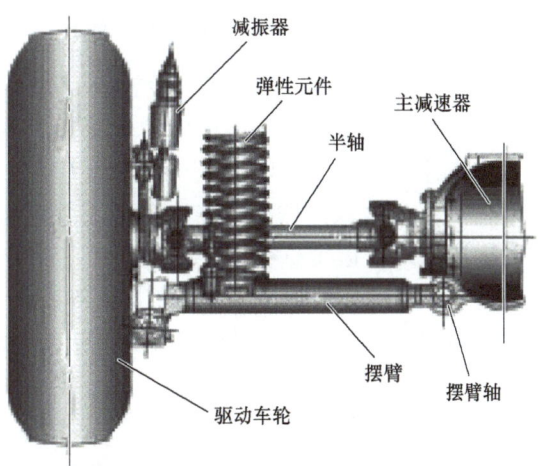

▲ 图 4-2　断开式驱动桥

二、主减速器

1. 主减速器的功用和类型

（1）功用　主减速器的功用是降低转速、增大转矩，并改变转矩的方向（横向布置发动机的除外），以保证汽车在良好的道路上具有足够的牵引力和适当的速度。

（2）类型　主减速器的形式较多，不同的使用要求，主减速器的结构形式也不同。

1）按参与减速传动的齿轮副数目分。可分为单级式主减速器和双级式主减速器。

2）按齿轮副结构分。可分为圆柱齿轮式、锥齿轮式和准双曲面齿轮式。

（3）工作原理　如图4-3所示，它是依靠齿数少的齿轮带齿数多的齿轮来实现减速的，采用锥齿轮传动则可以改变转矩传动方向。

2. 主减速器的结构

（1）单级主减速器　单级主减速器结构简单，质量小，体积小，传动效率高，主要用于轿车及中型以下客货车。如图4-4所示，为轻、中型货车单级主减速器总成，主动锥齿轮采用跨臂式支承，准双曲面齿轮。

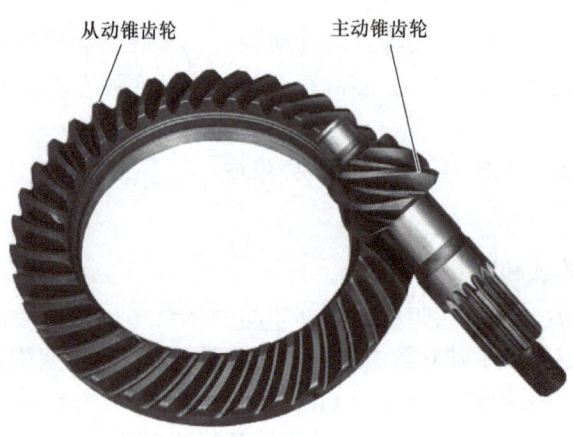

▲ 图4-3　单级主减速器

▲ 图4-4　主减速器总成

准双曲面齿轮可以使主动齿轮轴线向下偏移时（图4-5），在保证一定离地间隙的情况下，可降低主动齿轮和传动轴的位置，而使车身和整车重心降低，有利于提高汽车行驶的稳定性。

（2）双级主减速器　一些汽车要求主减速器具有较大的减速比，若只用一对锥齿轮传动，则从动锥齿轮直径过大，使汽车的最小离地间隙过小，通过性变差，这时就需要两对齿轮减速的双级主减速器，如图4-6所示。第一级传动是一对螺旋锥齿轮，第二级传动是一对斜齿圆柱齿轮。其传动比为两级齿轮传动比的积。

三、差速器

如果汽车驱动桥的两侧驱动轮刚性连接，则两侧车轮只能以相同的转速旋转。当汽车转弯时，内侧车轮行程比外侧车轮短，如图4-7所示，此时外侧车轮必然是边滚动边

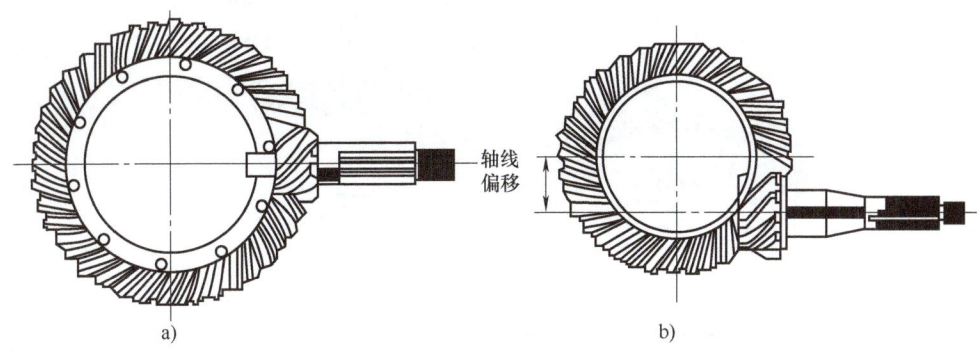

▲ 图 4-5 主动和从动锥齿轮轴线位置对比
a) 普通螺旋锥齿轮传动 b) 准双曲面锥齿轮传动

滑移,内侧车轮必然是边滚动边滑转。即使汽车在直线行驶,也会由于左右车轮行驶路面凸凹状态不同、轮胎尺寸误差及气压不同等原因,而发生类似的滑移、滑转现象,将使汽车转向困难,轮胎磨损加剧,行驶阻力增大,动力消耗增加。

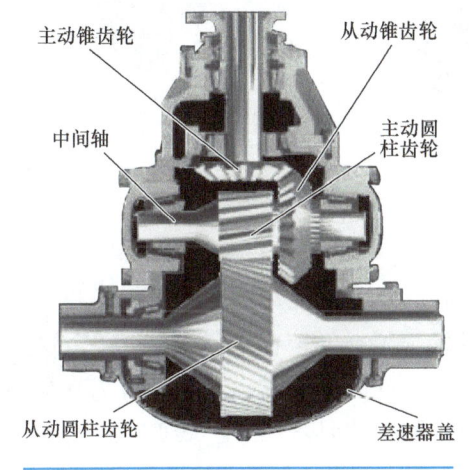

▲ 图 4-6 解放 CA1092 汽车的双级主减速器

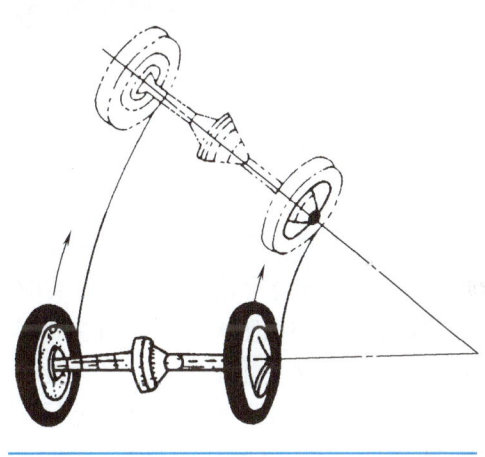

▲ 图 4-7 汽车两轮不等距离运动示意图

为了消除上述不良现象,汽车左、右两侧驱动轮分别通过左、右半轴驱动,中间安装差速器。差速器的功用就是在向两半轴传递动力时,允许两半轴以不同转速旋转,以满足两驱动轮不等路程行驶的需要。

差速器按其工作特性不同可分为普通差速器和防滑差速器两大类。

1. 普通差速器

(1) 差速器的结构 普通差速器中应用最为广泛的是对称式行星锥齿轮差速器,其结构如图 4-8 所示,其主要由四个行星齿轮、十字轴、两个半轴齿轮和差速器壳等组成。

某些轻型车和轿车因传递的转矩较小,只用两个行星齿轮,因而其行星齿轮轴相应为一根带锁止销的直轴。图 4-9 为桑塔纳 2000 型轿车对称式锥齿轮差速器。

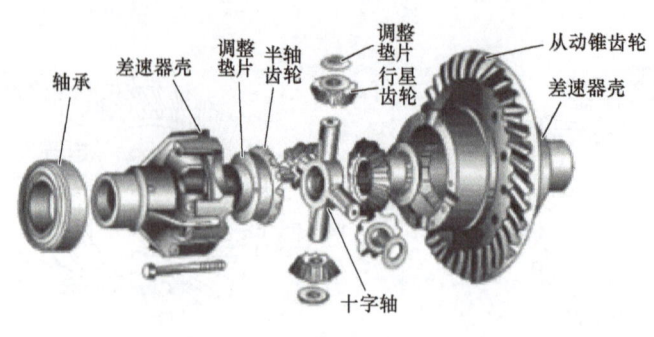

▲ 图4-8 对称式行星锥齿轮差速器结构图

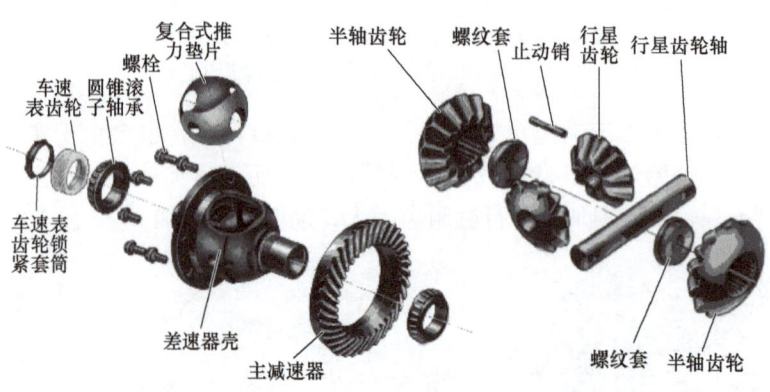

▲ 图4-9 桑塔纳2000型轿车对称式锥齿轮差速器

(2) 差速器的工作原理

1) 当汽车直线行驶时,只要左右驱动轮所处路面状况相同,则左右驱动轮受到的路面阻力相等,行星齿轮在其轴上不会发生自转,而是在差速器壳、行星齿轮轴带动下,以相同的转矩,同时带动左、右半轴齿轮,使左右驱动轮以与差速器壳相同的转速滚动,此时差速器不起差速作用。

差速器工作原理

2) 当汽车右转弯时,道路将要求右侧车轮滚慢些,左侧车轮滚快些。在差速器起差速作用之前,右侧车轮有滑转趋势,即受到路面阻力大些,左侧车轮有滑移趋势,受到路面阻力小些。这时,行星齿轮在绕半轴线公转的同时又绕自身轴线自转,从而使右侧半轴齿轮转速减慢,左侧半轴齿轮转速加快。结果使左轮转速比右轮快,此时差速器起差速作用。

2. 防滑差速器

为了提高汽车在不良路面上的通过能力,可采用各种形式的防滑差速器。

防滑差速器分为人工强制锁止式和自锁式两大类。

(1) 人工强制锁止式差速器 在普通差速器上加了一个差速锁,差速锁由接合器及其操纵装置组成。当一侧驱动轮滑转时,可利用差速锁使差速器不起差速作用。

(2) 自锁式差速器 自锁式差速器的种类很多,由摩擦片式、滑块凸轮式和变传动式等。它们的特点是在两驱动轮(轮间差速器)或两驱动桥(轴间差速器)转速不同时,自动为转速慢的车轮多分配一些转矩,从而提高汽车的通过性和操纵的稳定性。

1）摩擦片式自锁差速器。如图 4-10 所示，主、从动摩擦片安装于半轴齿轮与差速器壳之间。主动摩擦片与差速器壳连接，从动摩擦片与半轴齿轮花键啮合，弓形预加载弹簧安装于两个半轴之间。弹簧作用使主、从动片经常处于压紧状态。当汽车直线行驶，两半轴无转速差时，转矩平均分配给两半轴，此时转矩经两条路线传给半轴：一路经行星齿轮轴、行星齿轮和半轴齿轮将大部分转矩分给半轴；另一路则由差速器壳经主、从动摩擦片传给半轴。

当一侧车轮在路面上滑转或汽车转弯时，行星齿轮自转，起差速作用，左、右半轴齿轮转速不等。由于转速差的存在和压紧力的作用，主、从动摩擦片间在滑转的同时产生摩擦力矩。而摩擦力矩的方向与快转半轴的旋向相反，与慢转半轴的旋向相同。在较大数值内摩擦力矩的作用下，使慢转半轴传递的转矩明显增加。

2）托森差速器。托森差速器是一种新型的自锁式轴间差速器，如图 4-11 所示。它是将普通差速器的齿轮改成蜗轮蜗杆，而安装位置和形式不变，借由蜗轮蜗杆传动的自锁来实现防滑功能。蜗杆可以向蜗轮传递转矩，而蜗轮向蜗杆施以转矩时，齿间摩擦力大于所传递的转矩而无法旋转。

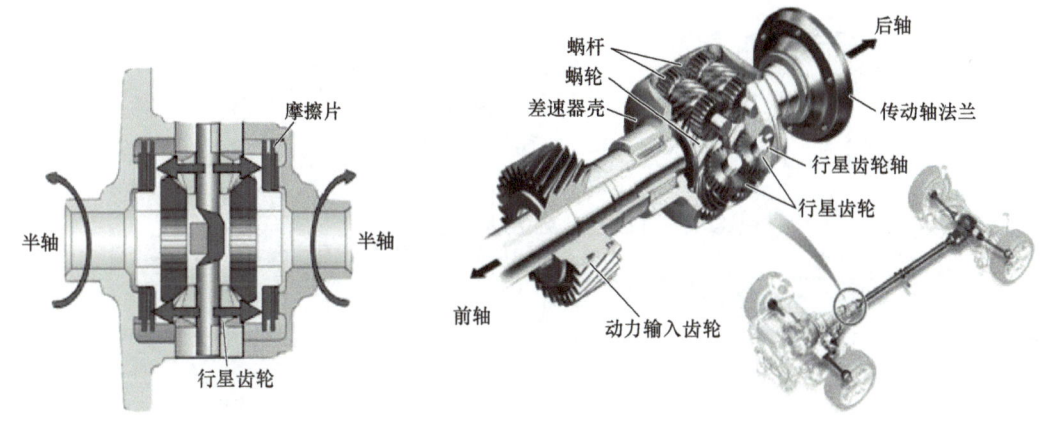

▲ 图 4-10 摩擦片式自锁差速器　　　　▲ 图 4-11 轴间托森差速器

3）中央防滑差速器。中央防滑差速器具有转矩感应能力，根据驱动的转矩情况能够立即自动改变前后转矩的分配，以防止打滑，也能够确保加速和高速行驶时的稳定性。

4）黏性耦合式 LSD。黏性耦合式 LSD 是由多个离合器片组成的，透过硅油的喷入，使左右轮胎产生回转差，然后再利用硅油的黏性做锁定。传递转矩柔和平稳，差速响应快。广泛用于驱动桥的轴间差速系统，当作轴间差速器，使全轮驱动轿车的性能大幅提高。

四、半轴与桥壳

1. 半轴的作用与分类

半轴在差速器与驱动桥之间传递转矩。由于所传递的转矩经主减速器增矩后较大，故一般是实心轴。半轴的内端与差速器的半轴齿轮连接，而外端与驱动轮的轮毂相连。

现代汽车的半轴基本上采用全浮式或半浮式支承形式。

（1）全浮式支承半轴　如图 4-12 所示。

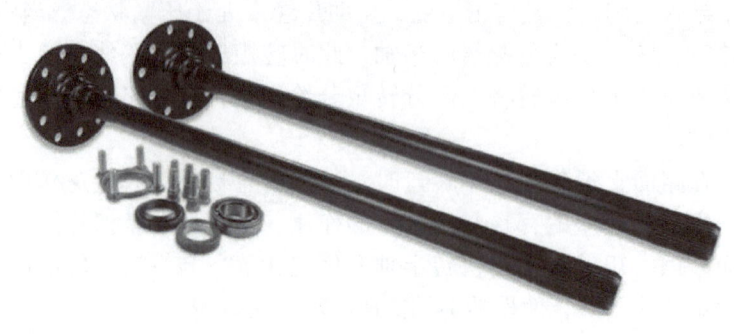

▲ 图 4-12　全浮式支承半轴

（2）半浮式支承半轴　图 4-13 为半浮式支承半轴示意图。既传递转矩又承受全部反力和弯矩。它的支承结构简单，成本低，因而广泛用于反力弯矩较小的各类轿车上。

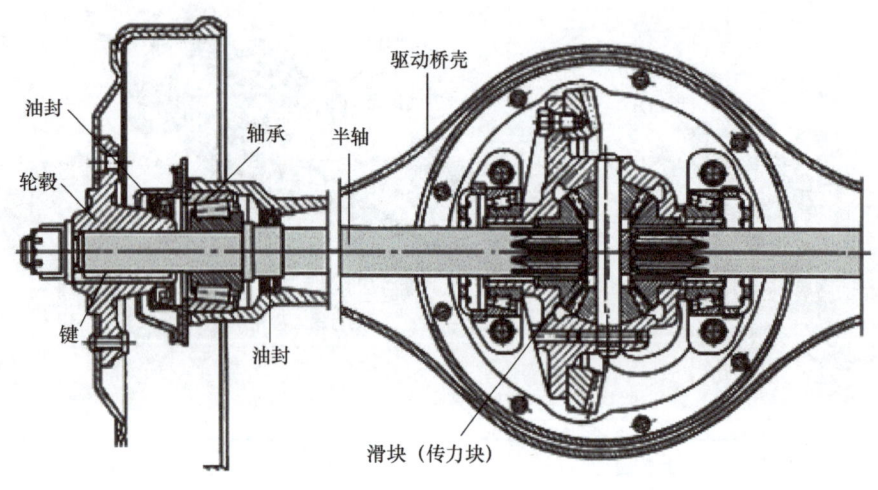

▲ 图 4-13　半浮式支承半轴

2. 桥壳的作用与分类

驱动桥壳是用来支承并保护主减速器，驱动桥壳可分为整体式和分段式两种。

（1）整体式桥壳　图 4-14 为整体式桥壳。桥壳与主减速器分开制造，两者用螺栓连接在一起。

（2）分段式桥壳　图 4-15 为分段式桥壳。分段式桥壳是桥壳和主减速器壳铸成一体，且一般分成两段，由螺栓连成一体。

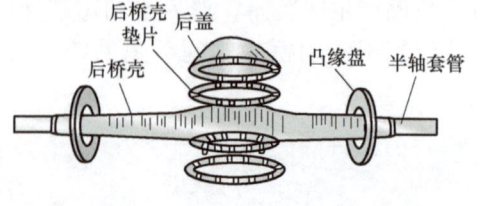

▲ 图 4-14　整体式桥壳

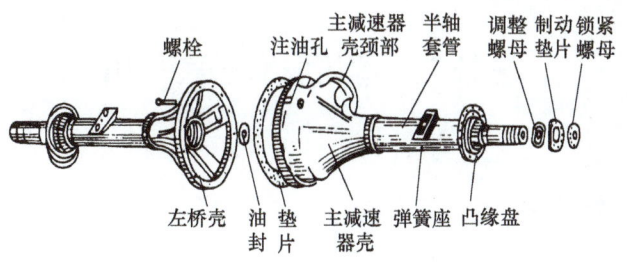

▲ 图 4-15 分段式桥壳

一、主减速器的结构认知（表 4-1）

表 4-1 主减速器的结构认知

一、选用的主减速器品牌或使用车型号：_____，类型：_____。
二、对照主减速器实物认识下列零部件，并写出其位置及功用，完成后请在后面的 □ 内打√

1）主动齿轮： 位置_____ 功能_____ □
2）从动齿轮： 位置_____ 功能_____ □
3）调整螺母： 位置_____ 功能_____ □
4）叉形凸缘： 位置_____ 功能_____ □
5）主减速器壳： 位置_____ 功能_____ □
6）主动锥齿轮调整垫片： 位置_____ 功能_____ □
7）主动锥齿轮前轴承： 位置_____ 功能_____ □
8）主动锥齿轮后轴承： 位置_____ 功能_____ □
9）主动锥齿轮油封： 位置_____ 功能_____ □
10）支承螺栓： 位置_____ 功能_____ □

二、写出该主减速器主、从齿轮的齿数，计算传动比，完成后请在后面的□ 内打√。

1）主动齿轮： 齿数_____ □
2）从动齿轮： 齿数_____ □
3）传动比： 等于_____ □

二、差速器的结构认知（表 4-2）

表 4-2 差速器的结构认知

一、选用的差速器品牌或使用车型号：_____，类型：_____。
二、对照差速器实物认识下列零部件，并写出其位置及功用，完成后请在后面的□ 内打√。

1）行星齿轮： 位置_____ 功能_____ □
2）半轴齿轮： 位置_____ 功能_____ □
3）差速器壳： 位置_____ 功能_____ □
4）行星齿轮垫片：位置_____ 功能_____ □
5）半轴齿轮垫片：位置_____ 功能_____ □
6）行星齿轮轴： 位置_____ 功能_____ □
7）差速器壳轴承：位置_____ 功能_____ □

任务二　驱动桥故障分析

能正确分析驱动桥的常见故障。

驱动桥的常见故障部位主要有：行星齿轮、十字轴、轴承、花键、调整垫片和齿轮等。驱动桥的常见故障主要包括：驱动桥异响、驱动桥过热和驱动桥漏油。

一、驱动桥异响

1. 故障现象

驱动桥在汽车不同的行驶工况下发出非正常响声。随着汽车行驶工况的不同，驱动桥的异响也不同，主要有以下几种情况：

1）汽车行驶时驱动桥发出较大响声，而当滑行或低速行驶时响声减弱，甚至消失。

2）汽车行驶、滑行时驱动桥均发出较大的响声。

3）汽车转弯行驶时驱动桥发出较大的声音，而直线行驶时响声明显减弱或消失。

4）汽车起步或突然改变车速时驱动桥发出"铿"的一声。

2. 故障主要原因

造成驱动桥异响的根本原因是驱动桥的传动部件磨损松旷、调整不当或润滑不良，当承受较大的动载荷时，发出不正常的响声。具体原因主要有：

1）主减速器主、从动齿轮，行星齿轮和半轴齿轮等啮合间隙过大或过小，应予调整。

2）半轴齿轮与半轴的花键配合、差速器壳与十字轴配合或行星齿轮孔与十字轴配合松旷，应予调整。

3）主、从动齿轮印痕不符合要求，应予调整。

4）主、从动齿轮，行星齿轮和半轴齿轮的齿面磨损严重，轮齿折断、变形或未成对更换，应予更换。

5）润滑油量不足，牌号不符，变质或有杂物，应更换正确的润滑油，并添加到规定高度。

6）圆锥滚子轴承预紧度调整不当，应予调整。

7）驱动桥壳体、主动齿轮紧固螺母或从动齿轮连接螺钉松动，应予紧固或更换等。

二、驱动桥过热

1. 故障现象

汽车行驶一定里程后，用手触摸驱动桥壳中部，有无法忍受的烫手感觉。

2. 故障主要原因

引起驱动桥过热的根本原因是驱动桥工作时摩擦阻力过大。具体原因主要有：
1）圆锥滚子轴承预紧度调整过大，应予调整。
2）润滑油量不足、变质或牌号不符合要求，应更换正确的润滑油，并添加到规定高度。
3）主减速器、差速器各齿轮的啮合间隙太小，应予调整。
4）止推垫片与主减速器背面间隙太小，应予调整或更换等。

三、驱动桥漏油

1. 故障现象

在驱动桥加油口螺塞、放油口螺塞、油封处或各结合面衬垫处，出现明显的漏油痕迹。

2. 故障主要原因

造成驱动桥漏油的原因主要有：
1）油封安装位置不正确、装反或油封本身磨损、硬化、破裂，应予调整或更换。
2）结合面加工粗糙或变形，应予磨平。
3）结合面密封垫片人薄、硬化或损坏，应予更换。
4）结合面紧固螺钉松动，应予紧固或更换。
5）通气孔堵塞或加油口、放油口螺塞松动，应予清洁、紧固或更换。
6）桥壳有铸造缺陷或裂纹，应予焊补等。

任务实施

根据驱动桥异响、过热故障分析填写驱动桥故障诊断流程图。

一、驱动桥异响

驱动桥异响故障诊断流程图如图4-16所示，请在图中空白框内填写相关内容。

二、驱动桥过热

驱动桥过热故障诊断流程图如图4-17所示，请在图中空白框内填写相关内容。

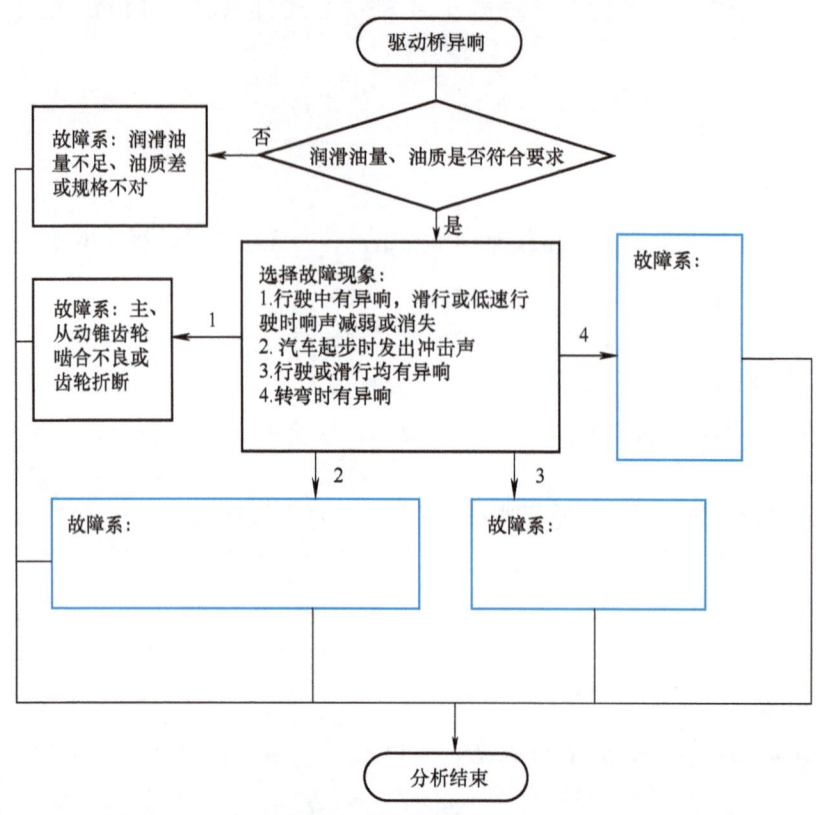

▲ 图 4-16 驱动桥异响故障诊断流程图

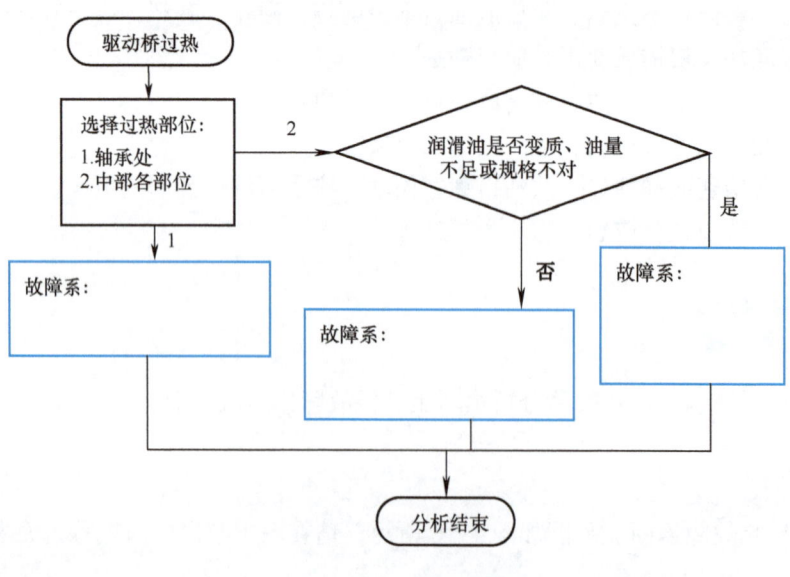

▲ 图 4-17 驱动桥过热故障诊断流程图

任务三　检修驱动桥

能正确检修驱动桥的各个部分，并对其做正确地调整。

一、驱动桥的拆卸

现在以东风 EQ1092 型汽车单级主减速器与差速器为例，讲解驱动桥的拆装过程。

1. 拆装注意事项

1）解体前应对齿轮啮合间隙、轴承轴向间隙做初步检查。

2）解体后应认记各部位调整垫片的数量、厚度，并分别有序放置。

3）在解体前，从动齿轮轴承调整螺母、左右轴承盖等做安装位置标记，避免安装错位。

4）左右轴承、左右轴承外圈、行星齿轮及垫片、半轴齿轮及垫片等要有序摆放，防止左右安装错位。

5）装配过程中一定要将轴承预紧度、齿轮啮合间隙、齿轮啮合印痕调整到标准范围。

2. 主减速器与差速器的拆卸

（1）主减速器的拆卸

1）把主减速器总成从车上拆下，将其装到翻转拆装台上。

2）撬开从动锥齿轮支承螺柱的锁片，拆出锁紧螺母，拧出支承螺柱及支承套总成。

3）松开差速器轴承盖紧固螺栓的锁片，拧出锁紧螺栓，拆下调整螺母的锁片及止动片，卸下差速器轴承盖，取下差速器轴承调整螺母，拆下差速器总成。

4）拆下主动锥齿轮凸缘紧固螺母的锁止开口销，松开主动锥齿轮凸缘的紧固螺母，取下垫圈，拉出凸缘。

5）拆下油封座的紧固螺栓，取下油封座，并从油封座中拆下油封。

6）取出轴承调整垫片、轴承隔套和主动锥齿轮。

7）从主减速器壳内拆下主动锥齿轮的后轴承。

8）拆开从动锥齿轮连接螺栓的锁片，拆出从动锥齿轮与差速器壳的连接螺栓。

9）用铜棒敲击，将从动锥齿轮取下。

（2）差速器的拆卸

1）将从动锥齿轮取下后，拆开差速器左右壳连接螺栓上的锁片，拆出差速器左右壳的连接螺栓。

2）将差速器左右壳体分开，依次取出半轴齿轮支承垫、半轴齿轮、行星齿轮支承垫、行星齿轮和行星齿轮轴。注意拆出的部件一定要有序摆放，防止安装错位。

3. 主减速器与差速器的装复

（1）差速器的装复

1）将轴承装到左、右差速器壳的轴颈上。

2）将差速器左壳体固定好，并将轴承朝下，将半轴齿轮支承垫、半轴齿轮、行星齿轮、行星齿轮支承垫与十字轴总成装入差速器左壳体中，注意半轴齿轮支承垫上有油坑的一面应朝向半轴齿轮，合上差速器右壳体（注意装配标记）。

3）从右差速器壳一侧插入连接螺栓后，装上锁片、螺母，以 140~160N·m 的力矩拧紧螺母，并将锁片翻转锁止螺母。

4）按标记将从动锥齿轮与差速器壳装合，以 140~160N·m 的力矩拧紧差速器左壳和从动锥齿轮的连接螺栓，再将锁片卷起锁止螺母。

（2）主减速器的装复

1）将主动锥齿轮前后轴承外圈分别压入轴承座的座孔中。

2）将调整垫片、后轴承装到主动锥齿轮的轴颈上。

3）装上隔套，把主动锥齿轮及后轴承装入轴承座中。

4）装上前轴承、主动锥齿轮凸缘、垫圈和螺母，注意：油封座暂时不装，以 400~500N·m 的力矩拧紧凸缘螺母。

5）用弹簧秤检测主动锥齿轮的轴承预紧度，预紧力为 16.6~25.0N，如不符合，应调整轴承预紧度。

6）拆出凸缘螺母，取出凸缘，把油封、导向环装入油封座内，装上密封垫和油封座，交叉拧紧固定螺栓。

7）装上主动锥齿轮凸缘、垫圈和螺母，以规定力矩予以拧紧，并装好开口销。

8）将主动锥齿轮及座与主减速器壳体装合，注意调整垫片的油孔位置，使其与主减速器壳体的油道孔对齐，并使主动锥齿轮的轴颈与后轴承装合，并按规定力矩拧紧其连接螺栓。

9）将从动锥齿轮总成装到差速器壳上。

10）将差速器总成装到主减速器壳中，在轴承及轴承外圈涂一层润滑油，按原标记装上轴承盖、锁片及紧固螺母，旋上差速器调整螺母，并用专用工具将左、右调整螺母旋入，先调整差速器轴承预紧度到标准范围内，然后调整主、从动锥齿轮啮合间隙到标准范围内。

11）以 200~240N·m 的力矩拧紧差速器轴承盖螺母，然后用锁片锁住螺母。

12）装上止动片，将差速器轴承调整螺母锁住。拧紧止动片固定螺栓后，将锁片的两角翻卷锁住止动片固定螺栓。

13）装上从动锥齿轮的支承螺柱，调整合适后再装上锁片和锁紧螺母，拧紧后翻卷锁片将其锁止。

14）主减速器装配好后，用专用拆装小车将主减速器总成装车。

> 提示：发动机前置前轮驱动的变速驱动桥和发动机前置后轮驱动的驱动桥拆装步骤区别较大，若都是后轮驱动的驱动桥不同车型拆装步骤略有不同。

二、驱动桥的检修

1. 主减速器的检修

（1）主减速器壳的检修　主减速器壳应无裂纹，否则更换壳体；壳体上各螺纹的损伤不应超过 2 牙，视情况继续使用或更换新件。

（2）主、从动锥齿轮的检修　检查主、从动锥齿轮不得有裂纹；齿面不允许有片状疲劳剥落现象和阶梯形磨损。轻微斑点面积不得大于齿轮面积的 25%；齿端崩脱缺损部分不得超过齿高的 1/3 和齿长的 1/10；损伤齿的数量：主动齿轮不得多于 2 个齿，且不相邻；从动齿轮不得多于 3 个齿，且相邻不多于 2 个。不符合上述要求的，必须更换齿轮。锥齿轮必须主、从动齿轮成对更换。一些主减速器主、从动锥齿轮在非工作面上打印有配对编号及配对测量参数，必须按相同编号配对组装。

（3）轴承与孔、轴配合的检修　主减速器上除主动锥齿轮前轴承与轴颈的配合为过渡配合外，其他轴承与轴颈、承孔均属过盈配合，过盈量约为 0.03mm。若配合出现松动，应电镀轴颈或承孔修理。若轴颈或承孔磨损形成明显轴肩或孔肩，则应更换。

检视圆锥滚子轴承滚子、保持架和滚道表面未见剥落、缺损等现象，一般不拆卸过盈配合的轴承和轴承外圈座。

2. 差速器的检修

（1）半轴齿轮与差速器壳间隙的检修　检测间隙方法如图 4-18 所示，用一套塞尺进行检查，间隙值应在规定范围内，否则可以通过增减垫片厚度进行调整。

（2）半轴齿轮与行星齿轮间隙的检修　如图 4-19 所示，通过百分表进行检测，间隙值应在规定范围内，否则检查齿轮损坏程度，间隙可以通过增减垫片厚度进行调整，严重的则应更换齿轮。

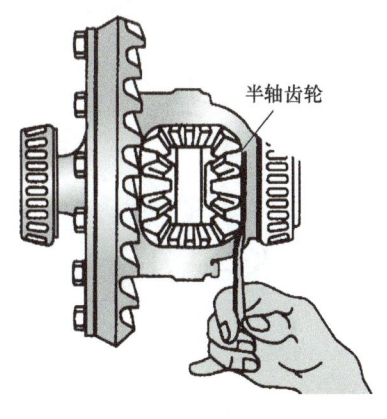
▲ 图 4-18　半轴与差速器壳间隙检测示意图

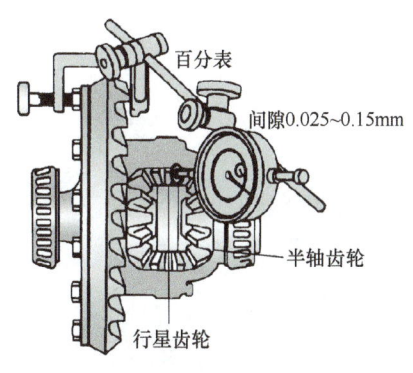
▲ 图 4-19　半轴齿轮与行星齿轮间隙检测示意图

3. 半轴的检修

半轴由于在使用过程中受到转矩和冲击力的作用，可能导致弯曲、扭曲、断裂或键齿损坏等现象，这类现象将对行车带来极大危险，所以一旦发现，应及时检修或更换。

以半轴轴线为基准，用百分表检测半轴中部未加工面的径向跳动应不大于 1.5mm，花键外圆柱面径向跳动不大于 0.25mm，凸缘内侧端面圆跳动误差不大于 0.15mm。若径向圆跳动超限，可冷压校正或更换；端面圆跳动超限，可通过车削端面进行修正。半轴花键的侧隙增大量较原厂规定不得大于 1.5mm。

三、驱动桥的调整

1. 轴承预紧度的调整

现在以东风 EQ1092 型汽车单级主减速器与差速器为例，讲驱动桥的调整。

（1）主动锥齿轮轴承预紧度的调整　装配主减速器时，圆锥滚子轴承应有一定的装配预紧度。

1）调整方法。调整主动锥齿轮轴承的预紧度，调整其预紧度有两种方法：第一种方法是通过增减调整小垫片进行调整，如图 4-20 所示；第二种方法是用一个弹性隔套来调整，安装时，按规定的转矩拧紧凸缘盘固定螺母，使隔套产生的弹性变形来保证主动锥齿轮轴承的预紧度。

2）检测方法。

① 检测轴承预紧力矩。在台虎钳上夹住主动锥齿轮轴承座，转动凸缘的力矩应符合原厂规定值。此时，如图 4-21 所示，可用弹簧秤钩拉凸缘孔，拉力应满足规定值，否则需要再次调整。也可用扭力扳手转动主动锥齿轮，扭力应满足规定值，否则需要再次调整。

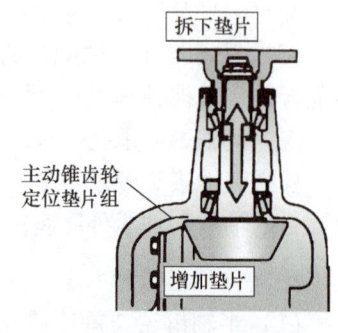

▲ 图 4-20　调整主动锥齿轮轴承的预紧度

② 检测轴承轴向间隙。如图 4-22 所示，用带有磁性表座的百分表测量，轴向间隙值应满足规定值，否则需要调整。

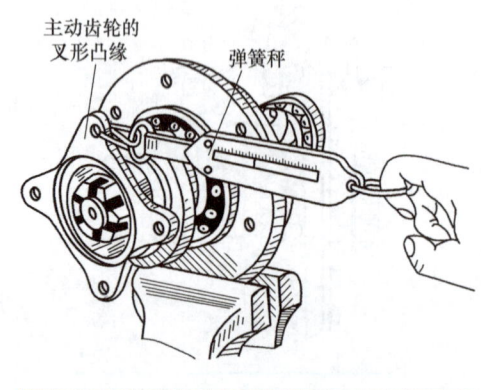

▲ 图 4-21　检测轴承预紧力

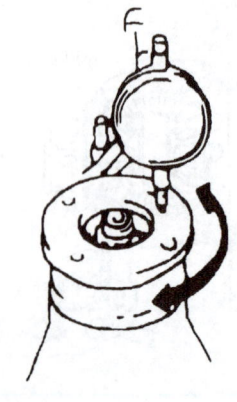

▲ 图 4-22　轴承轴向间隙检测

（2）从动锥齿轮轴承预紧度的调整　该项目调整是在从动锥齿轮总成装配齐全后进行。

> **装配时应注意**：轴承盖、壳体必须配对安装；轴承盖连接螺栓和调整大螺母只是拧到一定的位置，不要拧紧。

1）调整方法。调整从动锥齿轮轴承的预紧度，根据单、双级主减速器的结构不同有两种方法：第一种是单级主减速器，是靠调整差速器轴承两侧的调整螺母来实现的；第二种是双级主减速器，调整垫片的位置在两轴承盖与壳体之间。增加调整垫片，预紧度减小；减少调整垫片，预紧度增大。

2）检测方法。检测轴承预紧力矩可通过经验检查轴承预紧力，即用手转动从动锥齿轮，应该转动灵活无卡滞感，且轴向推动无间隙。也可用弹簧秤钩在从动锥齿轮紧固螺栓上测量切向力，测量值应在规定范围内。还可以用扭力扳手扭转主动锥齿轮，扭力应满足规定值，否则需要再次调整。

2. 齿轮啮合间隙的调整

从动锥齿轮轴承预紧度调整后，装好主、从动锥齿轮总成。

1）调整方法。移动从动锥齿轮，如图4-23所示。

2）检测方法。

① 百分表检测法：如图4-24所示，中、重型汽车应为0.15～0.50mm，轻型车为0.10～0.18mm，使用极限1.00mm。如果啮合间隙不符合要求，需要进行调整。

② 经验法：用手来回转动主动锥齿轮凸缘，凭经验听轮齿撞击声，可判断啮合间隙的大小。间隙值应符合原厂规定值，否则需要再次调整。

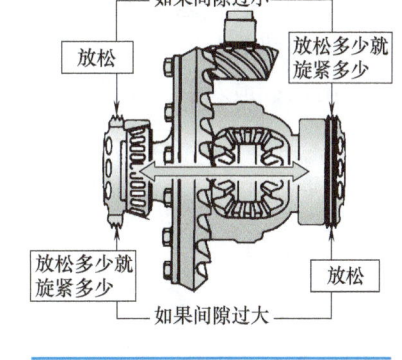

▲ 图4-23　齿轮啮合间隙的调整示意图

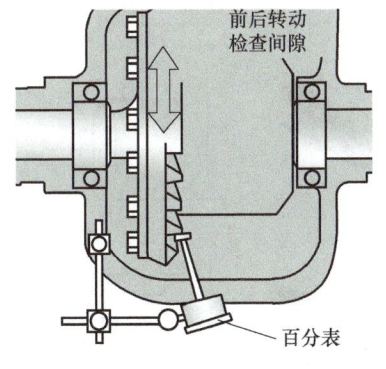

▲ 图4-24　主、从动锥齿轮啮合间隙测量

3. 齿轮啮合间隙的调整

啮合印痕的调整必须在主减速器主、从动齿轮轴承预紧度调整合格后进行。

（1）检测方法 在主动锥齿轮上相隔120°的三处用红丹油在齿的正反面各涂2~3个齿，再用手对从动锥齿轮稍施加阻力并正、反向各转动主动齿轮数圈。观察从动锥齿轮上的啮合印痕。正确的啮合印痕，如图4-25所示，应位于齿高的中间偏小端，并占齿宽60%以上。

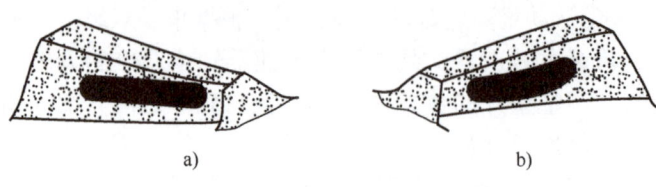

▲ 图4-25 主、从动齿轮啮合正确印痕
a）正转工作时正确印痕 b）逆转工作时正确印痕

（2）调整方法 如果啮合印痕位置不正确，应进行调整。方法是在齿长方向，调从动锥齿轮（松、紧差速器轴承两侧的调整螺母），主动锥齿轮辅调（增、减主动锥齿轮总成和壳体间的调整大垫片）；在齿高方向，调主动锥齿轮，从动锥齿轮辅调。具体按"大进从，小出从；顶入主，根出主"的方法调整，如图4-26所示。

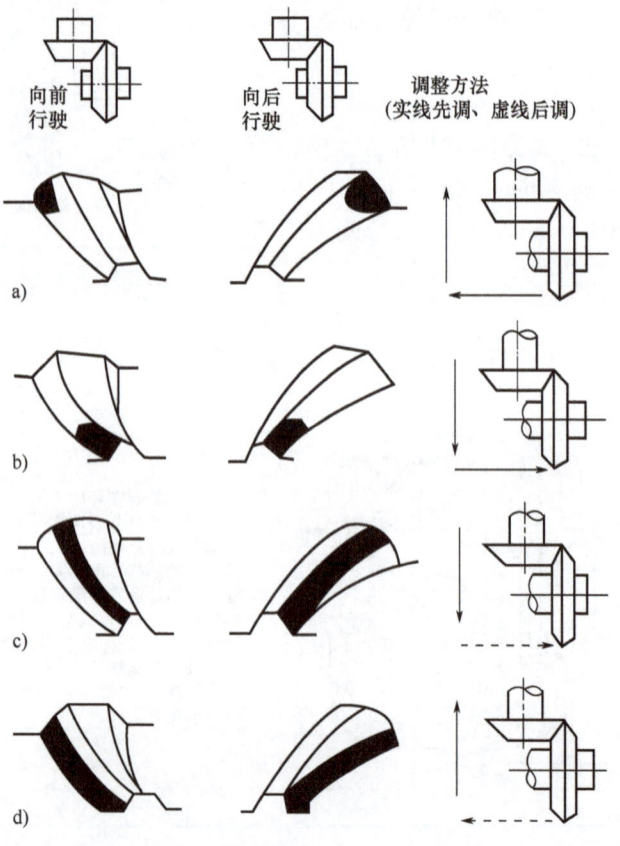

▲ 图4-26 锥齿轮啮合的调整

任务实施

根据知识储备内容,实施检修驱动桥实训,请完成表 4-3~表 4-6。

选用的主减速器与差速器的品牌或使用车型号:_____,类型:_____。

表 4-3 主减速器与差速器拆卸表

步骤	作业内容	完成情况		
1	准备工具	□完成	□基本完成	□未完成
2	做好位置标记	□完成	□基本完成	□未完成
3	拆卸主减速器总成	□完成	□基本完成	□未完成
4	拆卸差速器总成	□完成	□基本完成	□未完成
5	摆放有序整齐	□完成	□基本完成	□未完成

表 4-4 主减速器与差速器的检测

项目	工量具	测量值	参考值	结果判断
目测各零部件情况				
主动锥齿轮轴承预紧度				
从动锥齿轮轴承预紧度				
主、从动锥齿轮的啮合间隙				
主、从动锥齿轮的啮合印痕				

表 4-5 主减速器与差速器检修故障分析报告表

故障现象描述	
故障的可能原因分析	
制订解决方案	
解除故障实施过程记录	
总结	

表 4-6 主减速器与差速器的装配及其调整表

步骤	作业内容	完成情况		
1	正确装配半轴齿轮及其垫片	□完成	□基本完成	□未完成
2	正确装行星齿轮及其垫片	□完成	□基本完成	□未完成
3	正确装配差速器壳及其连接螺栓	□完成	□基本完成	□未完成
4	正确装配从动齿轮及其连接螺栓	□完成	□基本完成	□未完成
5	正确装配主动齿轮总成	□完成	□基本完成	□未完成

(续)

步骤	作业内容	完成情况
6	主动锥齿轮轴承预紧度的调整	☐完成　☐基本完成　☐未完成
7	将差速器总成装到主减速器壳上	☐完成　☐基本完成　☐未完成
8	正确装配轴承、轴承盖和调整螺母等	☐完成　☐基本完成　☐未完成
9	从动锥齿轮轴承预紧度的调整	☐完成　☐基本完成　☐未完成
10	主、从动锥齿轮的啮合间隙的调整	☐完成　☐基本完成　☐未完成
11	拧紧轴承盖固定螺栓	☐完成　☐基本完成　☐未完成
12	装上止动片，将差速器轴承调整螺母锁住，拧紧止动片固定螺栓	☐完成　☐基本完成　☐未完成

项目考核与评价

一、填空题

1. 驱动桥由_____、_____、_____和桥壳等组成。其功用是将万向传动装置传来的发动机转矩传递给_____，实现降速以增大转矩。
2. 差速器的作用_____。
3. 主减速器齿轮啮合的正确印痕应位于_____，并占齿面宽度的_____以上。
4. 具有防滑作用的差速器，称为_____。
5. 半轴的支承形式有_____和_____两种。

二、选择题

1. 行星齿轮差速器起作用的时刻为（　　）。
   A. 汽车转弯　　　　　　　　B. 直线行驶
   C. A、B情况下都起作用　　　D. A、B情况下都不起作用
2. 重型汽车差速器中的行星齿轮一般有（　　）
   A. 1个　　　B. 2个　　　C. 3个　　　D. 4个
3. 设对称式锥齿轮差速器壳所得到转矩为 M_0，左右两半轴的转矩分别为 M_1、M_2，则有（　　）。
   A. $M_1 = M_2 = M_0$　B. $M_1 = M_2 = 2M_0$　C. $M_1 = M_2 = 1/2M_0$　D. $M_1 + M_2 = 2M_0$
4. 全浮式半轴承受（　　）的作用。
   A. 转矩　　　B. 弯矩　　　C. 反力　　　D. A、B、C
5. 设对称式锥齿轮差速器壳的转速为 n_0，左、右两侧半轴齿轮的转速分别为 n_1 和 n_2，则有（　　）。
   A. $n_1 + n_2 = n_0$　B. $n_1 + n_2 = 2n_0$　C. $n_1 + n_2 = 1/2n_0$　D. $n_1 = n_2 = n_0$
6. 汽车后桥驱动主减速器的作用是（　　）
   A. 减小转矩　　　B. 增大转矩　　　C. 增大转速　　　D. 增大附着力

三、问答题

1. 简述驱动桥的传动路线。

2. 简述主减速器的类型。

3. 简述对称式差速器的工作原理。

4. 采用对称式差速器的汽车在泥泞路面上行驶时，其中左侧驱动轮出现了打滑，此时该汽车还能正常行驶吗？分析原因是什么？

驱动桥的检修项目学习评价表

班级		姓名		学号		总评	
项目	自我评价		小组评价		教师评价		小计
	20%		30%		50%		
任务一							
任务二							
任务三							
评语							
学生总结							

项目五 悬架的检修

任务一　认知悬架系统

任务目标

1. 掌握悬架的基本结构和各部件的作用。
2. 了解悬架的类型和工作原理。

一、悬架的功用与组成

1. 悬架的功用

悬架连接车身和车轮，具有以下功用：

1）对不平整路面所造成的汽车行驶中的各种颤动、摇摆和振动等，与轮胎一起，予以吸收和减缓。从而保障乘客和货物的安全，并提高驾驶稳定性。

2）将路面与车轮之间的摩擦所产生的驱动力和制动力，传输至底盘和车身。

3）支承车桥上的车身，并使车身与车轮之间保持适当的几何关系，改善汽车的操纵稳定性和行驶平顺性。

2. 悬架的组成

悬架一般由弹性元件、减振器和导向机构（横向稳定杆、摆臂、纵向推力杆）组成。悬架位置分布如图5-1所示。

二、弹性元件的种类

悬架采用的弹性元件包括钢板弹簧、螺旋弹簧、扭杆弹簧、橡胶弹簧和气体弹簧等。

1. 钢板弹簧

钢板弹簧由一组弯曲弹簧钢片从短至长依次叠放而组成。这些重叠钢板在中心点用一枚U形中心螺栓或铆钉固定在一起。此外，为了防止钢板滑出原位，还用夹箍（弹簧夹）在几个地方将其固定。将最长的一条钢板（主钢板）的两端弯成弹簧卷耳（内装青铜或塑料、橡胶、粉末冶金制成的衬套），用于将弹簧装在车架或构件（如侧梁上）上，如图5-2所示。

2. 螺旋弹簧

螺旋弹簧广泛地用于独立悬架，特别是前轮独立悬架。螺旋弹簧本身不具备减振作用，所以在螺旋弹簧悬架中需另装减振器。另外，螺旋弹簧只能承受垂直载荷，必须装设导向机构以传递垂直力以外的各种力和力矩，如图5-3所示。

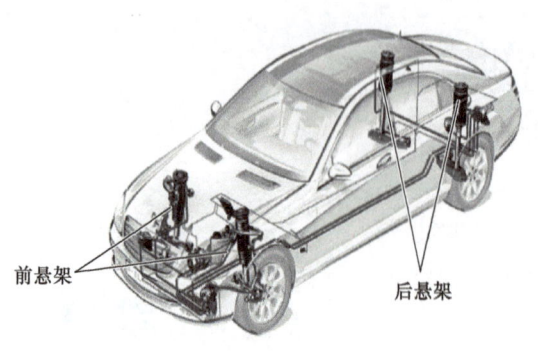

▲ 图 5-1　悬架位置分布

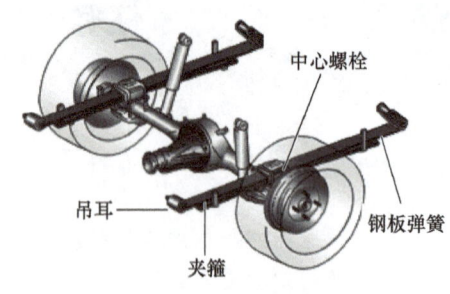

▲ 图 5-2　钢板弹簧

3. 扭杆弹簧

扭杆弹簧（通常简称为扭杆）是用其自身扭转弹性抵抗扭曲力的弹簧钢杆。扭杆的一端固定在车架或车身其他构件上，另一端连在受到扭力载荷的部件上。扭杆弹簧也用于制造稳定杆，如图 5-4 所示，适用于小型车及厢式车的悬架系统。

▲ 图 5-3　螺旋弹簧

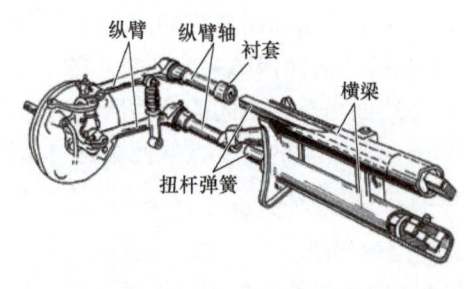

▲ 图 5-4　扭杆弹簧

4. 橡胶弹簧（见图 5-5）

当橡胶弹簧由于外力而变形时，便产生内部摩擦，以吸收振动。橡胶弹簧的优点包括：可以制成任何形状、使用时无噪声、不需要润滑。但橡胶弹簧不适于支承重载荷。所以，橡胶弹簧主要用作辅助弹簧，或用作悬架部件的衬套、垫片、垫块、挡块及其他支承件。

5. 气体弹簧

气体弹簧主要有空气弹簧和油气弹簧两种。气体弹簧是以空气做弹性介质，即在一个密闭的容器内装入压缩空气（气压为 0.5~1MPa），利用气体的可压缩性实现弹簧的作用，如图 5-6 所示。

三、减振器

1. 功用

减振器用于迅速衰减汽车的振动，改善汽车行驶的平顺性。

▲ 图5-5 橡胶弹簧

▲ 图5-6 空气弹簧

2. 类型

（1）按结构不同　减振器分为双筒式减振器和单筒式减振器。

（2）按工作介质不同　减振器分为液压式减振器和充气式减振器。

（3）按工作原理不同　减振器分为单向作用式减振器和双向作用式减振器。

3. 工作原理

当车架（或车身）和车桥间振动而出现相对运动时，减振器内的活塞上下移动，减振器腔内的油液便反复地从一个腔经过不同的孔隙流入另一个腔内。此时孔壁与油液间的摩擦和油液分子间的内摩擦对振动形成阻尼力（即利用液体流动阻力来消耗振动能量，使振动迅速衰减），使汽车振动能量转化为油液热能，再由减振器吸收散发到大气中。在油液通道截面积等因素不变时，阻尼力随车架与车桥（或车轮）之间的相对运动速度增减，与油液黏度有关，其结构如图5-7所示。

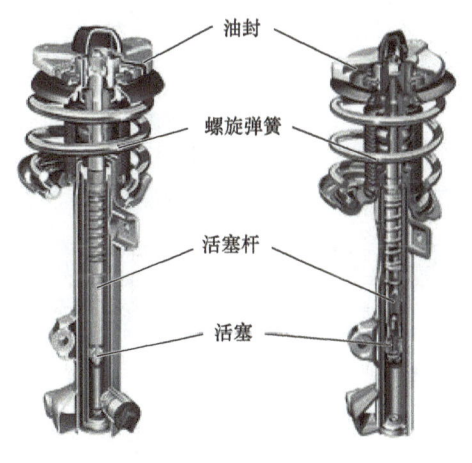

▲ 图5-7 减振器

4. 双向作用筒式减振器

（1）工作过程（图5-8）

1）压缩行程。当车桥移近车架（或车身）时，减振器受压缩，活塞下移，使其下腔容积减小，油压升高。活塞运动较慢时，仅流通阀和相应常通孔隙参加工作；车身振动剧烈时，压缩阀也参与工作。

2）伸张行程。当车桥相对远离车架（或车身）时，减振器受拉伸，活塞上移，使其上腔容积减小，油压升高。活塞运动较慢时，仅补偿阀和相应常通孔隙参加工作；车身振动剧烈时，伸张阀也参与工作。

（2）基本结构

"一"一个活塞杆（其下端安装有工作活塞）。

"二"两个吊耳。上吊耳（与防尘罩、活塞杆焊为一体）连接车架，下吊耳（与储油缸筒焊为一体）连接车桥。

"三"三个同心钢筒，即防尘罩、储油缸筒和工作缸筒。

"四"四个阀门，即活塞下端的流通阀和伸张阀；工作缸筒下端的补偿阀和压缩阀。

5. 充气式减振器（见图5-9）

（1）结构特点　在减振器的下部有一个浮动活塞使工作腔形成三部分。

（2）原理　当车轮跳动时，减振器的工作活塞在油液中往复运动，使工作活塞的上腔与下腔之间产生油压差，压力油便推开压缩阀或伸张阀来回流动。由于阀对压力油产生较大的阻尼力而使振动衰减。

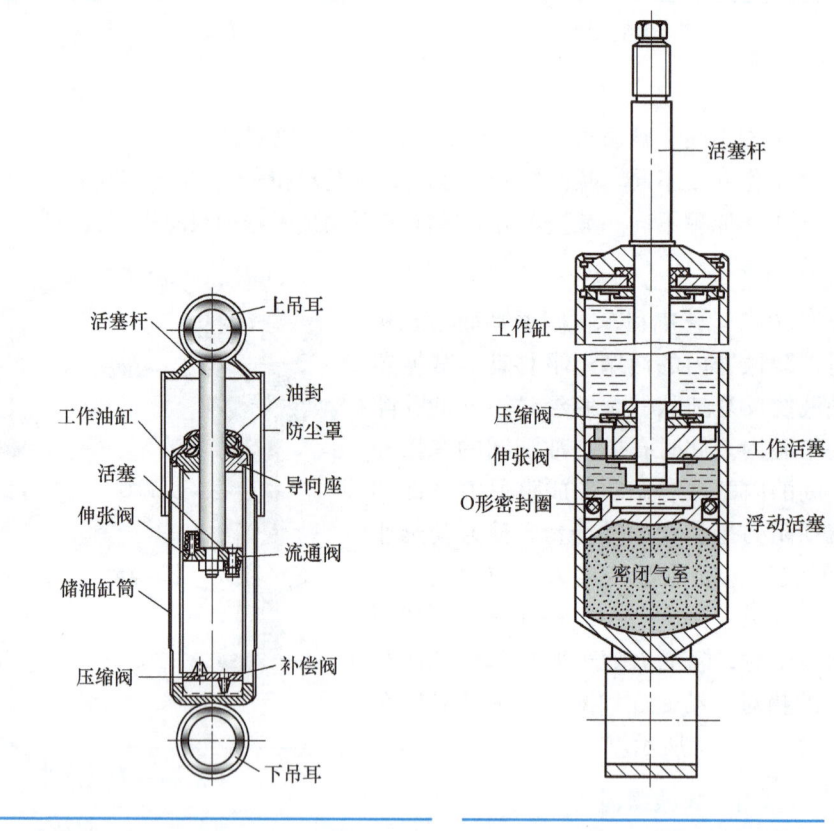

▲ 图5-8　双向作用筒式减振器　　▲ 图5-9　充气式减振器

（3）优点　由于采用浮动活塞，不需要储油缸筒，而且还减少了一套阀门系统，使结构大为简化；在防尘罩直径相同的条件下，充气式减振器工作缸筒及活塞直径大，可以产生更大的阻尼力；减振器中的高压氮气能减少车轮遇到冲击力时产生的高频振动，且有助于消除噪声、消除油液的乳化现象；充气式减振器可以改善行驶平顺性和轮胎接地性。

（4）缺点　对油封要求高；充气工艺复杂，维修困难，当缸筒受到冲击而变形时，减振器就不能工作。

6. 阻力可调式减振器（见图5-10）

当汽车载荷增加时，空气囊中的气压升高，与之相通的气室内气压也随之升高，促使膜片向下移动与弹簧产生的压力相平衡。同时膜片带动与它相连的柱塞杆和柱塞下移，使得柱塞相对空心连杆上的节流孔的位置发生变化从而减少了节流孔的通道截面面积，结果减少了油液的流动阻力，达到随汽车载荷的变化而改变减振器阻力的目的，保证了悬架系统具有良好的振动特性。

四、导向机构及横向稳定器

1. 导向机构的作用

一是传递各个方向的力和力矩；二是使车轮按一定轨迹相对于车架和车身跳动。

2. 横向稳定器的作用

防止车身在转向等情况下发生过大的横向倾斜。当两侧悬架变形相同时，横向稳定器不起作用。当两侧悬架变形不等时，车身相对路面横向倾斜时，车架一侧移近弹簧支座，稳定杆的同侧末端就随车架向上移动，而另一侧车架远离弹簧座，相应横向稳定器的末端相对车架下移，横向稳定器中部对于车架没有相对运动，而稳定器两边的纵向部分向不同方向偏转，于是稳定器被扭转。弹性的稳定器产生扭转内力矩就阻碍悬架弹簧的变形，减少了车身的横向倾斜和横向角振动，其结构如图5-11所示。

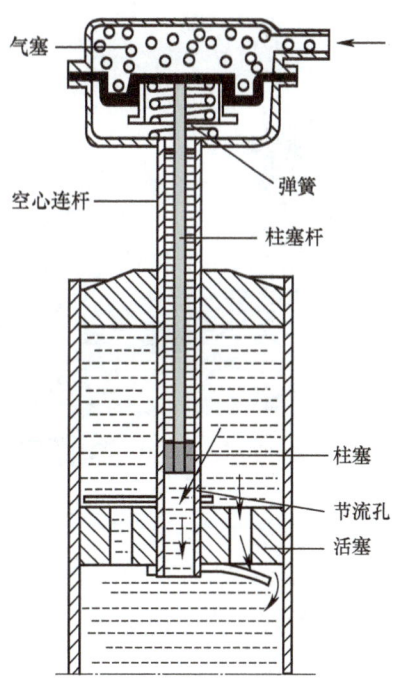

▲ 图5-10 阻力可调式减振器

五、悬架类型

悬架分为非独立悬架和独立悬架。

非独立悬架（整体式悬架或刚性悬架）因其结构简单，工作可靠，而被广泛应用于货车的前、后悬架。在轿车中，非独立悬架仅用于后桥。非独立悬架的特点是两侧车轮安装于一整体式车桥上，车轮连同车桥一起通过弹性元件悬挂在车架或车身上，一侧车轮受到冲击时会直接影响到另一侧车轮。非独立悬架由于簧载质量比较大，特别是汽车高速行驶，悬架受到较大的冲击载荷时，汽车平顺性较差。在非独立悬架中大多数采用钢板弹簧作为弹性元件，如图5-12a所示。

独立悬架的两侧车轮分别独立地与车架或车身弹性的连接，当一侧车轮受到冲击时，基本运动不会直接影响到另一侧车轮。行驶的平顺性、稳定性较好。但结构复杂，制造成本高，维修不便。独立悬架所采用的车桥是断开式的，这样可使发动机降低安装位置，有利于降低汽车重心，并使结构紧凑。独立悬架允许前轮有较大的跳动空间，这样便于选择较软的弹性元件使平顺得到改善。同时，独立悬架簧载质量小，可提高汽车车轮的附着性能。多用于轿车和小货车，如图5-12b所示。

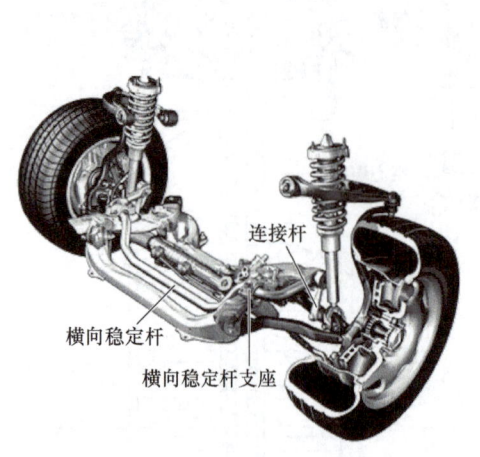

▲ 图 5-11 横向稳定器

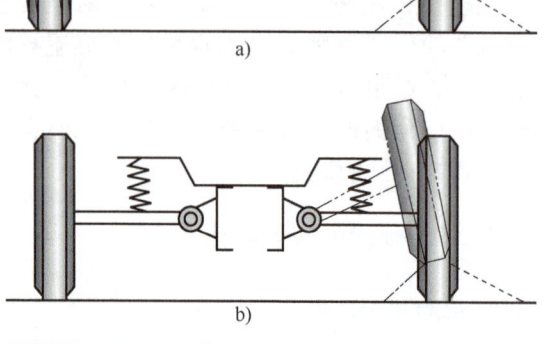

▲ 图 5-12 独立悬架与非独立悬架
a) 非独立悬架 b) 独立悬架

常见的几种非独立悬架及独立悬架如图 5-13 所示。

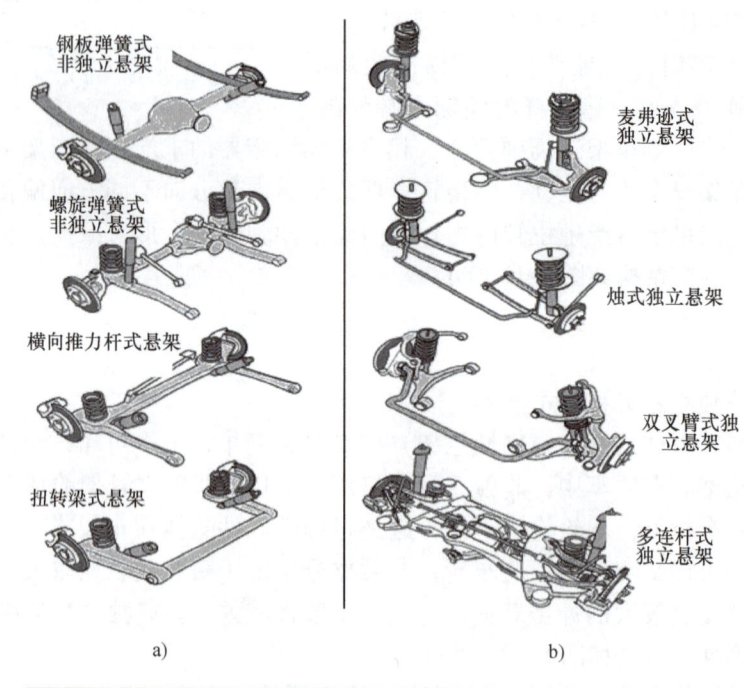

▲ 图 5-13 常见的悬架
a) 非独立悬架 b) 独立悬架

（1）钢板弹簧式非独立悬架 可省去导向装置和减振器，结构简单，应用于货车的前、后悬架。

（2）螺旋弹簧式非独立悬架 需加装导向装置和减振器，应用于轿车的后悬架。

(3) 麦弗逊式独立悬架（滑柱摆臂式）车轮沿摆动的主销轴线上下移动的悬架。

麦弗逊式独立悬架将减振器作为引导车轮跳动的滑柱，螺旋弹簧与其装于一体。这种悬架将双横臂上臂去掉并以橡胶做支承，允许滑柱上端做少许角位移。内侧空间大，有利于发动机布置，并降低车子的重心。车轮上下运动时，主销轴线的角度会有变化，这是因为减振器下端支点随横摆臂摆动。广泛用于前置前驱的轿车中。螺旋弹簧与减振器装于一体，增大了前轮内侧的空间。

(4) 烛式独立悬架 车轮沿固定的主销轴线上下移动的悬架，现在应用不多。

(5) 双叉臂式（双横臂式）独立悬架 车轮在汽车横向平面内摆动的悬架。

有等臂和不等臂之分。等臂的在车轮跳动时会引起轮距变化，使轮胎横向滑移加速轮胎磨损，故少用；不等臂式两臂长度设计较合理，轮距变化不大，定位角也不变，在轿车前轮应用很广泛。

(6) 多连杆式独立悬架 独立悬架中多采用螺旋弹簧，因而对于侧向力、垂直力以及纵向力需加设导向装置，即采用杆件来承受和传递这些力。一些轿车上为减轻车重和简化结构采用多连杆式悬架。

六、电子控制悬架系统

1. 基本组成

电子控制悬架系统基本结构如图 5-14 所示。

（1）传感器 用于检测汽车行驶的路面情况（汽车的振动）和车速及起动、加速、转向、制动等情况，并将其转变成电信号，输给电控单元（ECU）。主要有车身高度传感器、车身加速度传感器、车身位移传感器、车速传感器、转向盘转角传感器、节气门位置传感器和加速踏板传感器等。

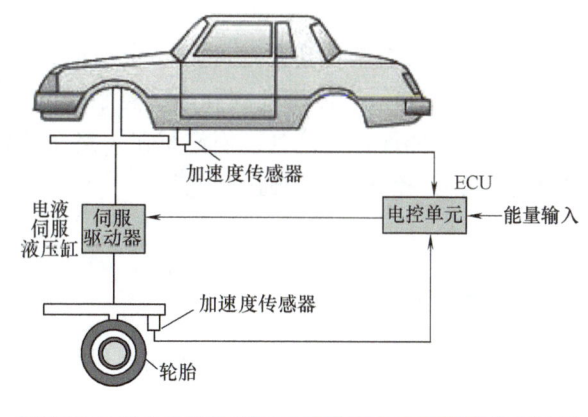

▲ 图 5-14 电子控制悬架系统

（2）电控单元（ECU） 用于将传感器送入的电信号进行综合处理，向执行机构输出对悬架的刚度、阻尼和车身高度的调节信号。

（3）执行机构 用于按照电控单元（ECU）的信号，准确地动作，及时地调节悬架的刚度、阻尼和车身高度。通常是电磁阀、步进电机或气泵电动机等。

2. 基本原理

电控单元（ECU）根据各个传感器输入的信号，经过运算分析后输出控制信号，使执行机构准确地动作，及时地改变悬架的刚度、阻尼系数和车身高度，以确保汽车行驶过程中的操纵稳定性和乘坐舒适性。

3. 控制功能

（1）车速与路面感应控制 主要是根据车速与路面变化来改变悬架的刚度和阻尼。

可分为车速感应控制、前后轮相关控制和坏路面感应控制。

1）车速感应控制：在车速很高时，控制器输出控制信号，使悬架的刚度和阻尼相应增大，以提高汽车高速行驶的操纵稳定性。

2）前后轮相关控制：当汽车前轮在遇到路面接缝等单个的突起时，控制器输出控制信号，相应减少后轮悬架的刚度和阻尼，以减少车身振动和冲击。

3）坏路面感应控制：当汽车进入坏路面行驶时，为抑制车身产生大的振动，控制器输出控制信号，相应增大悬架的刚度和阻尼。

（2）车身姿态控制　主要是指在汽车车速突然改变及转向等情况下，控制器对悬架的刚度和阻尼实施控制，以抑制车身的过渡摆动，从而确保乘坐的舒适性和操纵稳定性。可分为转向车身侧倾控制、制动车身点头控制和起步车身俯仰控制。

1）转向车身侧倾控制：在汽车急转弯时，增大悬架的刚度和阻尼，以抑制车身的侧倾。

2）制动车身点头控制：在汽车紧急制动时，增大悬架刚度和阻尼，以抑制车身点头。

3）起步车身俯仰控制：在突然起步或突然加速时，增加悬架的刚度和阻尼，以抑制车身的俯仰。

（3）车身高度控制　在汽车车速和路面情况变化时，控制器对悬架输出控制信号，调整车身高度，以确保汽车行驶的稳定性和通过性。有高速感应控制和连续坏路面行驶控制。

1）高速感应控制：当车速超过一定值时，为提高汽车行驶的稳定性和减少空气阻力，控制器发出信号，使排气阀和高度控制阀工作，气室排气，以降低车身高度。

2）连续坏路面行驶控制：当汽车在坏路面行驶时，应提高车身，以减弱来自路面的突然抬起感，并提高汽车的通过性能。

任务实施

根据知识储备内容，实施悬架系统认知实训，完成表5-1。

表5-1　悬架的结构认知

一、选用的悬架品牌或使用车型号：_____，类型：_____。
二、对照悬架实物认识下列零部件，并写出其位置及功用，完成后请在后面的□内打√。

1）弹性元件：	位置_____	功能_____	□
2）减振器：	位置_____	功能_____	□
3）导向机构：	位置_____	功能_____	□
4）横向稳定器：	位置_____	功能_____	□
5）前悬架：	类型_____	功能_____	□
6）后悬架：	类型_____	功能_____	□

任务二　悬架故障分析

 **任务目标**

掌握悬架的常见故障。

 **任务描述**

通过对悬架的结构、作用和工作原理学习,现进一步的学会分析其故障。

 **知识储备**

1. 道路试验检查

根据客户反映的情况,选择适应的路况和行驶状态再现故障发生时的状况。

2. 基本检查

(1) 就车检查减振器的工作状况　首先进行悬架的就车测试,将汽车前部左右两侧反复摇晃 3~4 次,每次推力尽量相同。回弹时,应注意支柱的阻力和车身回弹的次数。若松手后回弹 1~2 次,车身立即停止回弹,且左右两侧的回弹相同,则表明减振器正常。

(2) 前悬架外观检查　对前悬架外观进行日检,仔细查看减振器是否漏油、弯曲变形、防尘套老化及破裂、连接松动。

1) 减振器和螺旋弹簧外观的检查。
① 检查减振器防尘套及缓冲块是否老化破裂。
② 检查减振器是否有渗油或漏油。
③ 检查减振器上下安装点是否松动。
④ 检查减振器是否有弯曲或凹瘪。
⑤ 检查弹簧保护层是否腐蚀、刮伤、划痕或麻点。
⑥ 弹簧座圈上的橡胶垫是否变形或损坏。

2) 稳定杆铰接头和稳定杆衬套的检查。举升车辆,使前悬架放下时,观察稳定杆铰接处是否松动,衬套是否老化出现裂痕损坏。

3) 下悬架臂橡胶衬套与球头的检查。上下晃动下悬架臂,检查如下:
① 检查球头是否有游隙、防尘套是否损坏。
② 检查悬架臂有无裂纹、变形或损坏。
③ 检查悬架臂前后铰接处是否松动、橡胶衬套是否老化损坏。

 **任务实施**

汽车左前轮行驶颠簸的故障诊断流程图，如图 5-15 所示，请在图中空白线上填写相关内容。

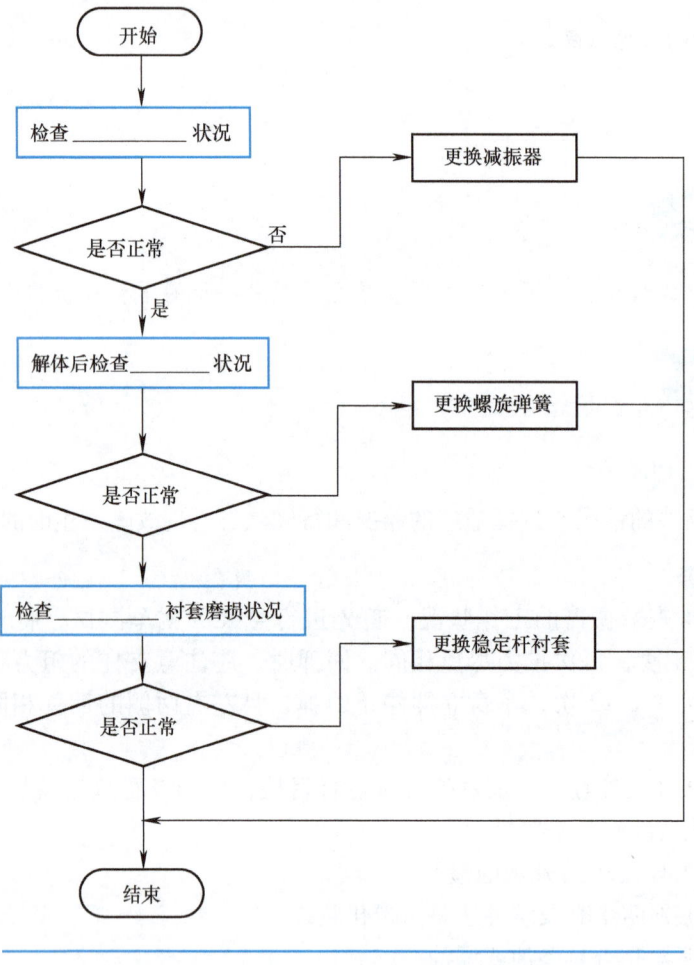

▲ 图 5-15　汽车左前轮行驶颠簸的故障诊断流程图

任务三　检修悬架系统

任务目标

能正确检测悬架的各个部分，并对其做正确地判断并修理。

知识储备

一、悬架配件的检修

1. 减振器的检修

1）使汽车在道路条件较差的路面上行驶10km后停车，用手摸减振器外壳，如果不够热，说明减振器内部无阻力，减振器不工作。此时，可加入适当的润滑油，再进行试验，若外壳发热，则为减振器内部缺油，应加足油；否则，说明减振器失效。

2）用力按下车头，然后松开，如果汽车有2~3次跳跃，则说明减振器工作良好。

3）当汽车缓慢行驶而紧急制动时，若汽车振动比较剧烈，说明减振器有问题。

4）拆下减振器将其直立，并把下端连接环夹于台虎钳上，用力拉压减振杆数次，此时应有稳定的阻力，往上拉（复原）的阻力应大于向下压时的阻力，如阻力不稳定或无阻力，可能是减振器内部缺油或阀门零部件损坏，应进行修复或更换零部件。

在确定减振器有问题或失效后，应先查看减振器是否漏油，油封垫圈、密封垫圈是否破裂损坏，储油缸盖螺母是否松动。

若发现漏油，首先拧紧油缸盖螺母，若减振器仍漏油，则可能是油封、密封垫圈损坏失效，应更换新的密封件。如果仍然不能消除漏油，应拉出减振杆，若感到有发卡或轻重不一时，再进一步检查活塞与缸筒间的间隙是否过大，减振器活塞连杆有无弯曲，活塞连杆表面和缸筒是否有划伤或拉痕。

2. 悬架的维修

悬架技术状况变差，首先影响汽车的减振性，增加汽车的冲击载荷，加剧汽车零部件的损坏，也增加了运输中的货损、货耗。更重要的是破坏了车轮正常的运动状态，造成汽车的操纵性能、制动性能变差，对交通安全构成潜在威胁。

（1）悬架系统的耗损

1）非独立悬架的耗损与维护。非独立悬架的耗损主要有钢板弹簧弹力衰退、断片和减振器失效。除增加汽车零部件的冲击载荷，破坏汽车的减振性能之外，还会产生"前轮定位效应"，影响汽车的操纵性能、制动过程中方向的稳定性，加剧轮胎的磨损。

2）独立悬架的耗损与维护。独立悬架的主要耗损是转向节及其支承、定位杆系的铰销磨损过大；杆系变形、裂纹；弹簧弹力衰退、断裂；减振器失效；橡胶消声垫损坏；润滑不良等。会引起前轮摆动，车轮反向垂直跳动，汽车舒适性变差，转弯时车身倾斜严重，噪声过大等故障。

（2）非独立悬架的检修　非独立悬架的主要损伤是弹簧的断裂、弹力减弱及磨损；减振器的油液渗漏或失效。用直观检视法，弹簧如有裂纹、折断等应予更换。减振器在使用过程中如出现油液渗漏、阀门关闭不严或不能开启等使减振效能降低或失效的现象时，应进行检修或更换。

（3）独立悬架的检修　检修独立悬架时，应检查各零件有无裂纹、变形和损坏，减振器是否有失效和漏油，螺旋弹簧弹力是否符合要求和有无裂纹等。如发现损坏，应予以更换。

二、悬架系统的拆装注意事项

1）螺旋弹簧与横向稳定杆不得与金属件磕碰，不得溅上焊渣。
2）减振器不能受到超过80℃的高温作用，减振器杆不得与金属件磕碰摩擦。
3）取下减振器时要保持传动轴与差速器的连接状态。
4）必须将减振器弹簧完全压缩后才能开始分解减振器总成。
5）组装减振器总成时必须注意弹簧两端与上、下支座的相对位置。
6）安装减振器总成时，减振器下端的凸点必须位于转向节开口中。
7）所有橡胶件不可沾上任何酸性和碱性的油脂。
8）拆卸球头销时应使用拉力器或用撬杠拆下，不得用锤击方法拆卸。
9）维修保养后，应将车轮定位角调整到规定值时才可使用。

任务实施

根据知识储备内容，实施检修悬架系统实训，完成表5-2~表5-5。

选用的悬架品牌或使用车型号：_____，类型：_____。

表 5-2　悬架拆卸表

步　骤	作业内容	完 成 情 况
1	准备工具	□完成　□基本完成　□未完成
2	在车轮着地情况下松开轮胎螺栓	□完成　□基本完成　□未完成
3	拆卸车轮装饰外罩	□完成　□基本完成　□未完成
4	用千斤顶支起汽车并拆卸车轮	□完成　□基本完成　□未完成
5	拆解制动器	□完成　□基本完成　□未完成
6	拆解减振器	□完成　□基本完成　□未完成
7	工具使用正确	□正确　□基本正确　□不正确
8	拆卸顺序正确	□正确　□基本正确　□不正确
9	工具，零部件摆放整齐正确	□正确　□基本正确　□不正确

表 5-3　悬架的检测

项　目	工　量　具	测　量　值	参　考　值	结果判断
目测各零部件情况				
测量同轴轮胎气压				
检测减振器阻力				
检测螺旋弹簧自由长度				

表 5-4　悬架检修故障分析报告表

故障现象描述	
故障的可能原因分析	
制订解决方案	
解除故障实施过程记录	
总结	

表 5-5　悬架装配表

步　骤	作业内容	完成情况		
1	正确装配减振器	□ 完成	□ 基本完成	□ 未完成
2	正确装配制动器	□ 完成	□ 基本完成	□ 未完成
3	正确装配车轮	□ 完成	□ 基本完成	□ 未完成
4	正确装配车轮装饰外罩	□ 完成	□ 基本完成	□ 未完成
5	将千斤顶卸下	□ 完成	□ 基本完成	□ 未完成
6	正确装配车轮螺栓	□ 完成	□ 基本完成	□ 未完成
7	就车检测悬架	□ 完成	□ 基本完成	□ 未完成

项目考核与评价

一、填空题

1. 汽车底盘由_____、_____、转向系统和制动系统组成。

2. 以车轮直接与地面接触的行驶系统，称为_____，这样的汽车称为_____汽车。

3. 按结构形式不同，悬架可分为_____和_____两类。

4. 悬架一般由_____、_____和_____三部分组成。

5. 独立悬架一般与_____式车桥配用，非独立悬架与_____式车桥配用。

6. 减振器装在_____与_____之间。

二、选择题（有一项或多项正确）

1. 下面（　　）本身的刚度是可变的。
A. 钢板弹簧　　　B. 螺旋弹簧　　　C. 扭杆弹簧　　　D. 气体弹簧

2. 安装（　　）可使悬架的刚度成为可变的。

A. 渐变刚度的钢板弹簧　　　　　　　B. 等螺距的螺旋弹簧
C. 变螺距的螺旋弹簧　　　　　　　　D. 扭杆弹簧
3. （　　）悬架是车轮沿固定的主销轴线上下移动的悬架。
A. 双横臂式　　B. 双纵臂式　　C. 烛式　　D. 麦弗逊式
4. （　　）悬架是车轮沿摆动的主销轴线上下移动的悬架。
A. 双横臂式　　B. 双纵臂式　　C. 烛式　　D. 麦弗逊式
5. 轿车通常采用（　　）悬架。
A. 独立　　B. 非独立　　C. 平衡　　D. 非平衡

三、判断题

（　　）1. 一般载货汽车的悬架未设导向装置。
（　　）2. 当悬架刚度一定时，簧载质量越大，则悬架的垂直变形越大，固有频率越高。
（　　）3. 螺旋弹簧只能承受汽车的垂直载荷，所以必须装有导向装置。
（　　）4. 减振器与弹性元件是串联安装的。
（　　）5. 减振器在汽车行驶中变热是不正常的。
（　　）6. 为了节约材料，可将长钢板弹簧截短使用。

四、问答题

1. 简述悬架的功用。

2. 悬架由哪几部分构成？各部分的功用是什么？

悬架的检修项目学习评价表

班　级		姓　名		学　号		总　评	
项目	自我评价 20%		小组评价 30%		教师评价 50%		小计
任务一							
任务二							
任务三							
评语							
学生总结							

项目六
车架与车桥的检修

任务一 认知车架与车桥

1. 掌握车架与车桥的基本结构和各部件的作用。
2. 了解车架与车桥的类型和工作原理。

知识储备

一、车架的功用及要求

1. 功用

车架用于安装汽车各总成和部件，并使他们保持正确的相对位置，同时承受和传递各种力和力矩。

2. 要求

1) 具有足够的强度。车架必须保证在各种复杂受力情况下不致破坏。
2) 合适的刚度。车架的变形将改变各总成和部件之间的正确位置，破坏它们的正常工作，故车架必须具有一定的刚度。但为了保证汽车对不平路面的适应性，车架的扭转刚度一般不宜过高。
3) 要求结构简单、质量轻。
4) 有利于汽车的布置。

二、车架的类型与构造

汽车按其结构形式可分为边梁式车架、中梁式车架、综合式车架和无梁式车架。

1. 边梁式车架

边梁式车架由两根位于左右两边的纵梁和若干根横梁组成，横梁和纵梁一般由 16Mn 合金钢板冲压而成，用铆接法或焊接法将纵梁与横梁连接，如图 6-1 所示。

特点：结构简单，便于安装车身（包括驾驶室、车厢及一些特种装备等）和布置其他总成，有利于改装变型车和发展多品种汽车。因此被广泛采用在各种类型的汽车上。

2. 中梁式车架

中梁式车架只用一根位于中央的纵梁，如图 6-2 所示。

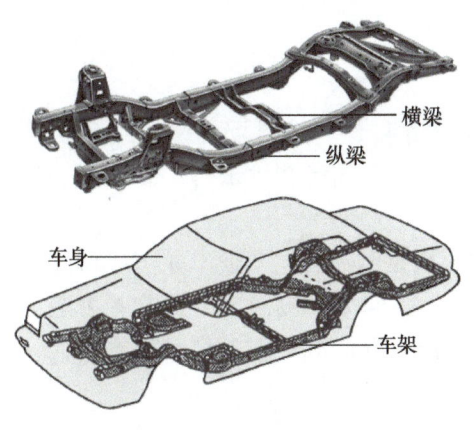

▲ 图6-1 边梁式车架

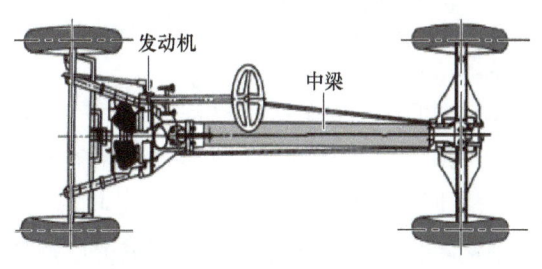

▲ 图6-2 中梁式车架

> **特点**：中梁的断面为管形或箱形，有较大的扭转刚度并随车轮有较大的运动空间，便于采用独立悬架，车架较轻，减小了整车重量，重心也较低，行驶稳定性好。但这种车架制造工艺复杂，精度要求高，总成安装比较困难，维修也不方便，故目前应用不多。

3. 综合式车架

综合式车架是由边梁式和中梁式车架结合而成的，同时具有中梁式车架和边梁式车架的特点，如图6-3所示。

4. 无梁式车架

无梁式车架是以车身兼代车架，所有的零部件、总成都安装在车身上，作用于车身的各种力和力矩均由车身承受。所以这种车身也称为承载式车身，如图6-4所示。

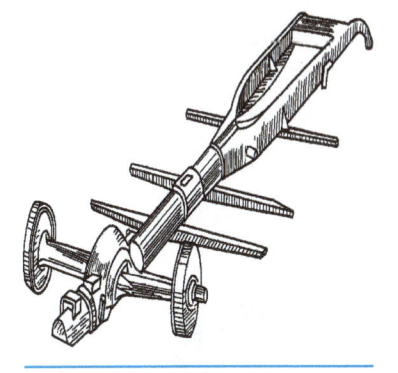

▲ 图6-3 综合式车架

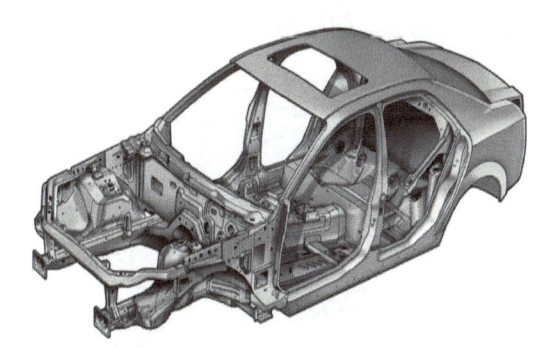

▲ 图6-4 无梁式车架

这种结构的车身刚度较好、质量较小，但制造要求较高，目前在轿车和客车中广泛采用。

三、车桥的功用及分类

1. 功用

车桥位于悬架与车轮之间，其两端安装车轮，通过悬架与车架（或车身）相连，其功用是传递车架（或车身）与车轮之间各种载荷。

2. 分类

（1）按结构的不同　可分为整体式车桥和断开式车桥。

（2）按功能的不同　可分为转向桥、转向驱动桥、驱动桥和支承桥。其中转向桥和支承桥为从动桥。

1）转向桥。安装转向轮的车桥叫转向桥。转向桥是利用转向节使车轮可以偏转一定角度以实现汽车的转向，除承受垂直载荷外，还承受纵向力和侧向力以及这些力造成的力矩。转向桥通常位于汽车前部，因此也常称为前桥。现代汽车一般都是前桥转向，也有少数是多桥转向的。整体式转向桥结构如图6-5所示。

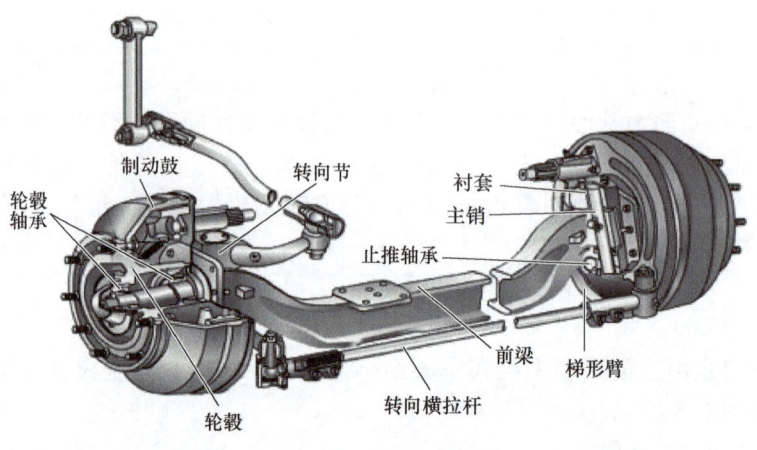

▲ 图6-5　整体式转向桥

2）转向驱动桥。发动机前置前桥驱动的车辆，前桥是既能驱动汽车行驶又能实现转向功能的驱动桥，其结构如图6-6所示。

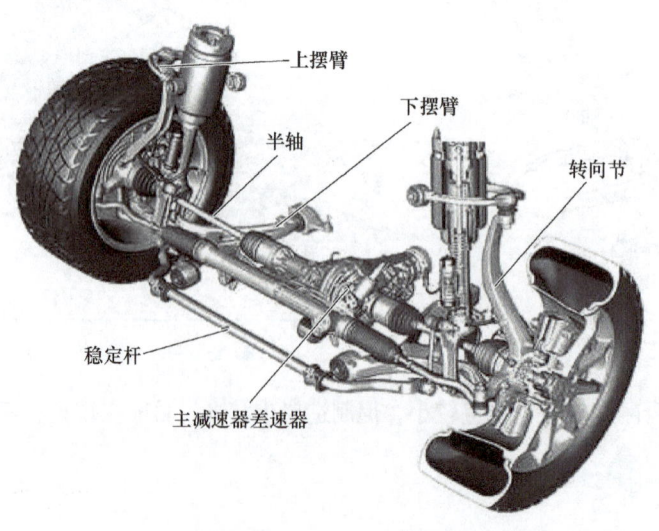

▲ 图6-6　转向驱动桥

3）支承桥（见图6-7）。只起支承作用的车桥称为支承桥。支承桥除不能转向外，其他功能和结构与转向桥相同。

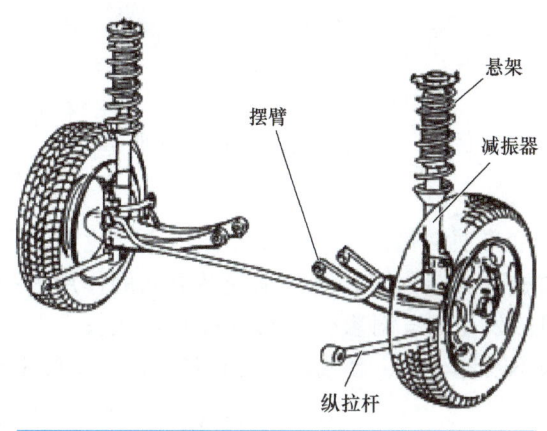

▲ 图6-7 支承桥

根据知识储备内容，实施车架与车桥认知实训，完成表6-1。

表6-1 车架与车桥的组成结构认知

一、选用的车架与车桥品牌或使用车型号：_____，类型：_____。
二、对照车架与车桥实物认识下列零部件，并写出其位置及功用，完成后请在后面的□内打√。
 1）横梁：　　　　位置_____　　功用_____　□
 2）纵梁：　　　　位置_____　　功用_____　□
 3）车架：　　　　类型_____　　功用_____　□
 4）主销：　　　　位置_____　　功用_____　□
 5）前轴：　　　　位置_____　　功用_____　□
 6）轮毂：　　　　位置_____　　功用_____　□
 7）转向节：　　　位置_____　　功用_____　□
 8）前车桥：　　　类型_____　　功用_____　□
 9）主减速器：　　位置_____　　功用_____　□
 10）差速器：　　 位置_____　　功用_____　□
 11）半轴：　　　 位置_____　　功用_____　□
 12）后车桥：　　 类型_____　　功用_____　□

任务二　检修车架与车桥

 任务目标

能正确检修车架与车桥的各个部分，并对其做正确地判断及修理。

一、车架的检修

车架常见的损伤形式有变形、裂纹、腐蚀和连接松旷。

1. 车架的变形

（1）原因　车架的变形通常是由于车辆受到撞击而产生的。承载式车身由于没有车架，车身壳体由薄板类构件焊装而成，直接承受各方向的作用力；而且与车架相比其刚性较低，因此，碰撞事故发生时，对整体变形的影响都比较大。碰撞冲击波作用于各构件，并在传递过程中被不断地吸收、衰减，最终在各部位以变形体现。

（2）检测

1）用车体校正机检测。最先进最科学的检测方法是用车体校正机对车架进行检测。

2）车架变形的检测。

① 车架宽度的检测用卷尺或专用游标卡尺测量，车架宽度应不超过基本尺寸的±3mm。

② 纵梁直线度检测用拉线法或直尺检测车架纵梁上平面及侧面纵向的直线度，如图6-8所示。

③ 纵、横梁垂直度的检测用专用角尺进行测量，车架纵梁侧面对上平面的垂直度误差应不大于纵梁高度的0.01mm；车架各主要横梁对纵梁的垂直度误差应不大于横梁长度的0.002mm，如图6-9所示。

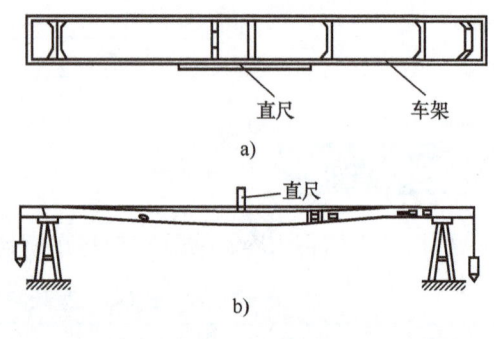

▲ 图6-8　车架纵梁直线度的检测
a）直尺检验　b）拉线法检验

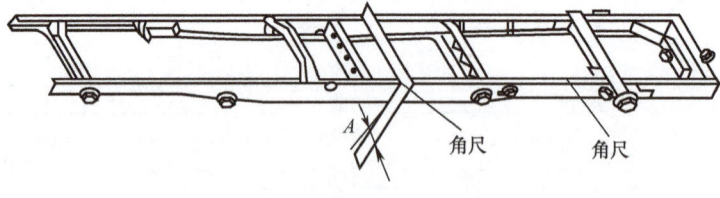

▲ 图6-9　纵、横梁垂直度的检测

（3）修理　车架弯曲、扭曲或歪斜变形超过允许值时，应进行校正。若变形不大，可用专用液压机具（车体校正机）进行整体冷压校正。变形严重时，可将车架拆散，对纵、横梁分别进行校正，然后重新铆合，必要时可采用中性氧化焰或木炭火将变形部位局部加热至暗红色进行热校正（加热温度不得超过700℃，以免影响车架的性能）。

2. 车架的裂纹

（1）原因　车架由于受到交变载荷的影响，容易产生裂纹。此时可采用焊修法，焊修前应清洁、除锈，彻底清除接头两侧的旧漆层；在裂纹两端开坡口；选用碱性的低氢焊条，如图 6-10 所示。

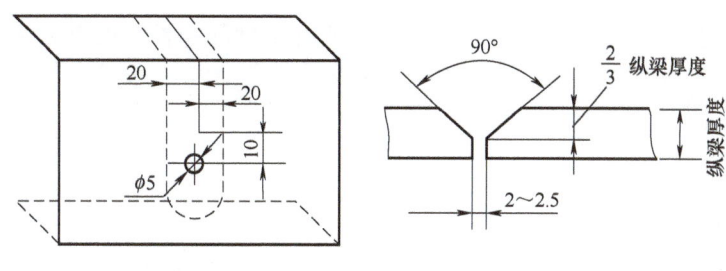

▲ 图 6-10　焊前裂纹处

（2）检测　可用直观检视法、磁力探伤法和敲击法进行检测。车架应无裂纹，各铆接部位的铆钉应无松动现象。

（3）修理　车架出现裂纹应采取手工电弧焊进行焊修，其操作步骤如下：

① 焊前准备。用砂布或钢丝刷等将裂纹附近清洗干净，在裂纹端头前方 10mm 处钻一直径为 3~6mm 的止裂孔，以防裂纹断续扩展；用砂轮在裂纹处开 V 形坡口。

② 施焊。用反极直流焊接法焊接：焊接电流为 100~140A，焊接电弧应尽量短些，采用直径为 4mm 的 J526 焊条，焊条与其运动方向成 20°~30°倾角，堆焊高度不高于基体平面 1~2mm，焊后要挫平焊缝，修磨光滑。

③ 用腹板加强。裂纹较长或在受力较大部位时，焊后应用腹板进行加强，腹板可用焊接或铆接结合的方法固定到车架上。采用焊铆结合的方法时，应先焊后铆，如图 6-11 所示。

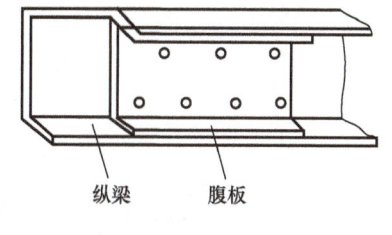

▲ 图 6-11　腹板的铆接

焊接腹板时，阴影区禁施焊，如图 6-12 所示。长焊缝应断续焊接，如图 6-13 所示。冷天施焊时，焊接部位应适当预热（100℃~150℃），焊后应将焊渣清除干净，焊缝应光滑、平整，无焊瘤、弧坑、气孔、夹渣等缺陷，咬边深度应不大于 0.5mm，咬边长度不大于焊缝长度的 15%。

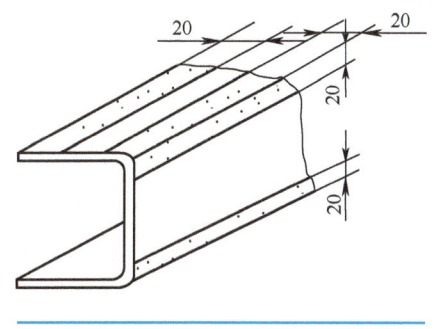

▲ 图 6-12　车架纵梁禁焊区

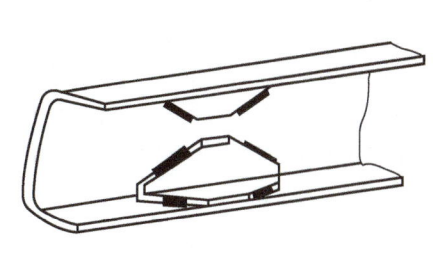

▲ 图 6-13　长焊缝焊接

3. 车架腐蚀

车架腐蚀应涂上漆层，若腐蚀严重则应更换。

4. 连接松旷

车架纵、横梁连接铆钉松动后，会影响车架的刚度和弹性。修理时应去掉松动的铆钉，重新铆铆钉。

二、车桥的检修

1. 前轴的检修

（1）裂纹的检修　将前轴洗净后，用磁力探伤法或浸油敲击法进行检测，出现裂纹时应更换前轴。

（2）钢板弹簧座的检修　用直尺、塞尺检测钢板弹簧座平面。误差应不大于 0.40mm，否则应进行修磨或刨削、铣削等加工，但钢板弹簧座的厚度应不大于 2mm，否则应进行堆焊修复或更换新件。同时，钢板弹簧座上的 U 形螺栓孔及定位孔的磨损量应不大于 1mm，否则应进行堆焊修复。

（3）主销的检修　主销承孔与主销的配合间隙轿车不大于 0.10mm，载货汽车不大于 0.20mm。利用角尺检验法检测，如图 6-14 所示。

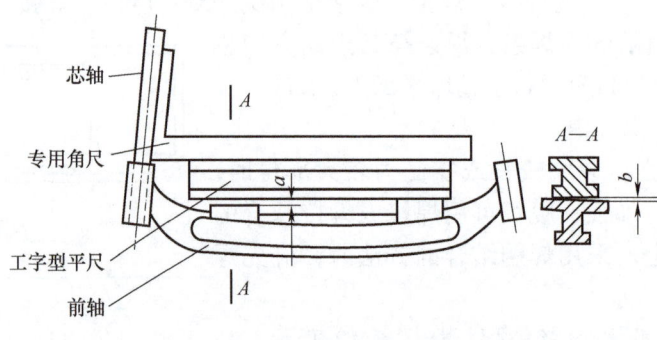

▲ 图 6-14　角尺检验法

2. 车桥的检查与调整

（1）前轮最大转向角的检查与调整　将前轮转向角调到最大的目的是为了获得最小转弯半径，以保证汽车具有良好的通过性能。

检查方法：

1）将前桥顶起，使前轮处于直线位置。

2）在左右轮胎下面垫一块木板和白纸（固定在板上），将木尺紧靠轮胎外边缘，用铅笔在纸上画出车轮平行的直线，再把转向盘向右转到底画出第二条线，然后用量角器测量出右转向角。

3）用同样的方法检查左轮的左转向角。

调整方法：

1）经测量转向角不符合规定时，可旋出或旋入转向节上的转向角限位螺栓，或转动转向节壳上的一个调整螺栓进行调整，调整完毕后，必须旋紧锁紧螺母。

2）转向角的简易检查调整方法是：将转向盘向左或向右打到底，前轮胎不与翼子板、钢板弹簧、直拉杆等机件碰擦，距离 8～10mm 为宜。各种车辆规定有不同的转向角。

（2）前轮前束的检查与调整　前轮前束不符合要求不仅影响汽车行驶的稳定性及加大轮胎磨损，而且还会加大汽车的油耗。

测量方法：

1）将被测汽车停放在平坦的场地上，并使左、右转向轮呈直线行驶位置。

2）用千斤顶支起转向桥，在胎冠表面以粉笔涂敷，转动车轮用金属划针画出胎冠中心线。放松千斤顶，使转向轮着地（此时，左、右转向轮仍应保持直线行驶位置）。

3）将前束尺置于被测汽车车轮的前方，尺杆与车桥平行。调整两指针，使尖端距离地面垂直高度等于被测车轮的半径值，旋转游标尺，使之与标尺对准零位，松开活动尺杆的固定螺钉，调整尺杆长度，使两指针分别指到被测车轮的胎冠中心线处。但有的车是测量胎侧，然后将尺杆固定。

4）将前束尺置于被测量车轮的后方，使前束尺固定指针至一车轮的胎冠中心线，旋转游标卡尺带动活动指针移动。当活动指针尖端指到另一车轮的胎冠中心线上时，标尺上的读数即为被测车轮的前束值。应当注意的是，游标卡尺如果向外移动，前束值为正；若游标卡尺向内移动，则前束值为负。

> **调整方法：** 调整时，汽车应停在平整场地上，顶起前轴，使车轮处于直线行驶位置，松开横拉杆上的卡箍螺栓，用管钳转动横拉杆，用改变横拉杆长度的方法即可调出所需的前束值。调好后将卡箍螺栓拧紧。

 任务实施

根据知识储备内容，实施检修车架与车桥实训，完成表6-2~表6-4。

选用的车架与车桥品牌或使用车型号：＿＿＿＿＿＿，类型：＿＿＿＿＿＿。

表6-2　车架的检测

项　　目	工　量　具	测　量　值	参　考　值	结果判断
目测各零部件情况				
车架变形的检测				
车架裂纹的检测				
车架连接的检测				

表6-3　车桥的检测

项　　目	工　量　具	测　量　值	参　考　值	结果判断
目测各零部件情况				
车桥前轴的检测				
车桥转向角的检测				

表 6-4　车架与车桥检修故障分析报告表

故障现象描述	
故障的可能原因分析	
制订解决方案	
解除故障实施过程记录	
总结	

项目考核与评价

一、填空题

1. 车架的种类按其结构形式可分为_____、_____、_____和_____车架。
2. 车桥的功用是_____。
3. 转向桥主要是由_____、_____、_____和_____等构成。
4. 转向驱动桥具有一般驱动桥具有的_____、_____及半轴等，也具有一般转向桥所具有的转向桥壳体、_____和_____等。
5. 按结构不同，车桥可分为_____式和_____式。
6. 转向桥是利用_____使车轮可以偏转一定的角度，以实现_____。
7. 车桥通过_____和车架相连，两端安装_____。
8. 边梁式车架由两根位于两边的_____和若干根_____组成。

二、判断题

（　　）1. 车架的功用是支承、连接汽车各零部件总成，承受车内外各种载荷的作用。

（　　）2. 转向驱动桥主销上、下两段的轴线必须在同一轴线上，而且应通过等角速万向节的中心。

（　　）3. 车架变形的原因是使用不合理，超载严重。

三、选择题

1. 现代轿车一般采用（　　）。
   A. 承载式车身　　B. 中梁式车架　　C. 边梁式车架　　D. 综合式车架
2. 调整前轮前束的方法是（　　）。
   A. 改变转向主拉杆的长度　　　　　　B. 改变转向横拉杆的长度
   C. 改变转向摇臂的长度　　　　　　　D. 改变梯形臂的长度

3. 为了降低汽车车身的高度和汽车质心，以提高汽车行驶的稳定性，汽车车架通常做成（　　）。

A. 前窄后宽　　　B. 前宽后窄　　　C. 前部横梁下凹　　　D. 前后一样宽

四、问答题

1. 简述汽车前轮前束的调整方法。

2. 如何对车架的变形进行修理？

车架与车桥的检修项目学习评价表

班　级		姓　名		学　号		总　评	
项目	自我评价		小组评价		教师评价		小计
	20%		30%		50%		
任务一							
任务二							
评语							
学生总结							

项目七

车轮和轮胎的检修

任务一　认知车轮与车胎

1. 了解车轮的功用、类型及构造。
2. 掌握车轮与车胎的拆装。
3. 掌握车轮与车胎的检测修理及调整。

车轮总成的组成包括车轮和轮胎，如图 7-1 所示。

一、车轮的功用

1）支承整车质量。
2）缓和和衰减由路面传来的冲击力。
3）通过轮胎同路面间存在的附着力来产生驱动力和制动力。
4）提供汽车转向行驶时需要的侧向力，保持车轮正确的直线行驶方向。
5）承担越过障碍和提高通过性的作用。

二、车轮的分类

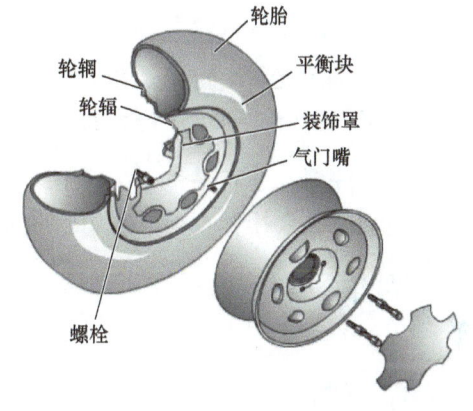

▲ 图 7-1　车轮总成

1. 辐板式车轮

目前，普通轿车和轻、中型货车普遍采用辐板式车轮，如图 7-2 所示。

2. 辐条式车轮

辐条式车轮采用几根可锻铸的空心轮辐将轮毂和轮辋连在一起，如图 7-3 所示。

▲ 图 7-2　辐板式车轮

▲ 图 7-3　辐条式车轮

三、轮辋的分类

轮辋的外部须安装上轮胎，当轮胎装入不同轮辋时，就会使轮胎变形，影响轮胎的性能。因此，不同规格的轮胎，应该配用相应规格的标准轮辋。

轮辋的常见形式主要有深槽轮辋、平底轮辋和对开式轮辋，如图 7-4 所示。

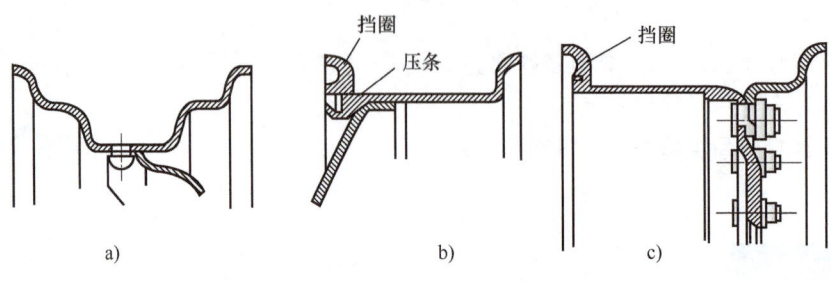

▲ 图 7-4 轮辋类型
a）深槽轮辋 b）平底轮辋 c）对开式轮辋

1. 深槽轮辋

深槽轮辋主要用于轿车及越野车，结构简单，刚度大，质量较轻，对于小尺寸弹性较大的轮胎最适宜，而尺寸较大的、较硬的轮胎则不适宜。

2. 平底轮辋

平底轮辋主要用于货车，适用于尺寸较大而弹性较小的轮胎。

3. 对开式轮辋

对开式轮辋多用于越野车，拆卸轮胎时相对方便。

四、轮胎

1. 轮胎的结构

（1）有内胎轮胎 有内胎轮胎由外胎、内胎和垫带组成，使用时安装在汽车车轮的普通可拆卸轮辋上，如图 7-5 所示。在深槽轮辋上使用的有内胎轮胎没有垫带。

（2）无内胎轮胎 无内胎轮胎俗称真空胎，既无内胎，又无垫带，如图 7-6 所示。

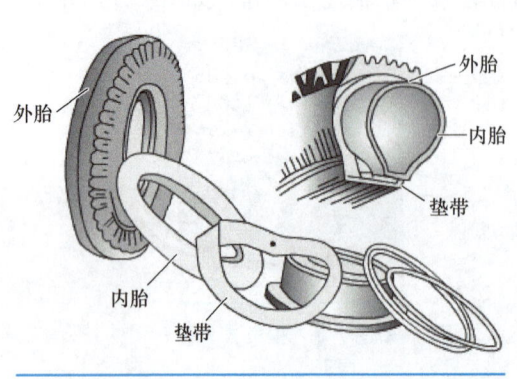

▲ 图 7-5 有内胎轮胎

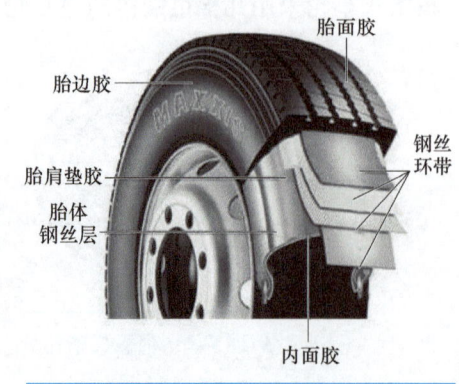

▲ 图 7-6 无内胎轮胎

(3) 外胎的结构

1) 外胎的组成。外胎由胎面、帘布层、缓冲层和胎圈等组成，如图 7-7 所示。

2) 子午线轮胎和斜交轮胎。

子午线轮胎：帘布层帘线排列方向与轮胎横断面一致，如图 7-8a 所示。

斜交轮胎：帘布层的帘线按一定角度交叉排列，帘线与轮胎横断面的交角通常为 50°，如图 7-8b 所示。

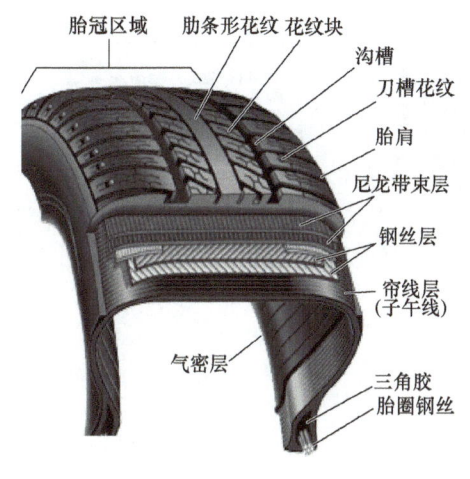

▲ 图 7-7　外胎结构

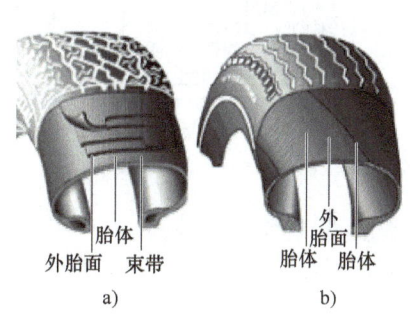

▲ 图 7-8　子午线轮胎和斜交轮胎
a) 子午线轮胎　b) 斜交轮胎

2. 轮胎的花纹

轮胎胎面和地面接触，除了要保护轮胎滚动中胎面免受地面的损伤，还希望有很好的附着力，为提供足够的牵引力、制动力、转向力，以便汽车在各种路面上可靠行驶。轮胎具有的附着力除与胎面材料性质有关外，很大程度上还依靠轮胎的花纹来保证，如图 7-9 所示。

a)

条形花纹：花纹沟方向与圆周方向一致。
优点：滚动阻力低，不易侧滑，具有良好的操纵稳定性，噪声低，在轮胎各种花纹中的高速性能最为出色。

b)

横向花纹：花纹沟方向与圆周方向垂直。
优点：良好的制动、操纵和牵引性能。
缺点：高速时噪声较大，而且由于滚动阻力大，不适于高速行驶。

c)

块状花纹：花纹呈块状规则排列。
优点：优越的制动及操纵性能，在雪地及湿路上能提供良好的操控及稳定性能，排水性能好。

▲ 图 7-9　轮胎花纹类型及特点
a) 条形花纹　b) 横向花纹　c) 块状花纹

d) 复合花纹：综合条形及横向花纹。
优点：中央的条形花纹提供了良好的操纵性能，并防止倒滑；胎面肩部的横向花纹提供了足够的牵引性能和制动性能。

e) 单导向花纹：花纹之间对称相互连接。
优点：相对于其他轮胎花纹，它拥有卓越的制动性能和极佳的排水性能，以及雨天优良的稳定性能，适合于高速行驶。

f) 不对称花纹：胎面左右两侧花纹形状不同。
优点：由于其增大了转弯时外侧花纹的着地压力，极大地提高了车辆高速转弯性能，并强化了外侧花纹的耐磨性能。

▲ 图 7-9 轮胎花纹类型及特点（续）
d) 复合花纹　e) 单导向花纹　f) 不对称花纹

3. 轮胎的规格和标记

1) 轿车轮胎规格如图 7-10 所示。

▲ 图 7-10　轮胎规格

2) 轮胎扁平率计算。轮胎断面高度与宽度比称为轮胎的扁平比（或扁平率）。扁平率的大小直接影响舒适性，扁平率越大舒适性越好，如图 7-11 所示。

▲ 图 7-11　轮胎扁平率

任务实施

根据知识储备内容，实施车轮与轮胎认知实训，完成表 7-1。

表 7-1　车轮结构认知

一、选用的车轮品牌或使用车型：_____，类型：_____。
二、对照车轮实物，填写下列空白。
1）轮胎的花纹类型：_____。
2）轮胎类型：_____。
3）有无内胎轮胎：_____。
4）轮辋：_____。
5）轮胎的规格和标记表示：_____。
6）轮胎的结构：_____。
7）轮胎扁平比：_____。
三、根据轮胎标记 105/60R13 79T 填写下列内容。
1）105 表示_____。
2）60 表示_____。
3）R 表示_____。
4）13 表示_____。
5）79 表示_____。
6）T 表示_____。

任务二　车轮与轮胎故障分析

 任务目标

掌握车轮与轮胎的常见故障。

车轮与轮胎常见的损伤

1. 车轮

（1）车轮常见故障

1）轮毂轴承过松：造成车轮摆振及行驶不稳，严重时还能使车轮甩出。

2）轮毂轴承过紧：造成汽车行驶跑偏。全部轮毂轴承过紧时，会使汽车滑行距离明显加剧。轮毂轴承过紧会使轮毂处温度明显上升，使润滑脂溶化而容易甩入制动鼓内导致制动性能下降。

（2）轮毂轴承预紧度的检查和调整　轮毂轴承过松或过紧必须立即修理，即调整轮毂轴承的预紧度。

1）用千斤顶支起车轮，拧下轮毂盖螺钉，拆下轮毂衬垫。

2）拆下锁止销钉，旋下锁紧螺母，拆下锁止垫片。

3）旋转调整螺母改变轮毂轴承间隙。旋进轴承间隙变小，旋出轴承间隙变大。一般是将调整螺母旋紧到底，再退回1/3圈即可。

4）调整合适的轮毂轴承预紧度应使车轮能够自由转动，且轴向推动无明显间隙。

2. 车胎

轮胎的常见故障是轮胎的异常磨损。

（1）胎肩或胎面中间磨损

1）现象。轮胎的胎肩和胎面出现了磨损，如图7-12所示。

2）原因。集中在胎肩上或胎面中间的磨损。

① 中部磨损：胎面中部磨损较快，胎肩部变浅。由于气压过高，胎面中部的抓地压力变高。

② 胎肩磨损：两侧胎肩磨损较快，留下中部。通常是由于气压不足、载重过大使两侧胎肩的抓地压力变高或高速急转弯造成的。

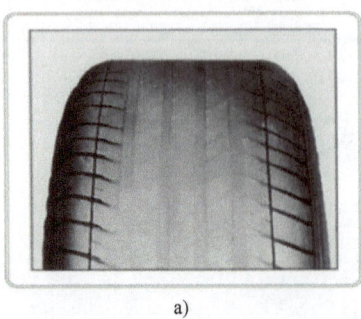
a)

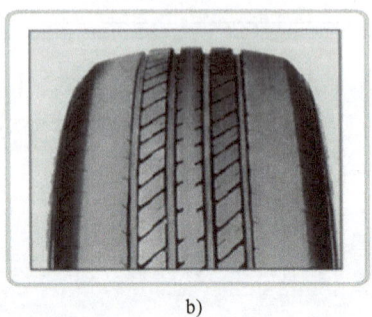
b)

▲ 图7-12　轮胎磨损现象
a）中部磨损　b）胎肩磨损

3）故障排除步骤。检查是否超载，检查充气压力。如果充气过量或充气不足，应调整充气压力，调换轮胎位置。

（2）内侧或外侧磨损

1）现象。轮胎的内侧或外侧磨损，如图 7-13 所示。

 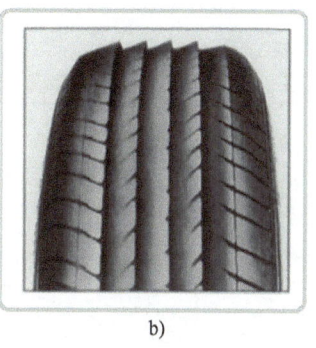

a)　　　　　　　　　　　　b)

▲ 图 7-13　轮胎内侧、外侧磨损
a）单侧磨损　b）羽状磨损

2）原因。在过高的车速下转弯会造成转弯磨损。转弯时轮胎滑动，便产生了斜形磨损。

悬架部件变形或间隙过大，会影响前轮定位，造成不正常的轮胎磨损。如果轮胎面某一侧的磨损快于另一侧的磨损，其主要原因可能是外倾角不正确。外倾角过大便造成了外侧胎面的过量磨损。反之，其内侧胎面磨损较快。

3）故障排除步骤。询问驾驶员是否高速转弯，如果是则要避免。检查悬架部件。如松动则将其紧固；如变形和磨损，应修理或更换；检查外倾角，如不正常，应校正，调换轮胎位置。

（3）前束和后束磨损

1）现象。车轮出现了前束和后束磨损，如图 7-14 所示。

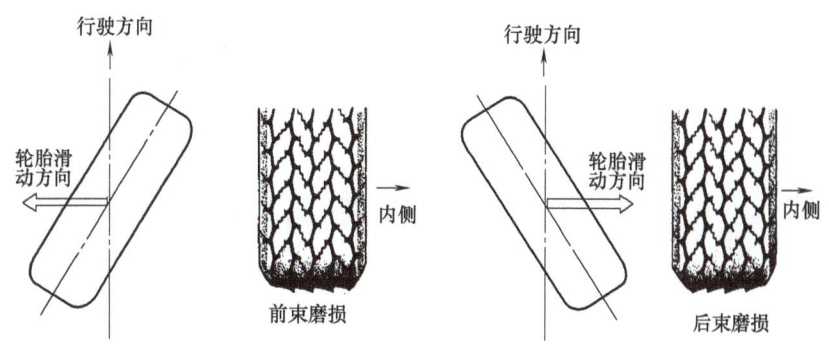

▲ 图 7-14　前束和后束磨损

2）原因。胎面的羽状磨损，主要是由于前束调节不当所致，过量的前束，会迫使轮胎向外滑动，并使胎面的接触面在路面上朝内拖动，造成前束磨损。胎面呈明显的羽毛形。另一方面，过量的后束，会将轮胎向内拉动，并使胎面的接触面在路面上朝外拖动，造成后束磨损。

3）故障排除步骤。检查前束和后束，调换轮胎位置。

 **任务实施**

汽车行驶跑偏故障诊断流程图如图 7-15 所示，请在图中空白框内填写相关内容。

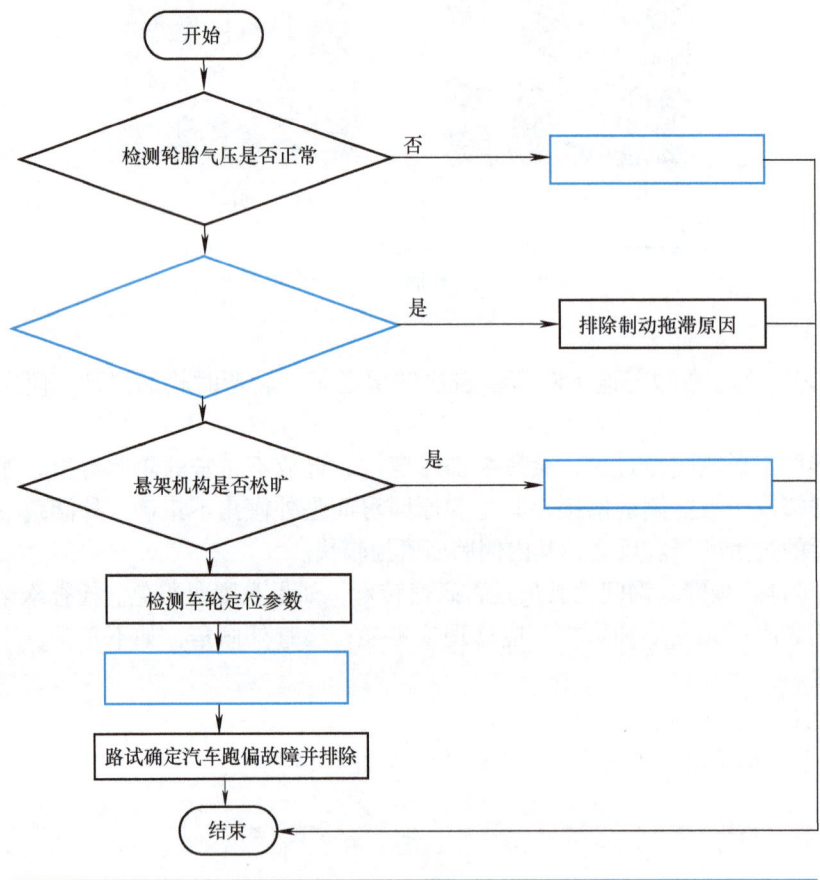

▲ 图 7-15　汽车行驶跑偏故障诊断流程图

任务三　检修车轮与轮胎

 **任务目标**

能正确检修车轮与轮胎的各个部分，并对其做正确的判断。

一、车轮的换位及轮胎的故障诊断与检修

轮胎换位可使胎面磨损均匀,以充分合理地使用轮胎,延长轮胎的使用寿命。为了使轮胎磨损尽可能达到平衡,安装在汽车上的所有轮胎应进行轮胎换位。一旦发现轮胎有不规则磨损的情况,应马上更换,如图7-16所示。

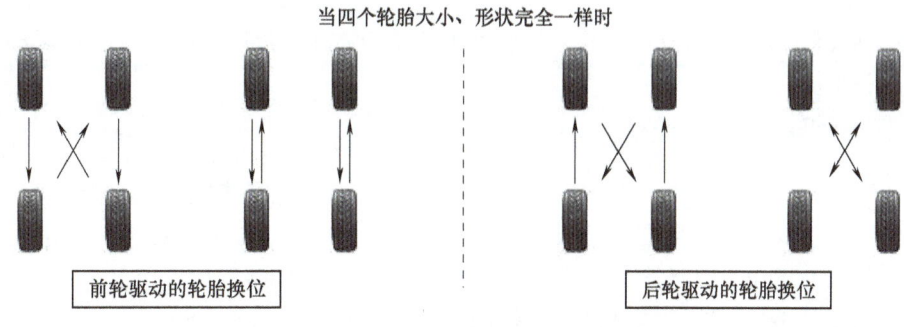

▲ 图 7-16 轮胎换位

二、车轮、轮胎的拆装与检修的注意事项

1. 轮胎拆装机操作前检查和调试(见图7-17)

1)检查拆装机的电源、气源、机械传动部分是否正常。

2)踩下和踩回撑夹踏板,检查转盘上夹爪能否张开和闭合。

3)踩下和松开风压铲踏板,检查风压铲能否动作和复位。

4)踩下和上抬正反转踏板,检查转盘能否顺时针转动和逆时针转动。

5)检查锁紧杠杆是否锁紧垂直轴。

2. 轮胎拆装方法与步骤

1)放掉轮胎中的空气。

2)卸掉钢圈上的平衡块。

3)将轮胎置于风压铲和橡胶板之间,使风压铲置于钢圈边与轮胎之间,离钢圈边大约1cm处。然后踩风压踏板,使钢圈边与胎边分离。

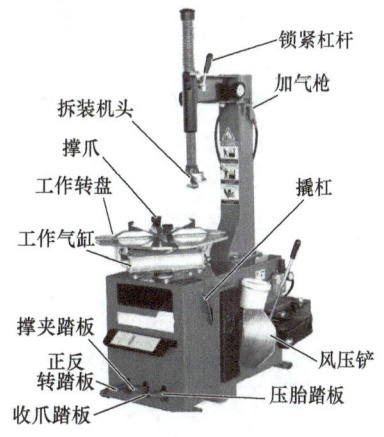

▲ 图 7-17 轮胎拆装机

> **注意**:靠胎时,应使用毛刷在胎边涂上润滑油,否则拆胎时可能会造成胎边严重磨损。

4）锁定方式有外锁定和内锁定两种。

内锁定：将轮胎放在转盘上，而将踏板踩下，可锁住钢圈。

外锁定：踩下掌夹踏板，使四个夹爪张开，将轮胎放在夹爪上，踩回原位（这时要慢慢松开踏板直至锁紧钢圈为止）。

5）将垂直轴置于工作位置，使拆装机头靠近钢圈边缘，使拆装机头的锥形滚体离钢圈边缘大约有 3mm，避免划伤钢圈边缘，并用锁紧杠杆锁紧。

6）用撬棍把胎边撬在拆装机头上，撬棍不必抽出，点踩踏板，让转盘顺时针旋转，即可拆下轮胎，用同样的方法可以把轮胎的另一侧拆下。

> 注意：如拆胎受阻，应立即停止，用脚面上抬踏板，让转盘逆时针转动，消除障碍。

三、转向轮定位

转向轮定位：汽车的每个转向轮、主销和前轴与车架的安装应保持一定的相对位置。通常车轮定位主要指前轮定位，但现代大多数轿车，由于速度快，对行驶稳定性有更高的要求，除前轮定位外，还需要后轮定位，即四轮定位，如图 7-18 所示。

转向轮定位参数包括主销后倾、主销内倾、前轮外倾和前轮前束。

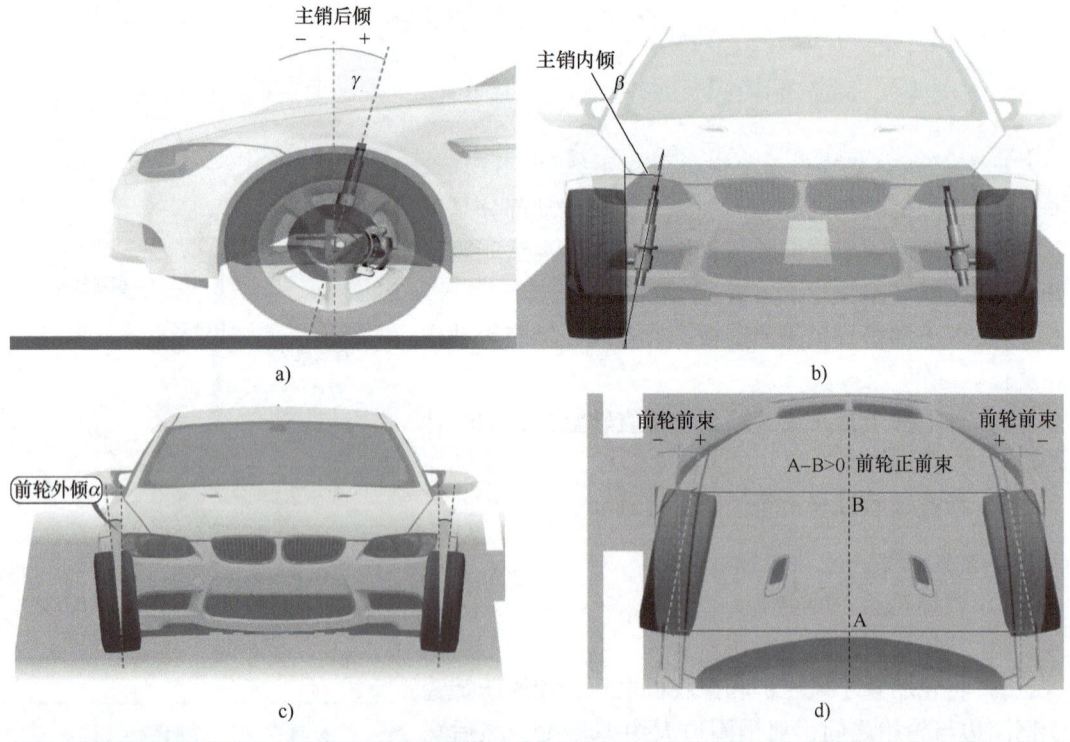

▲ 图 7-18 四轮定位
a）主销后倾 b）主销内倾 c）前轮外倾 d）前轮前束

1. 主销后倾

定义：主销上部向后倾斜一个角度 γ（主销后倾角）。

作用：形成回正力矩，保证汽车直线行驶的稳定性。

2. 主销内倾

定义：主销上部向内倾斜一个角度 β（主销内倾角）。
作用：使车轮自动回正，保证汽车直线行驶的稳定性，并使转向操纵轻便。

3. 前轮外倾

定义：车轮中心平面上部向外倾斜一个角度 α（前轮外倾角）。
作用：提高汽车行驶的安全性。

4. 前轮前束

定义：两前轮后端距离 A 与前端距离 B 之间的差，即前束值为（A－B）。
作用：消除由于车轮外倾带来的不良后果。

四、车轮动平衡的调整

车轮的动平衡试验有离车式和就车式两种方法。

1. 离车式动平衡试验（见图7-19）

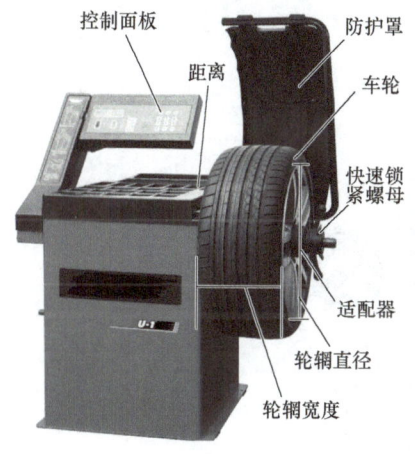

▲ 图7-19　离车式动平衡试验机

（1）车轮动平衡机的使用方法如下
1）对被测车轮进行清洗，去掉泥土、砂石，拆掉旧平衡块。
2）检查轮胎气压，并充气至规定气压值。
3）根据轮辋中心孔的大小选择锥体，将车轮安装于平衡机上。
4）打开电源开关，检查指示装置是否指示正确。
5）将被检车轮的轮辋直径、宽度，轮辋边缘到机箱之间的距离等参数输入平衡机。
6）放下防护罩，按下起动键，开始测量。
7）当车轮自动停转后，从指示装置读出车轮内、外侧动不平衡量和位置。
8）抬起车轮防护罩，用手慢慢旋转车轮，当动平衡机指示装置发出信号时，停止转动车轮。

9) 根据动平衡机显示的动不平衡量和方向，在轮辋内侧或外侧上部（时钟 12 位置）的边缘加装平衡块，并使平衡块装卡牢固。平衡块应当与被检车轮的轮辋结构相适应。

10) 重新起动动平衡机，进行动平衡试验，直至动不平衡量 <5g，机器显示 "00" 或 "OK" 时为止。

11) 取下车轮，关闭电源，测试结束。

（2）动平衡配重类型　平衡配重块常见有外挂式和粘贴式两种，如图 7-20 所示。

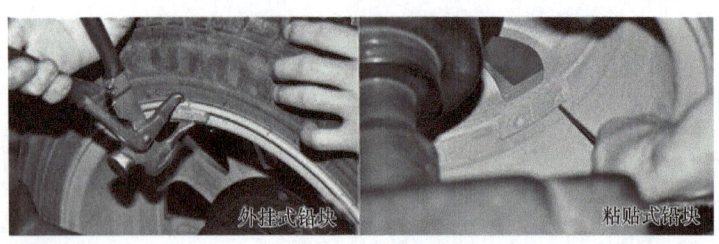

▲ 图 7-20　平衡块类型

2. 就车式车轮动平衡试验

检测的方法如下（见图 7-21）：

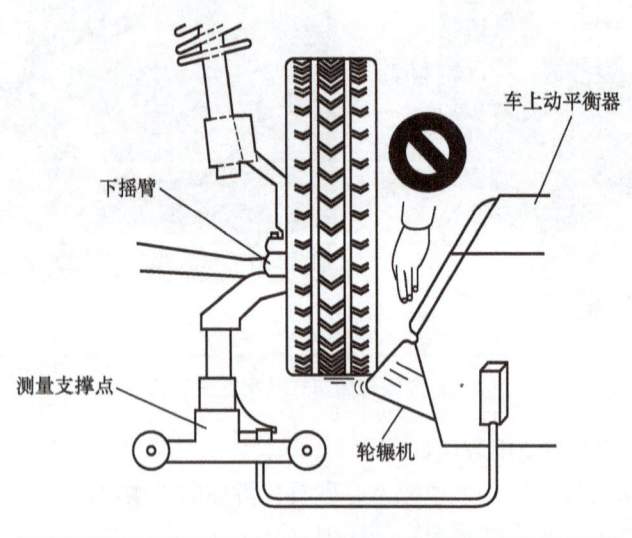

▲ 图 7-21　就车式车轮动平衡

1) 首先应对车轮进行清洁，并去掉旧平衡块，将轮胎充气到规定气压，轮毂轴承松紧度合适，支起前桥，使两侧车轮离地间隙相等，然后，用粉笔在轮胎任意位置做出标记。

2) 将传感器头吸附在制动底板边缘，并使车轮与轮辗机接触，以规定转速旋转。观察轮胎标记位置，在指示装置上读取不平衡量，停转车轮，加装平衡块，再进一步复查，直至合格，测试结束。

3）测从动轮时，利用动平衡机转动驱动车轮；测驱动车轮时，则直接用汽车发动机来驱动车轮转动。

一、轮胎的拆装

1. 对应图中标注序号写出相应名称

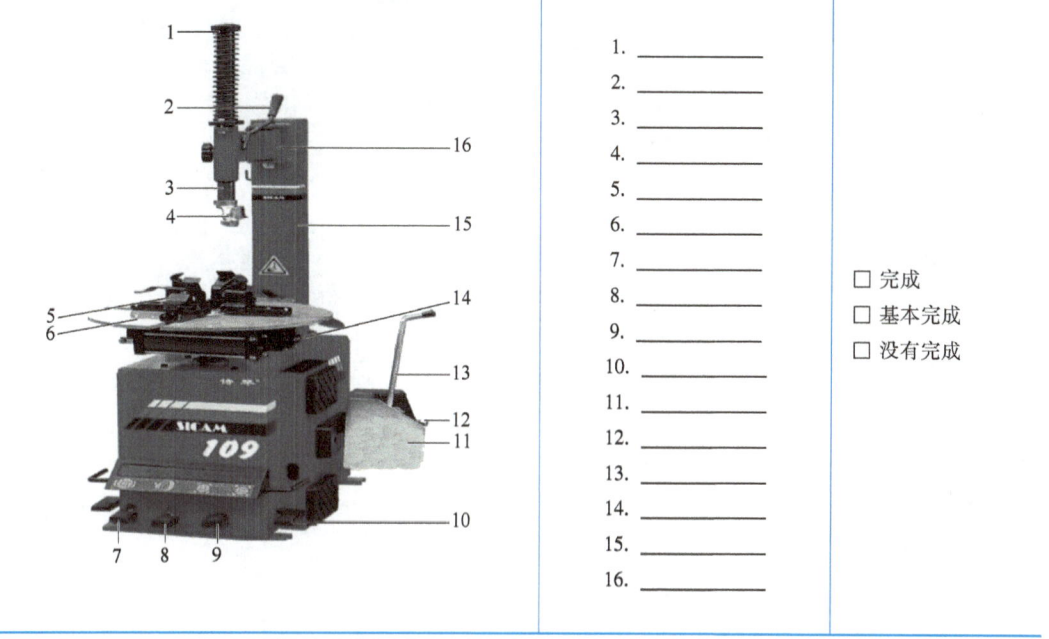

1. _____
2. _____
3. _____
4. _____
5. _____
6. _____
7. _____
8. _____
9. _____
10. _____
11. _____
12. _____
13. _____
14. _____
15. _____
16. _____

□ 完成
□ 基本完成
□ 没有完成

2. 拆装轮胎

名　称	序　号	作业内容方法	完成情况
拆卸轮胎	1	放干净轮胎内空气	□ 完成　□ 基本完成　□ 没有完成
	2	分离轮胎与轮辋	□ 完成　□ 基本完成　□ 没有完成
	3	给轮胎涂上肥皂水	□ 完成　□ 基本完成　□ 没有完成
	4	调整拆装头	□ 完成　□ 基本完成　□ 没有完成
	5	撬轮胎在拆装头上	□ 完成　□ 基本完成　□ 没有完成
	6	拆下轮胎	□ 完成　□ 基本完成　□ 没有完成
安装轮胎	1	安装轮胎在拆装头上	□ 完成　□ 基本完成　□ 没有完成
	2	按压轮胎	□ 完成　□ 基本完成　□ 没有完成
	3	装上轮胎	□ 完成　□ 基本完成　□ 没有完成
	4	充气	□ 完成　□ 基本完成　□ 没有完成

二、车轮平衡检验与校正

1. 对应图中标注序号写出相应名称

技术要求：校正后的不平衡量 <5g

1. _____
2. _____
3. _____   □ 完成
4. _____   □ 基本完成
5. _____   □ 没有完成
6. _____
7. _____

2. 轮胎动平衡检测

名称	序号	作业内容方法	完成情况
车轮平衡检验与校正	1	检测轮胎气压	□ 完成　□ 基本完成　□ 没有完成
	2	拆下平衡块	□ 完成　□ 基本完成　□ 没有完成
	3	适配器选择是否合适	□ 完成　□ 基本完成　□ 没有完成
	4	安装轮胎	□ 完成　□ 基本完成　□ 没有完成
	5	调整检测模式	□ 完成　□ 基本完成　□ 没有完成
检测	1	输入数据	□ 完成　□ 基本完成　□ 没有完成
	2	安装平衡块	□ 完成　□ 基本完成　□ 没有完成
	3	校正数据	□ 完成　□ 基本完成　□ 没有完成

三、车轮与轮胎检修故障分析

故障现象描述	
故障的可能原因分析	
制订解决方案	
解除故障实施过程记录	
总结	

项目考核与评价

一、填空题

1. 车轮通常由_____、_____和_____组成。
2. 汽车轮胎按胎体结构的不同分为_____和实心轮胎,现代绝大多数汽车采用_____。
3. 按轮辐的构造,车轮可分为_____和_____。
4. 轮胎规格型号 36.00R51 中的"36"指的是_____。
5. 轮胎的扁平比指的是_____与_____的比例。
6. 轮胎的组成有_____、胎面、缓冲层、_____和_____。
7. 斜交轮胎胎体的帘线方向与轮胎的中心线_____方向成_____度角。子午线轮胎,胎体的帘线方向与轮胎的中心线方向成_____度角。

二、判断题

(　　) 1. 国产轮辋使用时间是 5 年,进口轮辋使用时间是 10 年。
(　　) 2. 双胎拼装时,同一车轴上可以搭配不同厂牌的轮胎。
(　　) 3. 当轮胎花纹磨损率超过 25% 时,对轮胎前轮进行换位。
(　　) 4. 温度与轮胎的寿命成正比关系。
(　　) 5. 轮胎气压低于 80%,轮辋组件有明显裂纹时,不应该对轮胎进行充气。

三、选择题

1. 低压胎的压力是(　　)。
 A. 0.5～0.7MPa　　B. 0.2～0.5MPa　　C. 0.2MPa 以下
2. 轮胎修补的范围是(　　)。
 A. 扎伤的轮胎　　　　　　　　　　B. 爆破的轮胎
 C. 热剥离的轮胎　　　　　　　　　D. 帘布层损坏的轮胎
3. 安装修补轮胎时(　　)。
 A. 补片不能安装在轮胎的外侧　　　B. 补片不能安装在轮胎的里侧
 C. 修补位置与轮胎的安装无关　　　D. 修补轮胎不能与未修补的轮胎混装
4. 轮胎型号 30.00R51 中的"R"指的是(　　)。
 A. 斜线　　　　B. 子午线　　　　C. 扁平率　　　　D. 花纹

四、问答题

1. 简述轮胎气压过高、过低对轮胎的影响。

2. 轮胎换修前首先应该做几项工作?

3. 简述车轮的常见故障。

车轮与车胎的检修项目学习评价表

班　级		姓　名		学　号		总　评	
项目	自我评价 20%		小组评价 30%		教师评价 50%		小计
任务一							
任务二							
任务三							
评语							
学生总结							

项目八

机械转向系统的检修

任务一　认知机械转向系统

任务目标

1. 掌握转向系统的分类、组成和结构名称。
2. 理解缓冲吸能式转向柱管的工作原理。
3. 掌握齿轮齿条转向器的结构和工作原理。
4. 掌握循环球式转向器的结构和工作原理。

知识储备

一、转向系统概述

汽车转向系统是对用来改变或者恢复汽车行驶方向的专设机构的总称，如图 8-1 所示。

汽车转向系统的功用是改变和保持汽车的行驶方向。

当汽车需要改变行驶方向时，必须使转向轮绕主销轴线偏转一定角度，直到新的行驶方向符合驾驶员的要求时，再将转向轮恢复到直线行驶位置。

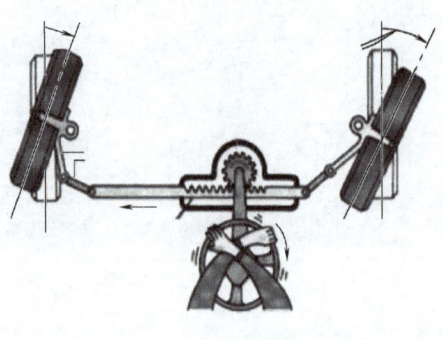

▲ 图 8-1　汽车转向示意图

二、转向系统的分类

转向系统可按照转向能源的不同分为机械转向系统和动力转向系统两大类。

1. 机械转向系统

机械转向系统以驾驶员的体力作为转向能源，其中所有传力件都是机械的。机械转向系统由转向操纵机构、转向器和转向传动机构三大部分组成。

2. 动力转向系统

动力转向系统在机械转向系统的基础上加装了一套助力装置。按其助力装置能源的不同，可把动力转向系统分为液压助力转向系统、气压助力转向系统和电动助力转向系统三种。

三、转向系统的要求

1）转向时必须轻巧灵活，转向后车轮能自动回正。
2）转小弯时，转向盘不必转很多圈。

3）直向前进时，应稳定且无蛇行现象。

4）车轮的振动及摆动不致使转向盘转动。

5）转向时，左、右转向轮轴线的延长线和后轴的延长线应相交于一点。

6）转向时，两轮的偏转角应符合一定的规律。

四、机械转向系统的组成

1. 转向操纵机构

汽车转向系统的转向操纵机构包括转向盘、转向轴、转向万向节、转向传动轴和转向柱管等，它的作用是将驾驶员的操纵力传给转向器。图 8-2 为转向操纵机构结构图。

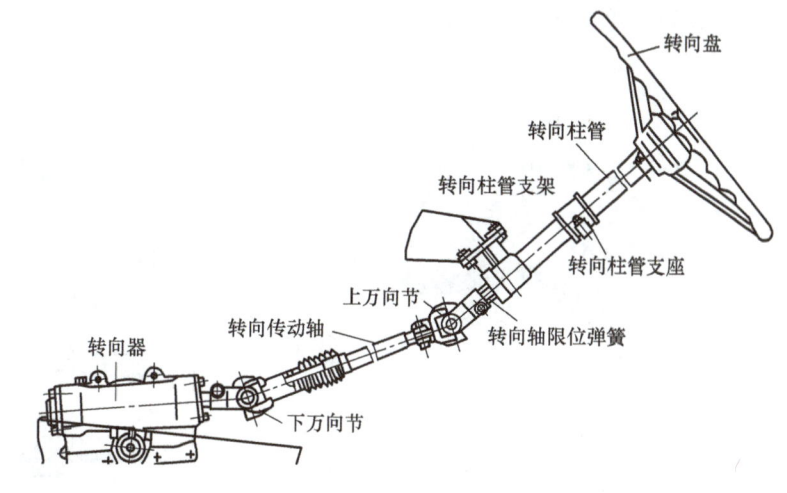

▲ 图 8-2　转向操纵机构结构图

（1）转向盘　它主要由轮毂、轮辐和轮圈组成，如图 8-3 所示。

▲ 图 8-3　转向盘

（2）转向柱管　一般为管状，内壁两端一般装有轴承，支撑其从里穿过的转向轴，转向柱管通过托架固定在车身上。现代的汽车多采用缓冲吸能式转向操纵机构。

缓冲吸能式转向操纵机构从结构上能使转向轴（见图 8-4）和转向柱管受到冲击后，轴向收缩变形并吸收冲击能量，从而有效地缓和转向盘对驾驶员的冲击，减轻其所受伤害的程度。

转向柱能量吸收工作原理（一）

转向柱能量吸收工作原理（二）

缓冲吸能式转向操纵机构常用的几种结构形式如下：

1）可分离式转向操纵机构。

2）网状柱管吸能式转向操纵机构，如图 8-5 所示。

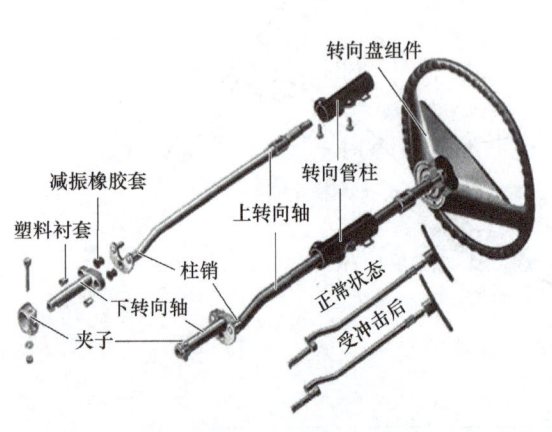

▲ 图 8-4　桑塔纳轿车转向轴　　　　　　▲ 图 8-5　网状柱管吸能式

3）钢球滚压吸能式转向操纵机构，如图 8-6 所示。

4）波纹管吸能式转向操纵机构，如图 8-7 所示。

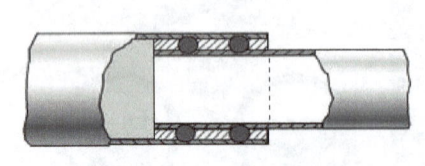
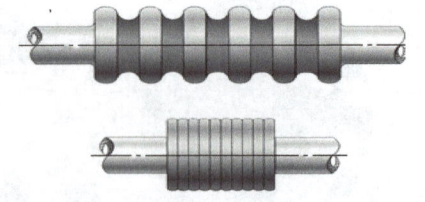

▲ 图 8-6　钢球滚压吸能式　　　　　　▲ 图 8-7　波纹管吸能式

5）U 形板吸能式转向操纵机构，如图 8-8 所示。

（3）可调节式转向柱　驾驶员不同的驾驶姿势和身材对转向盘的最佳操纵位置有不同的要求。一些汽车装设了可调节式转向柱，使驾驶员可以在一定的范围内调节转向盘的位置。

转向柱调节的形式分为倾斜角度调节（见图 8-9）和轴向位置调节（见图 8-10）两种。

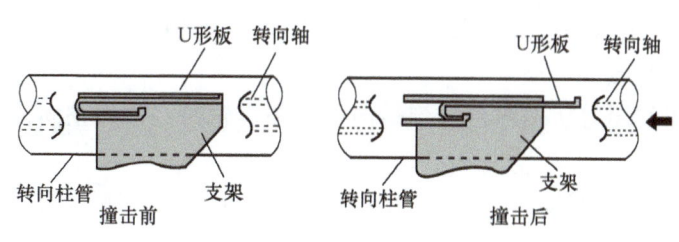

▲ 图8-8 U形板吸能式

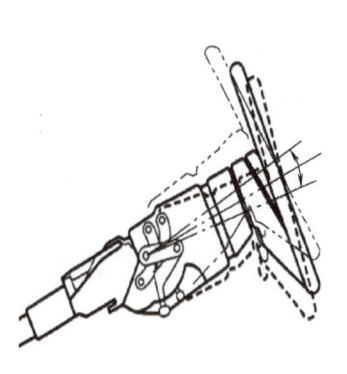

▲ 图8-9 倾斜角度调节

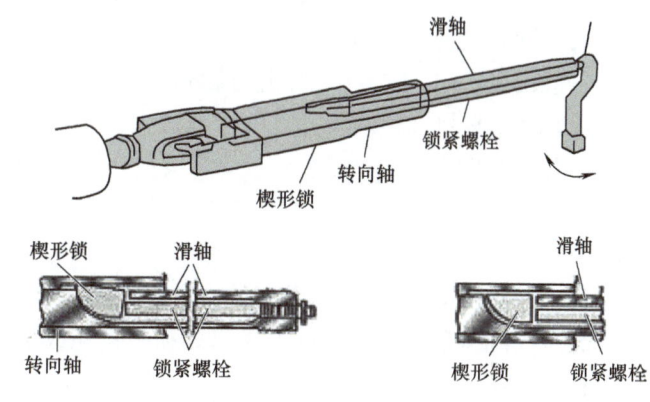

▲ 图8-10 轴向位置调节

（4）转向轴　一般为轴状或管状，转向轴与转向器连接的方式有两种：

1）通过十字轴万向节或柔性万向节间接与转向器输入轴相连接（又称为间接连接），如图8-11所示。

2）与转向器的输入轴直接连接，如图8-12所示。

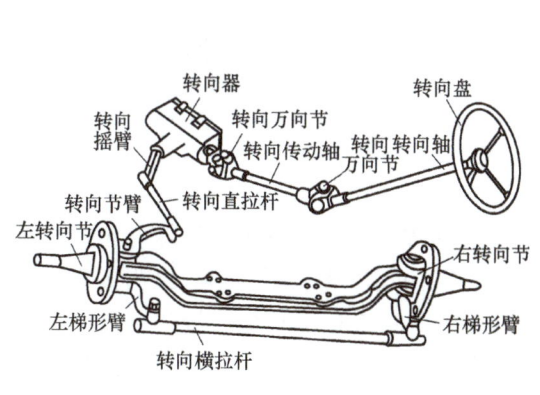

▲ 图8-11 万向节间接连接

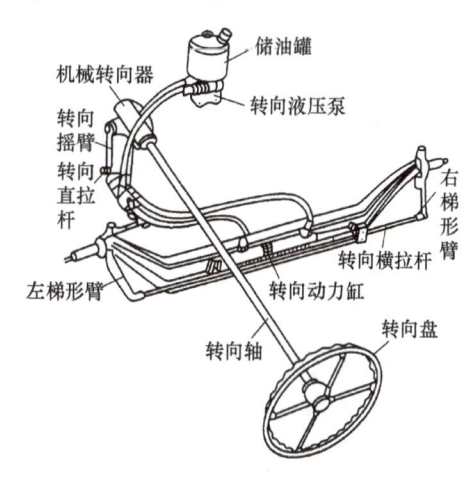

▲ 图8-12 直接连接

2. 转向器

转向器是一种特殊的减速传动机构，其传动比较大，且要求具有一定的可逆性。具有减速（角速度）、放大驾驶员的操作力、改变传动方向的功用。

(1) 转向器的传动

正向传动：当作用力从转向盘传到转向摇臂和车轮时，称为正向传动；其传动效率称为正传动效率。

逆向传动：车轮受到道路冲击力传给转向摇臂，再传给转向盘的传动称为逆向传动；其传动效率为逆传动效率。

(2) 转向盘自由行程　转向系统各连接零部件之间和传动副之间总存在装配间隙。当汽车直线行驶时转动转向盘，消除这些间隙并克服机件的弹性变形后，才使转向轮开始偏转，这时转向盘转过的角度称为转向盘自由行程。

一般说来，单一方向的自由行程最好不超过10°～15°。整个转向盘自由行程超过25°～30°时，必须进行调整。自由行程过大，转向不灵敏。自由行程过小，路面冲击大，造成驾驶员过度紧张。

(3) 转向器分类　转向器按其结构形式可分为齿轮齿条式、循环球式和蜗杆曲柄指销式三种。

1）齿轮齿条式转向器。齿轮齿条式转向器主要由齿轮和齿条啮合传动。齿轮齿条式转向器按其结构形式可分为两端输出式和中间（或单端）输出式两种。

两端输出式齿轮齿条式转向器结构如图8-13所示。齿轮齿条转向器省略了转向摇臂和转向直拉杆，使转向传动机构简化，适合与麦弗逊式独立悬架配用，常用于轿车、微型货车和轻型货车。

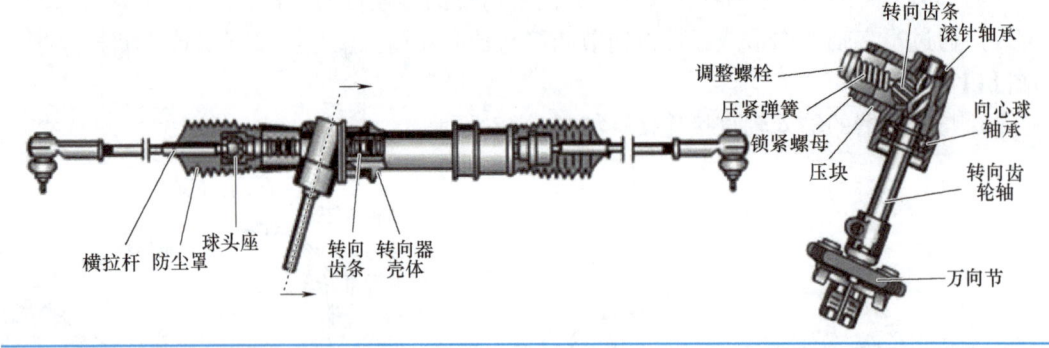

▲ 图8-13　两端输出式齿轮齿条式转向器结构图

2）循环球式转向器。循环球式转向器主要由转向螺杆、转向螺母、钢球和齿扇等组成，如图8-14所示。一般采用两级传动：第一级为螺杆螺母传动副；第二级为齿条齿扇传动副。在螺杆和螺母上都加工近似半圆形的螺旋槽，两者相配合形成近似圆形的螺旋管状通道，通道中装入许多钢球。螺母的侧面有两对通孔，可将钢球塞入螺旋通道中，两根U型钢球导管的两端插入螺母侧面的两对通孔中，导管内也装满钢球。转向螺杆转动时，通过钢球将力传给转向螺母，使螺母沿轴向移动。同时，在螺杆、螺母和钢球间的摩擦力矩作用下，所有钢球便在螺旋管状通道内滚动，形成"球流"。

循环球式转向器适合用于经常在平坦路面上行驶的中、轻型载货汽车。

3）蜗杆曲柄指销式转向器。蜗杆曲柄指销式转向器传动副的主动件为转向蜗杆；从动件为指销。具有梯形截面螺纹的转向蜗杆支承在转向器壳体两端的球轴承上，蜗杆与锥形指销相啮合，指销用双列圆锥滚子轴承支于摇臂轴内端的曲柄孔中。当转向蜗杆随转向盘转动时，指销沿蜗杆螺旋槽上下移动，并带动曲柄及摇臂轴转动。常见的有单指销式（见图8-15）和双指销式（见图8-16）两种。

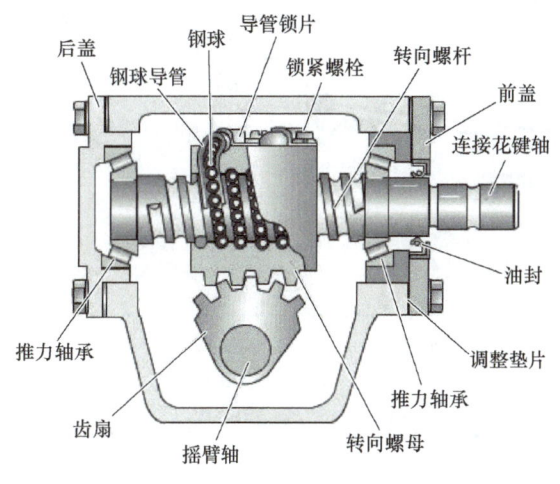

▲ 图8-14 循环球式转向器结构

▲ 图8-15 单指销式示意图

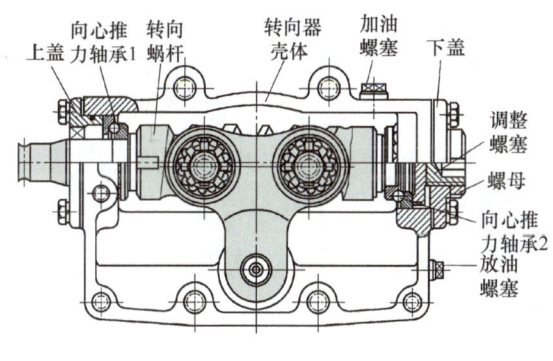

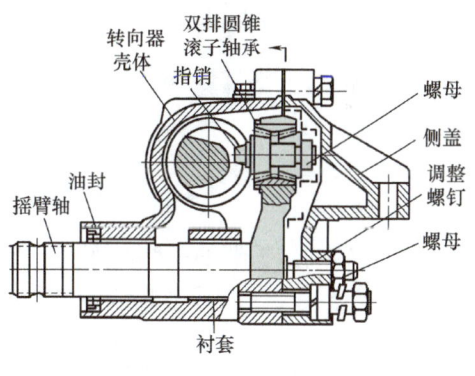

▲ 图8-16 双指销式结构图

3. 转向传动机构

转向传动机构主要由转向摇臂、转向直拉杆、转向节臂、转向梯形臂和转向横拉杆等组成，如图8-17所示。转向传动机构各杆件之间都采用球形铰链连接，并设有防止松脱、缓冲吸振、自动消除磨损后的间隙等结构措施。转向传动机构的功用是将转向器输出的力和运动传给转向轮，使两侧转向轮偏转以实现汽车转向。

（1）转向摇臂和转向直拉杆　常见转向摇臂和转向直拉杆的结构形式如图8-18所示。

（2）转向减振器　随着车速的提高，转向轮有时会产生振摆，从而影响汽车的稳定性和舒适性，加剧前轮轮胎的磨损。为了克服转向轮的振摆，在转向传动机构中设置转

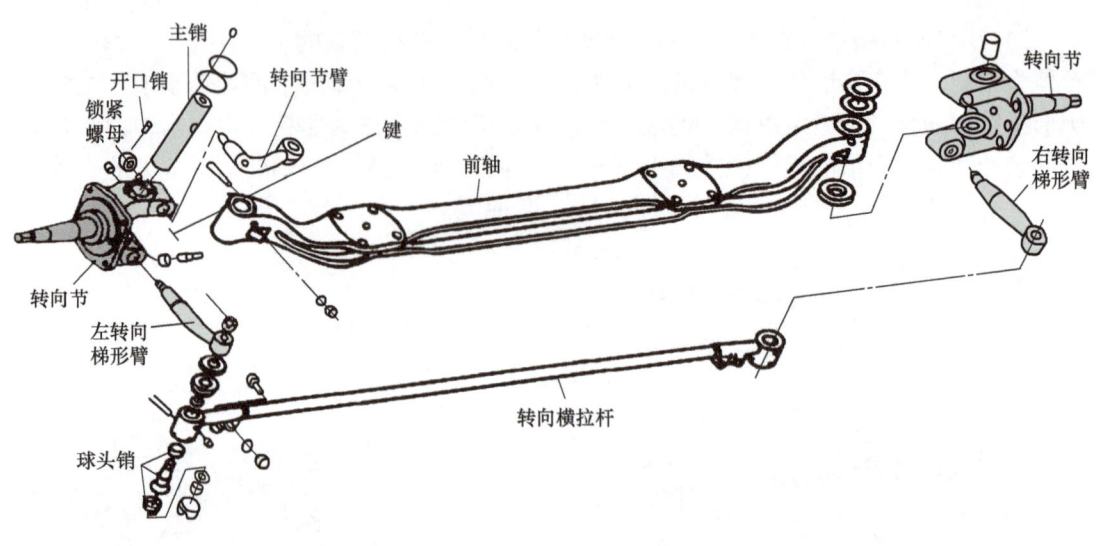

▲ 图 8-17 转向传动机构

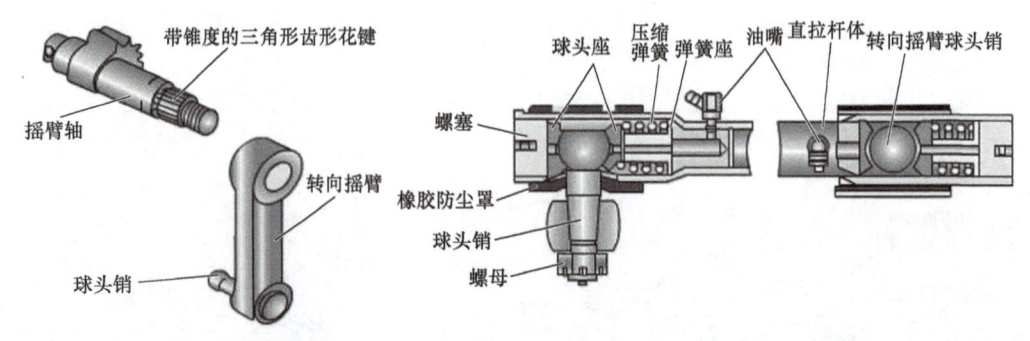

▲ 图 8-18 转向摇臂和转向直拉杆结构示意图

向减振器。转向减振器的一端与车身（或前桥）铰链连接，另一端与转向直拉杆（或转向器）铰链连接。转向减振器结构如图 8-19 所示。

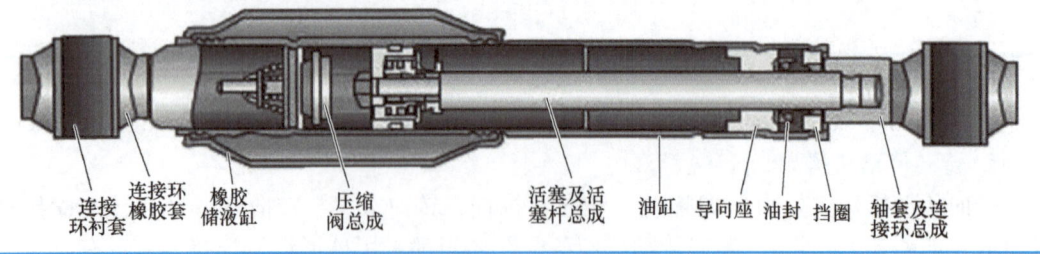

▲ 图 8-19 转向减振器结构示意图

任务实施

根据知识储备内容，实施汽车机械转向系统的认知实训，完成以下实训。

表 8-1 机械转向机的外部结构认知

一、选用的机械转向机品牌或使用车型：_____，类型：_____。

二、根据转向机实物认识下列零部件，并写出其位置及功用，完成后请在后面的□内打√。

1）转向盘：　　　　　　位置_____ 类型_____ 功能_____ □
2）转向柱管：　　　　　位置_____ 类型_____ 功能_____ □
3）转向轴：　　　　　　位置_____ 类型_____ 功能_____ □
4）转向器：　　　　　　位置_____ 类型_____ 功能_____ □
5）转向摇臂：　　　　　位置_____ 功能_____ □
6）转向直拉杆：　　　　位置_____ 功能_____ □
7）转向节臂：　　　　　位置_____ 功能_____ □
8）转向梯形臂：　　　　位置_____ 功能_____ □
9）转向横拉杆：　　　　位置_____ 功能_____ □
10）转向横拉杆调整螺母：位置_____ 功能_____ □

表 8-2 齿轮齿条转向器的认知

一、对照齿轮齿条转向器实物并结合下图，认识图中用序号标注的零部件，并按要求在空格处填写名称和功能，完成后请在后面的□内打√。

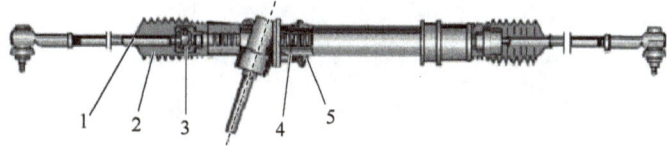

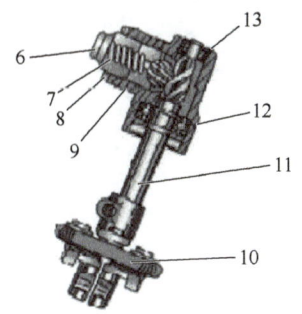

1—_____；功能_____ □
2—_____；功能_____ □
3—_____；功能_____ □
4—_____；功能_____ □
5—_____；功能_____ □
6—_____；功能_____ □
7—_____；功能_____ □
8—_____；功能_____ □
9—_____；功能_____ □

（续）

10—_____；功能_____ □
11—_____；功能_____ □
12—_____；功能_____ □
13—_____；功能_____ □

二、根据齿轮齿条式转向器的结构，描述出传动路线。
_____。

表 8-3　循环球式的认知

一、对照循环球式转向器实物并结合下图，认识图中用序号标注的零部件，并按要求在空格处填写名称和功能，完成后请在后面的□内打√。

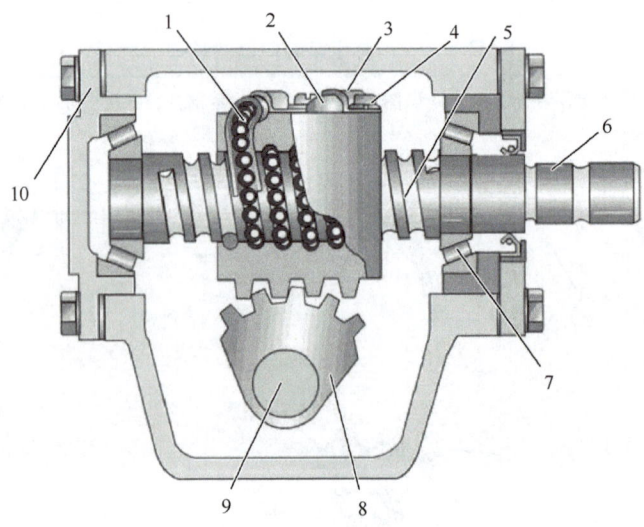

1—_____；功能_____ □
2—_____；功能_____ □
3—_____；功能_____ □
4—_____；功能_____ □
5—_____；功能_____ □
6—_____；功能_____ □
7—_____；功能_____ □
8—_____；功能_____ □
9—_____；功能_____ □
10—_____；功能_____ □

二、根据齿轮齿条式转向器的结构，描述出传动路线。
_____。

任务二　机械转向系统故障分析

1. 了解机械转向系统的故障现象。
2. 分析机械转向系统的故障原因。
3. 完成故障分析流程图。

一、转向沉重

1. 故障现象

汽车在行驶中，转动转向盘感到沉重费力，转弯后又不能及时回正方向。

2. 故障原因

（1）转向器的原因

1）转向器缺乏润滑油。

2）转向轴弯曲或转向轴管凹陷碰擦，有时会发出"吱吱"的摩擦声。

3）转向摇臂与衬套配合间隙过小或无间隙。

4）转向器输入轴上下轴承调整过紧，或轴承损坏受阻。

5）转向器啮合间隙调整过紧。

（2）转向传动机构的原因

1）各处球销缺乏润滑油。

2）转向直拉杆和横拉杆上球销调整过紧，压紧弹簧过硬或折断。

3）转向直拉杆或横拉杆弯曲变形。

4）转向节主销与衬套配合间隙过小，或衬套转动使油道堵塞，润滑油无法进入，使衬套与转向节主销烧蚀。

5）转向节止推轴承调整过紧或缺少润滑油或损坏。

6）转向节臂变形。

（3）前桥（转向桥）和车轮的原因

1）前轴变形、扭转，引起前轮定位失准。

2）轮胎气压不足。

3）前轮轮毂轴承调整过紧。

4）转向桥或驱动桥超载。

二、低速摆头

1. 故障现象

汽车在低速行驶时,感到方向不稳,产生前轮摆振。

2. 故障原因

1) 转向器传动副啮合间隙过大。
2) 转向传动机构横、直拉杆各球头销磨损松旷,弹簧折断或调整过松。
3) 转向节主销与衬套的配合间隙过大或前轴主销孔与主销配合间隙过大。
4) 前轮轮毂轴承装配过松或紧固螺母松动。
5) 后轮胎气压过低。
6) 车辆装载货物超长,使前轮承载过小。
7) 前悬架弹簧错位、折断或固定不良。

三、高速摆头

1. 故障现象

汽车出现转向盘发抖,车头在横向平面内左右摆动、行驶不稳等。此时有下面两种情况:

1) 在高速范围内某一转速时出现。
2) 转速越高,上述现象越严重。

2. 故障原因

1) 转向轮动不平衡。
2) 前轮定位不正确。
3) 车轮偏摆量大。
4) 转向传动机构运动干涉。
5) 车架、车桥变形。
6) 悬架装置出现故障(左右悬架刚度不等、弹簧折断、减振器失效、导向装置失效等)。

四、行驶跑偏

1. 故障现象

汽车直线行驶时,转向盘不居中间位置,必须紧握转向盘,预先校正一角度后,汽车才能保持直线行驶,若稍放松转向盘,汽车会自动向一侧跑偏。

2. 故障原因

1) 左右前轮气压不相等或轮胎直径不等。
2) 两前轮的定位角不等。
3) 两前轮轮毂轴承的松紧度不等。
4) 前束过大或过小。

5）前桥（整轴式）弯曲变形或下控制臂（独立悬架式）安装位置不一致。

6）前、后车轴不平行。

7）车架变形或左右轮距相差太大。

8）一边车轮制动拖滞。

9）转向轴两侧悬架弹簧弹力不等。

任务实施

根据转向系统常见故障分析填写转向系统故障诊断流程图。

一、转向沉重

转向沉重故障诊断流程图如图 8-20 所示，请在图中空白框内填写相关内容。

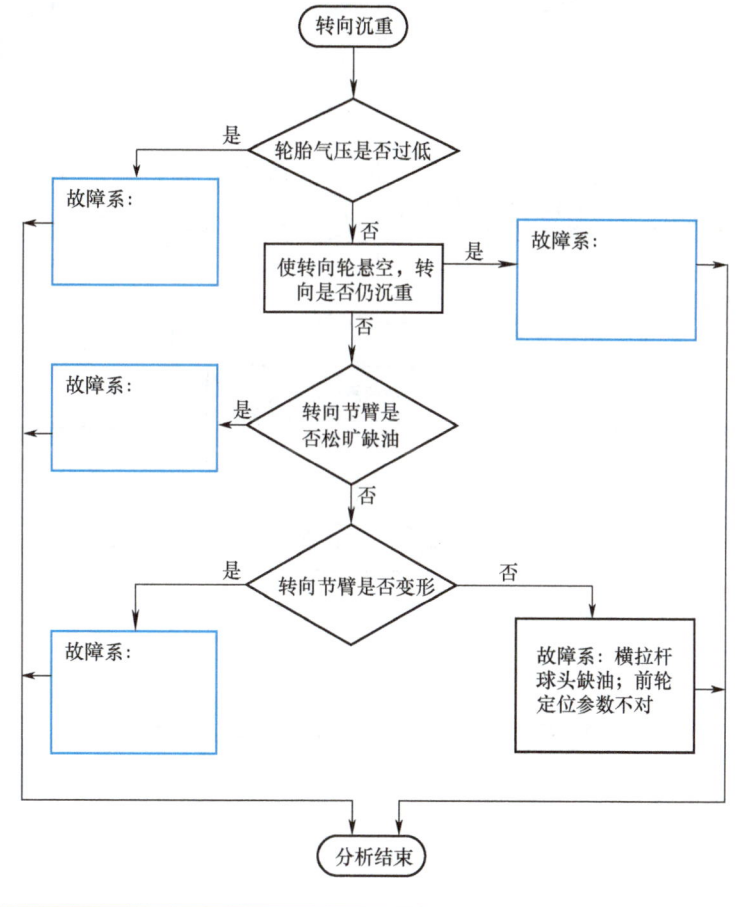

▲ 图 8-20　转向沉重故障诊断流程图

二、转向自由行程过大

转向自由行程过大故障诊断流程图，如图 8-21 所示，请在图中空白框内填写相关内容。

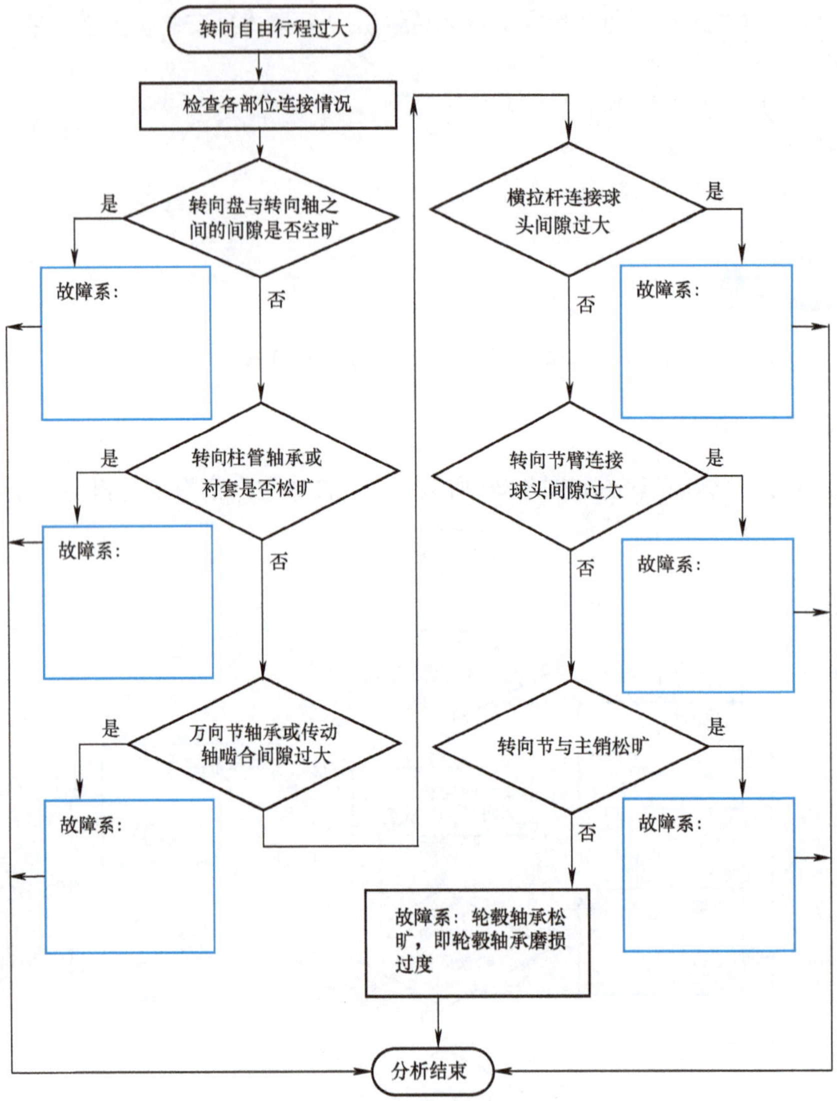

▲ 图8-21 转向自由行程过大故障诊断流程图

任务三　检修机械转向系统

 任务目标

1. 熟知机械转向系统的检查和常见故障的排除方法。
2. 进行机械转向机的维护检查。
3. 进行机械转向机的拆装。
4. 进行机械转向机的检测维修。

 知识储备

一、转向操纵机构的维护与检修

1. 转向柱与转向柱管的检查

1）检查转向柱与转向柱管的变形与损坏情况，不允许补焊或校正，若变形或损坏严重必须更换。检查转向柱轴承的磨损与烧蚀情况，严重时应更换。

2）检查转向柱上支承环的磨损与损坏情况，严重时应更换。

3）检查转向柱上的安全销是否损坏，橡胶衬套或聚乙烯套管是否损坏，检查橡胶支承环是否老化、损坏，检查弹簧是否损坏或弹力减弱，如出现以上损伤，应更换。

2. 转向传动轴万向节的检查

用手检查万向节在十字轴的两个方向的径向间隙，若发现有间隙时，应更换万向节的轴承。拆卸万向节时，先将轴承拆下，再拆下十字轴，注意拆前做好万向节与传动轴的对正标记。装配时，应先将万向节与传动轴的标记对准，先装上十字轴，然后用台虎钳压入轴承。

3. 安全柱销及橡胶支承套的检查

检查转向柱上的安全销是否损坏，橡胶衬套及聚乙烯套管是否损坏；检查橡胶支承环是否老化、损坏；检查弹簧是否损坏或弹力减弱。

二、转向传动机构的维护与检修

1. 转向传动机构的维护

转向传动机构的维护主要是各球头的检查和润滑。

2. 最大转向角的检查与调整

（1）检查方法　检查时，先用举升器将汽车前桥顶起，使两前轮离地处于直线行驶位置，然后在左或右轮胎下垫一平木板，在平木板上固定一张白纸，用直尺靠紧轮胎外边缘在白纸上画出与车轮平行的直线。把转向盘向左或向右转到极限位置，用上述方法做出第二条直线，然后用角尺量出两直线间的夹角，即为最大转向角。若测量结果不符合要求，应进行调整。

（2）调整方法

1）松开调整装置的锁紧螺母。

2）通过对调整装置的调整，使最小转弯直径符合规定，将转向盘往左、右转到极限位置后，车轮不应触及翼子板等其他机件。

3）调好后扭紧调整装置的锁紧螺母。

3. 转向横拉杆的检查

1）检查横拉杆是否弯曲，不严重时，可校正，严重时应更换；检查调整螺栓的螺纹是否损坏。

2）检查转向横拉杆内、外球头销的转动力矩和摆动力，应符合要求。

3）检查转向横拉杆内衬套是否损坏老化，如有应及时更换。

4. 转向减振器的检查

1）检查转向减振器是否漏油，并检查转向减振器的油量是否符合规定。

2）检查转向减振器的行程是否符合规定，否则更换。

3）检查转向减振器的阻尼力，应在试验台上进行。

4）检查转向减振器的支承是否开裂，以及检查转向减振器端部的橡胶衬套是否损坏老化，如有应及时更换。

5. 连接支架的检查

检查连接支架有无断裂和变形现象，如有应及时更换。

6. 转向摇臂轴及滚轮的检修

1）摇臂轴与衬套的配合间隙应为 0.03～0.07mm。如过大，会增大转向盘的游动间隙，应更换衬套。新套与座孔应有 0.06～0.62mm 的过盈配合。摇臂轴磨损超过 0.15mm 时应修复或更换，摇臂轴弯曲时应予校正。

2）滚轮与轴承的配合间隙应为 0.04mm，转动应灵活。如有松旷，转向盘的游动间隙将会增大。其轴向间隙不大于 0.15mm，径向间隙不大于 0.20mm，否则应修理或更换轴承。

3）摇臂轴的轴颈磨损超过 0.05mm，可镀铬修复。摇臂轴的花键齿扭曲大于 1mm 时应更换。

4）摇臂花键孔磨损后，以致花键轴端面伸出花键孔端面时，应更换。

三、齿轮齿条式转向器的检修

1）分解清洗后，检查转向齿轮与齿条有无磨损与损坏，转向器壳体上是否有裂纹，注意转向器上的零部件不允许焊接或校正，只能更换。

2）检查转向齿条是否挠曲，齿面是否磨损或损坏，齿条背面是否磨损或损坏。齿条的挠曲可按图 8-22 所示进行检查，齿条挠度极限值为 0.15mm。如挠度超过规定值，则应更换齿条。要注意清洁齿条时，不可使用钢丝刷。

3）检查转向齿条衬套是否磨损或损坏。如有不良情形，则应更换转向器壳体。

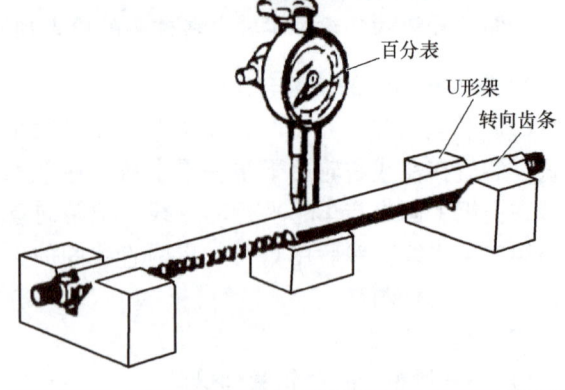

▲ 图 8-22 齿条的挠曲检查

4）检查转向齿条导向座或压缩衬套是否磨损或损坏，检查齿条导向座弹簧是否弹性减弱。如有不良情形，则予以更换。

四、循环球式转向器的检修

1. 转向器壳体及盖的检修

转向器壳体和盖的裂纹可用渗透探伤等方法检验。如有裂纹，一般应予以更换。裂纹不大时，允许焊补。转向摇臂衬套磨损应更换。衬套压入的过盈量一般为 0.05~0.08mm。转向器壳体与盖整个接合面的平面度误差不得大于 0.1mm，否则应进行修磨。

2. 传动副的检修

蜗杆和摇臂轴经探伤检查不得有裂纹，否则应报废。摇臂轴花键应无明显扭曲，螺纹损伤不多于 2 牙。检查止推轴承、扇形齿轮轴、滚针轴承有无损伤、凹陷、锈蚀及裂纹等情况，必要时应更换。

转向螺母的滚道应无金属剥落，滚球规格及数量应符合原设计规定，直径差不大于 0.01mm。滚球与滚道配合间隙可用百分表抵住螺母，通过径向摆动螺母进行检查，其方法如图 8-23 所示，其值应不大于 0.05mm。

3. 转向轴及蜗杆的检修

转向轴在使用中，由于装蜗杆的根部啮合受力会产生弯曲变形，其根部的不直度超过 0.25mm，或转向轴中部的不直度大于 0.17mm 时，应进行冷压校正。若转向轴为空心轴时，转向轴中部弯曲的校正应先在转向轴内充满细沙，然后进行校正。

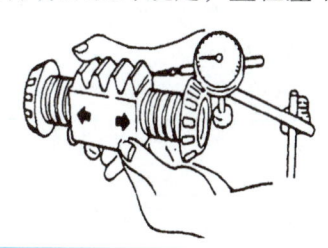

▲ 图 8-23　滚球与滚道配合间隙的检查

用百分表检查转向螺杆的圆跳动。利用百分表与 V 形铁测量转向螺杆轴颈对中心的跳动量，该值不得大于 0.08mm，否则需校正。

任务实施

根据知识储备内容，实施汽车机械转向系统的认知实训，完成以下实训（表 8-4 ~ 表 8-9）。

表 8-4　维护检查作业表

选用的转向机品牌或使用车型号：＿＿＿＿＿＿＿＿＿＿，类型：＿＿＿＿＿。					
序号	检查项目	内　　容	检查结果	故障评估	解决方案
1	转向盘摆动检查	左右转动是否摇晃			
		上下推动是否有松旷			
2	转向柱管的检查	转向柱上支承环			
		转向柱管是否有变形损坏情况			
3	转向传动轴万向节的检查	万向节连接是否松旷			
4	安全柱销及橡胶支承套的检查	是否老化、损坏			
5	转向节球头的检查	防尘罩是否破损			
		球头是否缺润滑油			
		球头是否松旷			

表 8-5 转向机拆卸表

步骤	作业内容	完成情况
1	准备工具	工具：
2	拉紧驻车制动，用三角木固定车轮	□ 完成　□ 基本完成　□ 未完成
3	用千斤顶顶起前桥，拆掉左前轮	□ 完成　□ 基本完成　□ 未完成
4	拆卸直拉杆球头销螺栓，压出球头销	□ 完成　□ 基本完成　□ 未完成
5	拆掉转向器固定螺栓，拿下转向器	□ 完成　□ 基本完成　□ 未完成
6	清洁转向器	□ 完成　□ 基本完成　□ 未完成
7	整理工具，清洁现场	□ 完成　□ 基本完成　□ 未完成

表 8-6 齿轮齿条转向器拆卸表

步骤	作业内容	完成情况
1	准备工具	工具：
2	清洗转向器	□ 完成　□ 基本完成　□ 未完成
3	拆卡箍，取下防尘罩	□ 完成　□ 基本完成　□ 未完成
4	拧下横拉杆	□ 完成　□ 基本完成　□ 未完成
5	拧下调整锁紧螺母	□ 完成　□ 基本完成　□ 未完成
6	拧下调整螺母	□ 完成　□ 基本完成　□ 未完成
7	取出压力弹簧和 U 形压块	□ 完成　□ 基本完成　□ 未完成
8	取下转向螺杆油封和卡簧	□ 完成　□ 基本完成　□ 未完成
9	取出转向螺杆和轴承	□ 完成　□ 基本完成　□ 未完成
10	取出转向齿条	□ 完成　□ 基本完成　□ 未完成
11	零配件装箱，整理工具，清洁现场	□ 完成　□ 基本完成　□ 未完成

表 8-7 循环球式转向器拆卸表

步骤	作业内容	完成情况
1	准备工具	工具：
2	清洗转向器	□ 完成　□ 基本完成　□ 未完成
3	将转向器旋转到中间位置	□ 完成　□ 基本完成　□ 未完成
4	拆掉转向器侧盖螺栓	□ 完成　□ 基本完成　□ 未完成
5	松开锁紧螺母，用螺钉旋具拆掉齿扇调整螺钉	□ 完成　□ 基本完成　□ 未完成
6	从齿扇固定轴的缺口处取下调整螺钉	□ 完成　□ 基本完成　□ 未完成
7	从转向器壳体侧面取出齿扇	□ 完成　□ 基本完成　□ 未完成
8	拆掉转向器上盖螺栓	□ 完成　□ 基本完成　□ 未完成
9	取出转向螺杆和轴承	□ 完成　□ 基本完成　□ 未完成
10	零配件装箱，整理工具，清洁现场	□ 完成　□ 基本完成　□ 未完成

表 8-8 循环球式转向器检测表

检测项目	使用工量具	测量值	参考值	处理方案
转向自由度的检测				
转向螺杆的跳动检测				
传动副间隙的检测				

表 8-9 转向机装配表

步骤	作业内容	完成情况
1	准备工具	工具：
2	按照拆卸的倒序方式装配转向器	☐ 完成 ☐ 基本完成 ☐ 未完成
3	按照拆卸的倒序方式装配转向机	☐ 完成 ☐ 基本完成 ☐ 未完成
4	各球头连接处和万向节连接处加注润滑脂	☐ 完成 ☐ 基本完成 ☐ 未完成
5	调整转向自由行程	☐ 完成 ☐ 基本完成 ☐ 未完成
6	调整左右转向角	☐ 完成 ☐ 基本完成 ☐ 未完成
7	起动车辆	☐ 完成 ☐ 基本完成 ☐ 未完成
8	低速行驶，左右转向验证是否满足要求	☐ 完成 ☐ 基本完成 ☐ 未完成
9	整理工具，清洁现场	☐ 完成 ☐ 基本完成 ☐ 未完成

项目考核与评价

填空题

1. 转向盘主要由_____、_____和_____组成。
2. 转向轴与转向器连接的方式有_____和_____两种。
3. 汽车在发生碰撞时，缓冲吸能式操纵机构受到冲击时具有_____和_____，以减轻驾驶员受伤的程度。
4. 转向传动机构中各杆件之间都采用_____连接。
5. 转向传动机构的组成和布置因_____和_____不同而异。
6. 检修横拉杆时，检查拉杆应无损伤，检查球头销座_____、_____，注塑球座无明显磨损现象，螺纹损伤不大于_____牙，球头销锥颈小端应低于锥孔上端_____ mm。
7. 齿轮齿条式转向器主要由_____和_____啮合传动的。
8. 齿轮齿条式转向器按其结构形式可分为_____和_____两种。
9. 齿轮齿条式转向器中齿条挠度极限值为_____ mm。
10. 循环球式转向器主要由_____、_____、_____和_____等组成。
11. 循环球式转向器一般采用两级传动：第一级为_____；第二级为_____。循环球式转向器所有钢球在螺旋管状通道内滚动，形成_____。

12. 循环球式转向器滚球与滚道配合间隙值应不大于_____ mm。
13. 用百分表检查转向螺杆的圆跳动值不得大于_____ mm。

机械转向系统的检修项目学习评价表

班　　级		姓　　名		学　　号		总　　评	
项目	自我评价 20%		小组评价 30%		教师评价 50%		小计
任务一							
任务二							
任务三							
评语							
学生总结							

项目九
动力转向系统的检修

任务一　认知动力转向系统

任务目标

1. 了解动力转向系统的工作原理和结构特性。
2. 掌握液压助力转向系统的组成。
3. 掌握电动助力转向系统的组成。

 知识储备

一、概述

动力转向系统是将发动机输出的部分机械能转化为压力能（或电能），并在驾驶员控制下，对转向传动机构或转向器中某一传动件施加不同方向的辅助作用力，使转向轮偏摆以实现汽车转向的一系列装置。动力转向系统由机械转向系统和转向加力装置组成，即在机械转向系统的基础上加装一套动力（助力）装置。

动力转向系统的作用：减轻驾驶员的转向操纵力，提高驾驶舒适性。

二、动力转向系统的分类

动力转向系统按其能源的不同可分为液压助力转向系统、气压助力转向系统和电动助力转向系统。现在轿车常用液压助力转向系统和电动助力转向系统。

三、动力转向系统的要求

1）动力转向系统只有在汽车转向时才提供转向力。
2）动力转向系统的响应要迅速。
3）根据汽车转向阻力的不同，动力转向系统应有不同的输出力。车速低或路面条件不好时，动力转向系统的输出力要大，要提供大部分的转向力；车速高时，动力转向系统的输出力要小，避免驾驶员失去转向路感。
4）动力转向系统密封要好，避免漏油。

四、液压助力转向系统

液压助力转向系统按其能源的不同可分为机械液压助力转向系统和电控液压助力转向系统。

1. 机械液压助力转向系统

机械液压助力转向系统是在机械转向系统的基础上加装一套液压助力（动力）转向

装置。液压助力转向装置包括动力缸、转向液压泵、转向柱、转向传动轴、储油罐及油管等，如图9-1所示。

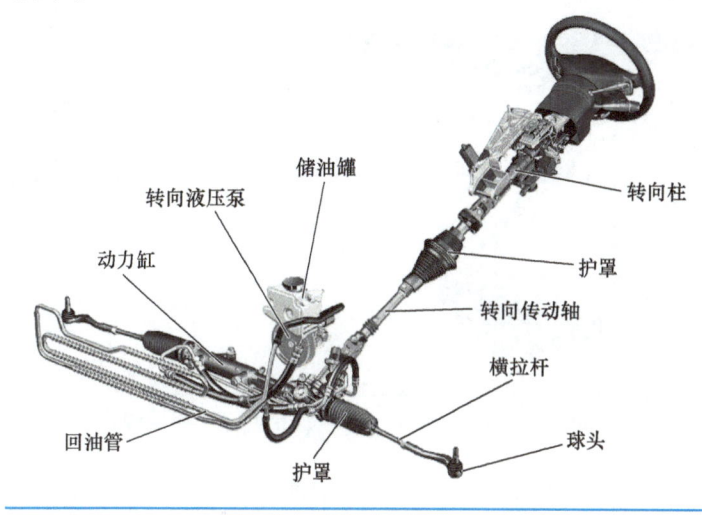

▲ 图 9-1　捷达轿车机械液压助力转向系统

2. 齿轮齿条式整体动力转向器工作原理

捷达轿车齿轮齿条式整体动力转向器工作原理如图9-2所示。

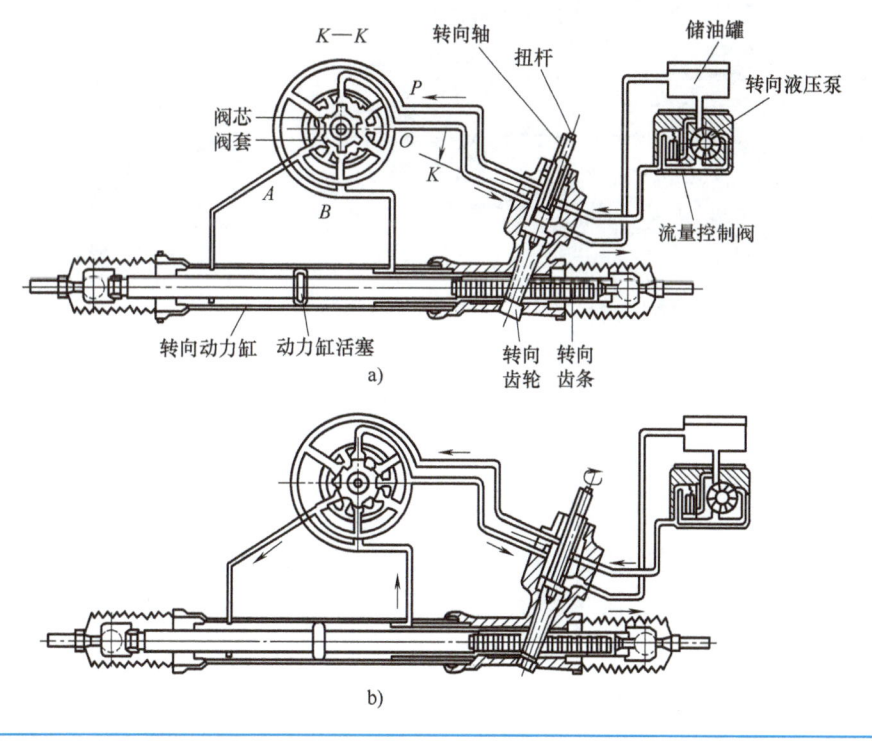

▲ 图 9-2　捷达轿车齿轮齿条式整体动力转向器零件分解图

3. 循环球式整体动力转向器工作原理

汽车直线行驶时转向控制阀（转阀组件）处于中位，由转向液压泵供油流入进油口

149

进入阀腔。此时，通往前后两动力缸的转阀处于开启状态，两腔的压力相等，因此动力缸活塞不运动，不起助力作用，如图9-3所示。

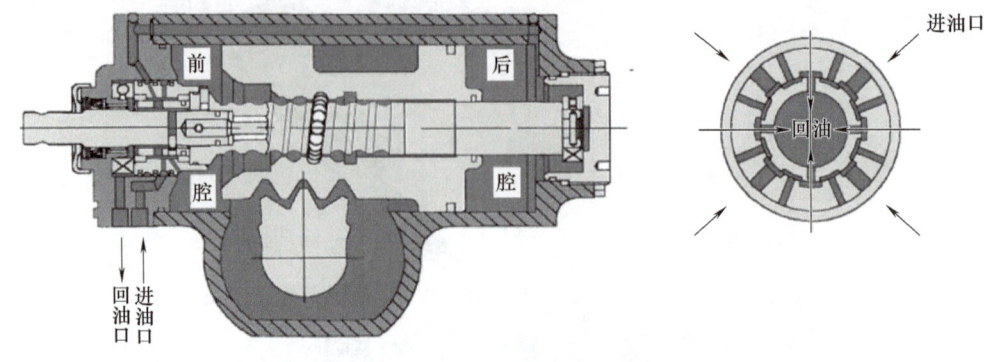

▲ 图9-3 汽车直线行驶时转向控制阀工作示意图

当汽车需要转向时，由于转向盘的力矩与地面摩擦阻力两个反向力矩的作用，使转阀开启，转阀使上腔或下腔其中一腔产生高压油，另一腔油液为低压。两腔之间便产生压差，拖动转向螺母（活塞）向低压腔方向移动，并带动摇臂轴将产生的油压助力传递到拉杆部件上，帮助轮胎克服地面摩擦阻力实现转向，如图9-4所示。

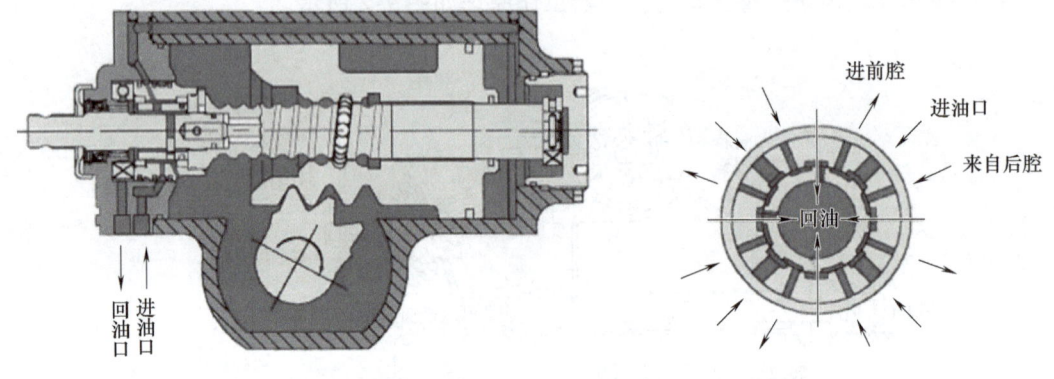

▲ 图9-4 汽车转向行驶时转向控制阀工作示意图

4. 助力装置的布置

液压动力转向系统中，根据机械转向器、转向控制阀和转向动力缸三者的结构和连接关系不同，分为四种布置方案。

1）机械转向器、转向控制阀和转向动力缸三者组合成为一体，称为整体式动力转向器，如图9-5a所示。

2）机械转向器的壳体作为动力缸，动力缸活塞和机械转向器的螺母合为一体，将动力腔分为左、右两腔；机械转向器与转向控制阀两者组合成为一体，称为半整体式动力转向器，如图9-5b所示。

3）转向动力缸和转向控制阀两者组合成为一体，称为转向加力器，如图9-5c所示。

4）分离式液压动力转向系统的机械转向器、辅助控制阀、转向动力缸三者各自独立。

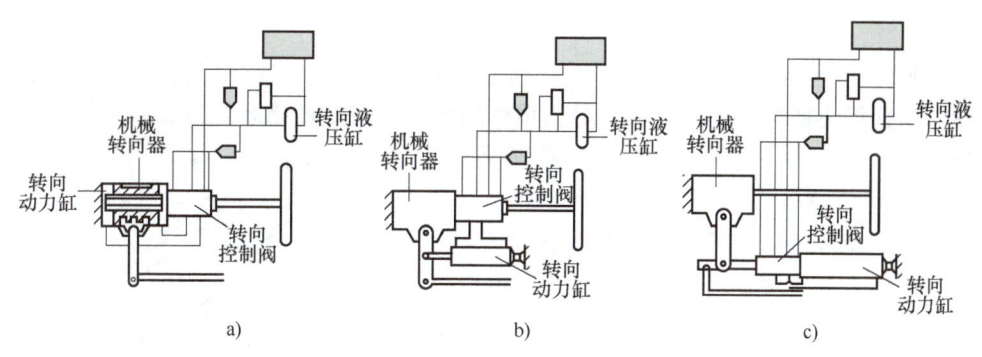

▲ 图 9-5　转向机构布置示意图

a）整体式动力转向器　b）半整体式动力转向器　c）转向加力器

五、液压转向元件的工作原理

转向泵又称转向液压泵，它是液压助力式转向系统的动力源。其作用是将输入的机械能转换为液压能。通常情况下，转向液压泵安装在发动机前侧或两侧，由发动机曲轴通过传动带驱动。

转向液压泵的常见形式有叶片泵、齿轮泵、滚柱式泵和径向滑块式泵四种。其中，以齿轮泵和叶片泵应用最多。

1. 齿轮泵

汽车动力转向系统中应用的最多的是外啮齿轮式转向液压泵。图 9-6 为液压泵的结构图。

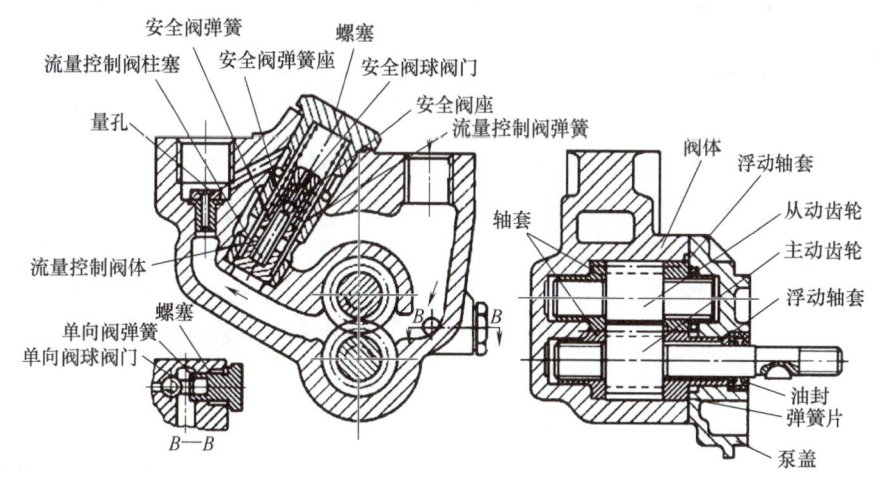

▲ 图 9-6　液压泵的结构图

转向液压泵的流量与齿轮转速成正比。转向液压泵的输出压力取决于液压系统的负荷（即动力缸活塞所受的运动阻力）。该液压泵内部装有流量控制阀和安全阀。差压式的流量控制阀装在液压泵进油腔和出油腔之间，与液压泵齿轮副并联。安全阀则位于流量控制阀内。

2. 叶片泵

叶片泵的定子具有圆柱形的内表面，转子上均布叶片槽，矩形叶片安放在转子上的叶片槽内，并可在槽内滑动。叶片泵分为单作用叶片泵和双作用叶片泵。

当转子转一圈时，液压泵每一工作容积吸、排油各一次，称为单作用叶片泵，如图9-7所示。

当转子每旋转一周，每个工作腔都各自吸、压油两次，称为双作用叶片泵，如图9-8所示。

3. 流量控制阀

流量控制阀一般组装在转向泵内部，位于转向液压泵进油口和出油口之间，与转向液压泵齿轮并联。流量控制阀体内的柱塞在弹簧的作用下处于下极限位置。柱塞下方通转向液压泵出油腔，上方通转向液压泵出油口，如图9-9所示。

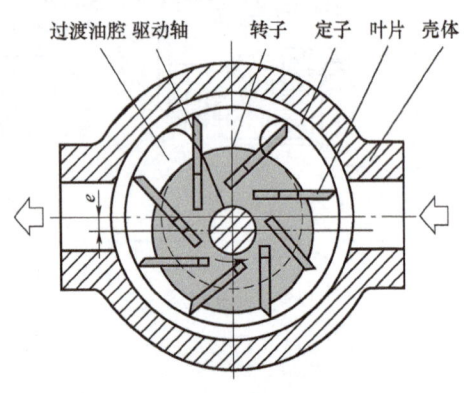

▲ 图9-7 单作用叶片泵结构示意图

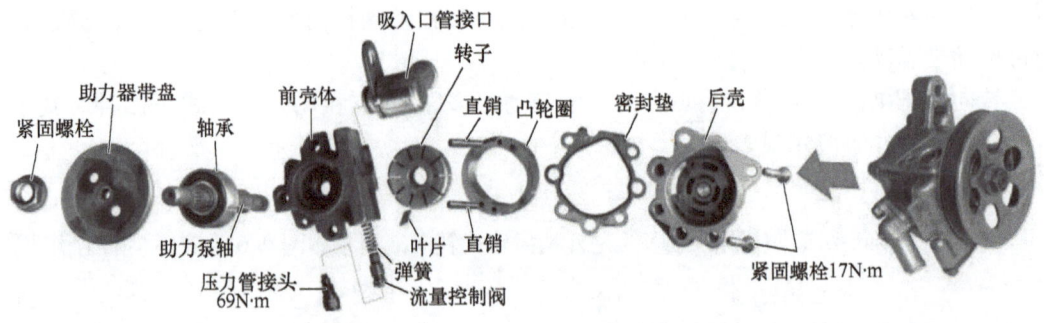

▲ 图9-8 双作用叶片泵

工作原理：差压式的流量控制阀装在液压泵进油腔和出油腔之间，与液压泵齿轮副并联。在液压泵流量增大到规定值时，柱塞两端压力差的作用力克服弹簧的预紧力，将柱塞向上推，液压泵出油腔即与进油腔相通。于是出油腔中的一部分油液便经流量控制阀流到进油腔，液压泵流量减小。流量减小到一定值后，量孔内外两侧的压力差不足以平衡弹簧力，柱塞便被弹簧推下，重新切断进油腔到出油腔的通路，流量增大。

作用：限制转向液压泵最大流量。

4. 安全阀

安全阀则位于流量控制阀内，用螺纹固定在流量控制阀柱塞上端。球阀门及弹簧所处的柱塞内腔与液压泵进油腔相通；球阀门上方油腔经泵体内的油道通向量孔外的出油口。液压泵输出压力升高到规定的最高值时，球阀开启，将出油口与进油腔接通，使出油口压力降低。

5. 转向控制阀

转向控制阀是用来控制液压助力装置的油液流动方向的阀，从而控制转向助力装置的工作形式。常见的控制阀按其结构类型可分为滑阀式和转阀式两种。其中转阀式控制阀在动力转向系统中运用较多。

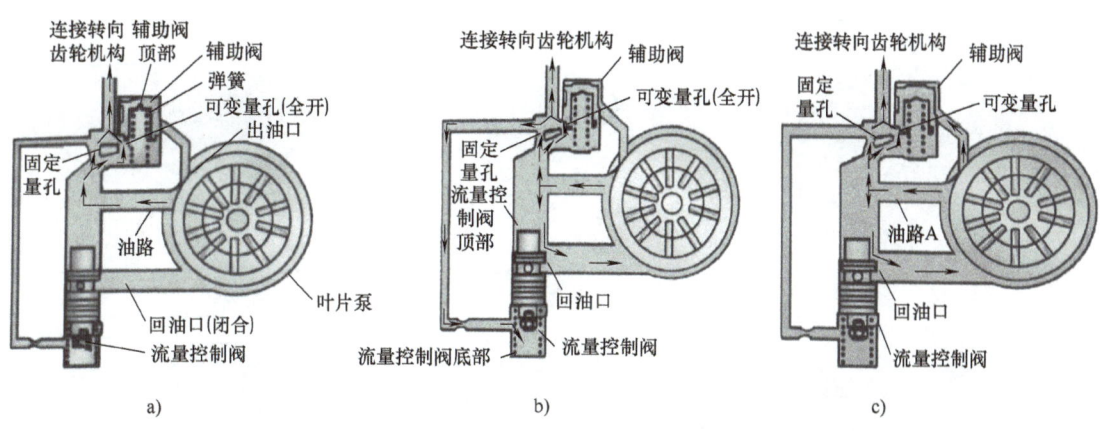

▲ 图 9-9 流量控制阀运转工作情况示意图
a) 低速运转时工作情况 b) 中速运转时工作情况 c) 高速运转时工作情况

（1）滑阀式转向控制阀 阀体沿轴向移动来控制油液流量的转向控制阀，称为滑阀式转向控制阀，简称滑阀。图 9-10 为滑阀的结构和工作原理图。

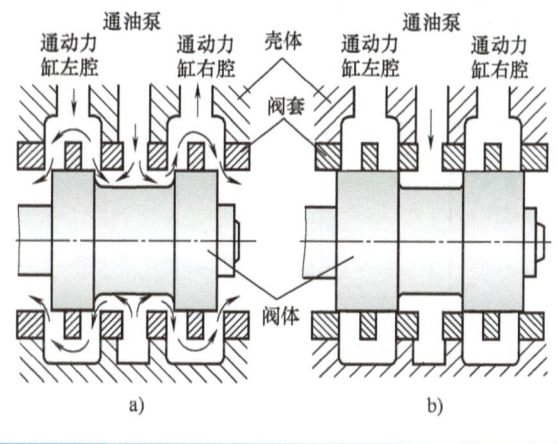

▲ 图 9-10 滑阀的结构和工作原理
a) 常流式滑阀 b) 常压式滑阀

（2）转阀式转向控制阀 阀体绕其轴线转动来控制油液流量的转向控制阀，称为转阀式转向控制阀，简称转阀，如图 9-11 所示。

当转动转向盘时，通过扭杆产生的扭转力使阀芯转动很小的角度。随着阀芯转动，不同孔道被打开或者被关闭，以便使压力油流到活塞总成需要的一侧；如果转向盘向相反方向转动，压力油流到活塞总成的另一侧。转阀的工作原理如

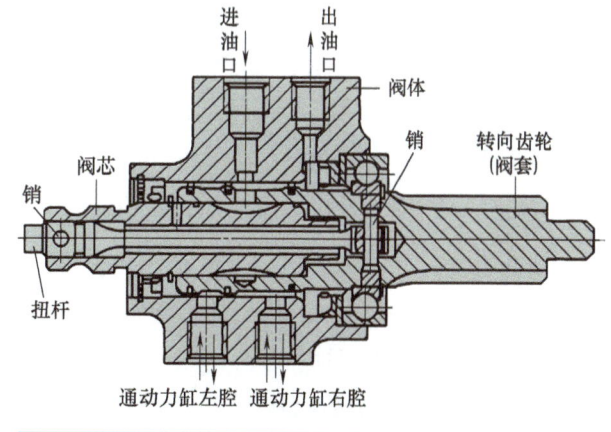

▲ 图 9-11 转阀的结构

图 9-12 所示。

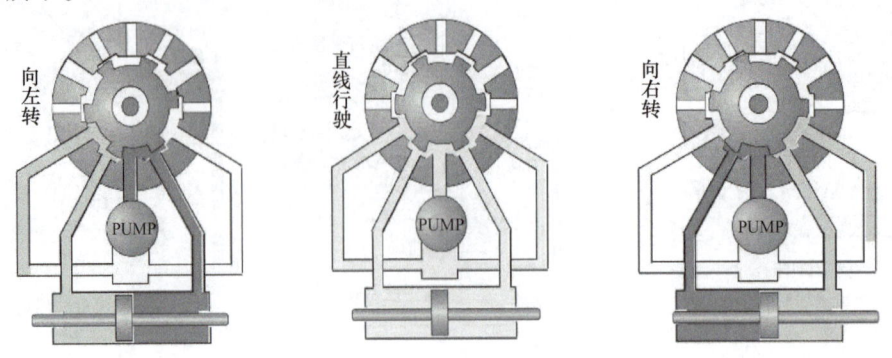

▲ 图 9-12　转阀的工作原理

6. 储油罐、转向油管

液压动力转向系统还有储油罐、转向油管等其他部分。储油罐的作用是用来储存、滤清、冷却加力装置的油液，其结构如图 9-13 所示。转向油管的作用是将压力油液从转向泵传递给转向控制阀、转向器等，并将回路油液最终导回储油罐。

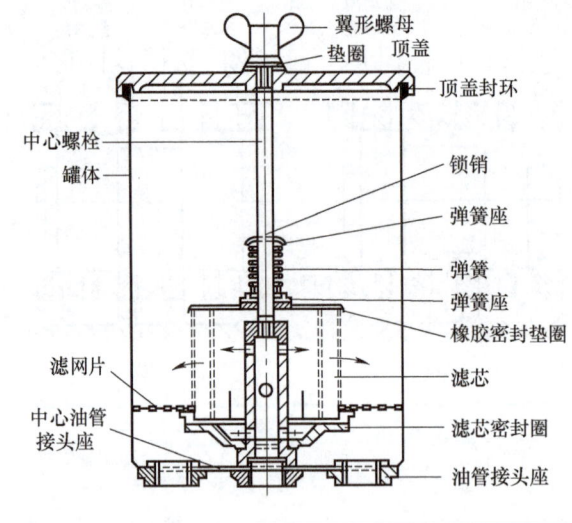

▲ 图 9-13　储油罐的结构

六、电动助力转向系统

1. 概述

电动助力转向（简称 EPS）系统利用直流电动机提供转向动力，辅助驾驶员进行转向操作。EPS 系统根据其助力机构的不同可以分为电动液压式（简称 EPHS）和电动机直接助力式电动转向系统两种。

2. 电动液压式助力转向系统

电动液压式助力转向系统的液压泵（齿轮泵）通过电动机驱动，与发动机在机械上毫无关系，助力效果只与转向盘角速度和行驶速度有关，是典型的可变助力转向系统。其特点是由 ECU 提供供油特性，汽车低速行驶时助力作用大，驾驶员操纵轻便灵活；在高速行驶时转向系统的助力作用减弱，驾驶员的操纵力增大，具有明显的"路感"，既保证转向操纵的舒适性和灵活性，又提高了高速行驶中转向的稳定性和安全感。

电动转向系统

电动液压式助力转向系统可分为流量控制式和反力控制式两种方式。

（1）流量控制式　这是一种通过车速传感器调节向动力转向装置供应压力油，改变压力油的输入、输出流量，以控制操纵力的方法。这种方法的优点是在原来动力转向基础上增加了压力油流量控制功能。即增加一个旁通流量控制阀，图 9-14 所示。

（2）反力控制式　这是一种利用车速传感器、油压反作用力，改变压力油输入、输出的增溢幅度以控制转向操纵力的方法。

3. 直接助力式电动转向系统

直接助力式电动转向系统如图 9-15 所示。主要由转矩传感器、ECU、助力电动机和电磁离合器等组成。当操纵转向盘时，ECU 根据转矩传感器和车速传感器信号，选定助力电动机的电流和转向，调整转向助力的大小。助力电动机的转矩由电磁离合器通过减速机构减速增矩后，加在转向机构上，使之得到一个与汽车工况相适应的转向作用力。

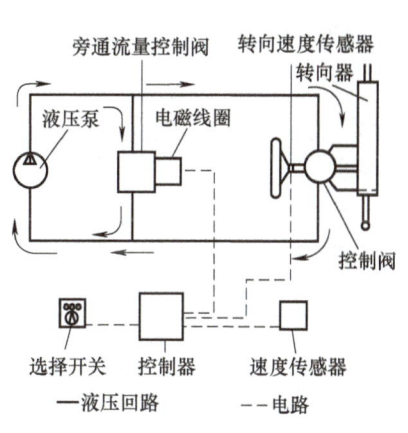

▲ 图 9-14　流量控制式

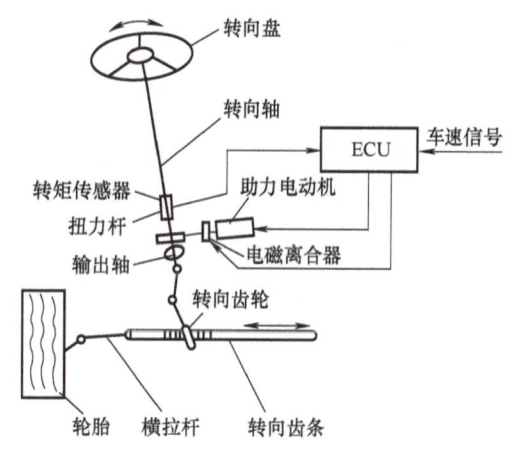

▲ 图 9-15　直接助力式电动转向系统示意图

直接助力式电动转向系统不再使用液压装置，完全依靠助力电动机实现动力转向，使结构更加紧凑。

根据助力电动机布置位置的不同，直接助力式电动转向系统可以分为转向轴助力式、齿轮助力式、齿条助力式三种类型，如图 9-16 所示。

4. 直接助力式电动转向系统的优缺点

（1）优点　效率高、能量消耗少；系统内部采用刚性连接，反应灵敏，滞后小，驾驶员的"路感"好；结构简单，质量小；系统便于集成，整体尺寸减小；省去了液压泵和辅助管路，总体布置更加方便；无液压元件，对环境污染少。

（2）缺点　直接助力式电动转向系统提供的辅助动力较小，难以用于大型车辆；减

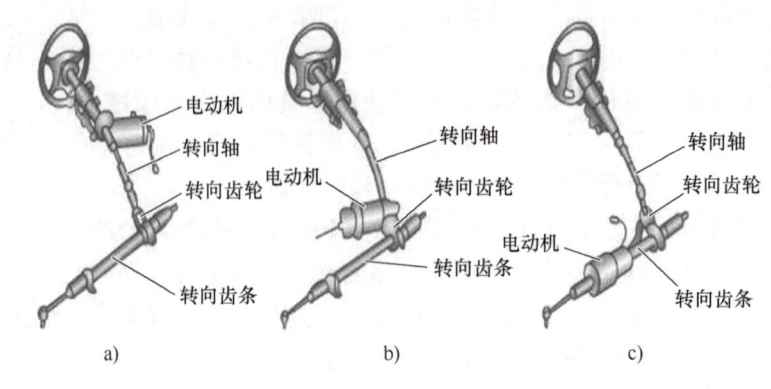

▲ 图9-16 直接助力式电动转向系统的类型
a）转向轴助力式　b）齿轮助力式　c）齿条助力式

速机构、电动机等部件会影响汽车的操纵稳定性，正确匹配整车性能至关重要；使用电动机、减速机构和转矩传感器等部件，增加了系统的成本。

 **任务实施**

根据知识储备内容，实施动力转向系统的认知实训，完成以下实训。

表9-1　动力转向系统结构认识作业表

一、选用的动力转向系统品牌或使用车型：_____，类型：_____。
二、根据实物认识下列零部件，并写出其位置及功用，完成后请在后面的□内打√。

    1. 储油罐：　　位置_____　　功能_____　　□
    2. 液压泵：　　位置_____　　功能_____　　□
    3. 高压油管：　位置_____　　功能_____　　□
    4. 低压油管：　位置_____　　功能_____　　□
    5. 回油管：　　位置_____　　功能_____　　□
    6. 转向控制阀：位置_____　　功能_____　　□
    7. 动力缸：　　位置_____　　功能_____　　□
    8. 动力缸油管：位置_____　　功能_____　　□

任务二　动力转向系统故障分析

 **任务目标**

1. 了解动力转向系统的故障现象。
2. 分析动力转向系统的故障原因。
3. 完成故障分析流程图。

任务描述

对汽车动力转向系统故障现象，进行故障原因的分析，完成故障分析流程图。

知识储备

一、动力转向系统转向沉重故障的诊断与排除

1. 故障现象

装有动力转向系统的汽车，在行驶中突然感到转向沉重。

2. 故障原因

一般是液压转向助力系统失效或助力不足所造成的，其根本原因在于液压不足。引起转向系统液压不足的主要因素有：

1）储油罐缺油或油液高度低于规定要求。
2）液压回路中渗入了空气。
3）液压泵驱动带过松或打滑。
4）各油管接头处密封不良，有泄漏现象。
5）油路堵塞或滤油器污物太多。
6）液压泵磨损、内部泄漏严重。
7）液压泵安全阀泄漏、弹簧弹力减弱或调整不当。
8）动力缸或转向控制阀密封损坏。

3. 故障诊断与排除

（1）检查转向液压泵驱动部分的情况

1）用手压下转向液压泵的驱动带，检查驱动带的松紧度，若驱动带过松，应调整。
2）起动发动机，使发动机处于怠速运转，突然提高发动机的转速，检查转向液压泵驱动带有无打滑现象，其他驱动形式的齿轮传动有无损坏，发现问题后应按规定更换性能不良的部件。

（2）检查储油罐　检查储油罐内的油液质量和液面高度，若油液变质则应重新更换规定的油液，若只是液面低于规定高度，应加油使油面达到规定位置。

（3）检查储油罐内的滤清器

1）若发现滤网过脏，说明滤清器堵塞，应清洗。
2）若发现滤网破裂，说明滤清器损坏，应更换。

（4）检查油路　检查油路中是否渗入空气，如果发现储油罐中的油液有气泡，说明油路中有空气渗入，应检查各油管接头和接合面的螺栓是否松动，各密封件是否损坏，有无泄漏现象，油管是否破裂等。

（5）检查各油管接头　检查各油管接头等处有无泄漏，油路中是否有堵塞，查明故障后按规定力矩拧紧有关接头或清除污物。

（6）对转向液压泵进行输出油压检查　如果转向液压泵输出压力不足，说明转向液压泵有故障，此时应分解转向液压泵，检查转向液压泵是否磨损或内部泄漏严重、安全阀是否泄漏或卡滞、弹簧弹力是否减弱或调整不当、各轴承是否烧结或严重磨损等。对于叶片泵还应检查转子上的密封环或油封是否损坏，对于齿轮泵应检查齿轮间隙是否过大等，查明故障后予以修理，必要时更换转向液压泵。

二、动力转向系统左右转向轻重不同故障的诊断与排除

1. 故障现象

汽车行驶时，向左和向右转向操纵力不相等。

2. 故障原因

1）转向控制阀阀芯（或滑阀）偏离中间位置，或虽然在中间位置但与阀体槽肩的缝隙大小不一致。

2）控制阀内有污物阻滞，使左右转动阻力不同。

3）液压系统中动力缸的某一油腔渗入空气。

4）油路漏损。

5）调整螺母调整不当。

3. 故障诊断与排除

这种故障多是油液脏污所致，应按规定更换新油后再进行检查。

1）如果油质良好或更换新油后故障没有消除，应对液压系统进行排气并检查系统有无油液泄漏，液压系统中出现泄漏时，应更换泄漏部位的零部件。

2）如果故障仍不能排除，则可能是由于控制阀居中定位不良造成的。滑阀式转向控制阀可在动力转向器外部进行故障排除，通过改变转向控制阀阀体的位置来实现。如果滑阀位置调整后仍不见好转，应拆检滑阀测量其尺寸，若偏差较大，应更换滑阀。

三、动力转向系统直线行驶转向盘发飘或跑偏故障的诊断与排除

1. 故障现象

汽车直线行驶时，难以保持正前方向而总向一边跑偏。

2. 故障原因

1）油液脏污、转向控制阀回位弹簧折断或变软，使转向控制阀不能及时回位。

2）转向控制阀阀芯（或滑阀）偏离中间位置，或虽在中间位置但与阀体槽肩的间隙大小不一致。

3）流量控制阀卡滞使液压泵流量过大或油压管路布置不合理，造成油压系统管路节流损失过大，使动力缸左右腔压力差过大。

3. 故障诊断与排除

1）首先检查油液是否脏污。

2）对于使用较久的车辆，则可能是流量控制阀或转向控制阀回位弹簧失效所致，此时可在不起动发动机的情况下转动转向盘，凭手感判断控制阀是否开启，运动自如，若有怀疑，一般应拆卸检查。

3）最后检查转向液压泵流量控制阀是否卡滞和油压管路布置是否合理，发现故障予以修理。

四、动力转向系统转向时转向盘抖动故障的诊断与排除

1. 故障现象

发动机工作时转向，尤其是在原地转向时滑阀共振，转向盘抖动。

2. 故障原因

1）储油罐液面低。
2）油路中渗入空气。
3）转向液压泵驱动带打滑。
4）转向液压泵输出压力不足。
5）转向液压泵流量控制阀卡滞。

3. 故障诊断与排除

1）首先检查储油罐液面是否符合规定，否则按要求加注转向油液。

2）排放油路中渗入的空气。

3）检查转向液压泵驱动带是否打滑或其他驱动形式的齿轮传动等有无损坏，发现问题后应按规定调整驱动带紧度或更换性能不良的部件。

4）对转向液压泵输出压力进行检查。压力不足时应分解转向液压泵，检查转向液压泵是否磨损或内部泄漏严重，安全阀及流量控制阀是否泄漏或卡滞，弹簧弹力是否减弱或调整不当，各轴承是否烧结或严重磨损等。对于叶片式转向液压泵还应检查转子上的密封环或油封是否损坏；对于齿轮式转向液压泵应检查齿轮间隙是否过大等。查明故障予以修理，必要时更换转向液压泵，如果泵轴油封泄漏也应更换转向液压泵。

任务实施

根据转向系统常见故障分析填写转向系统故障诊断流程图。

液压转向机转向沉重故障诊断分析流程图如图9-17所示。请在图中空白框内填写相关内容。

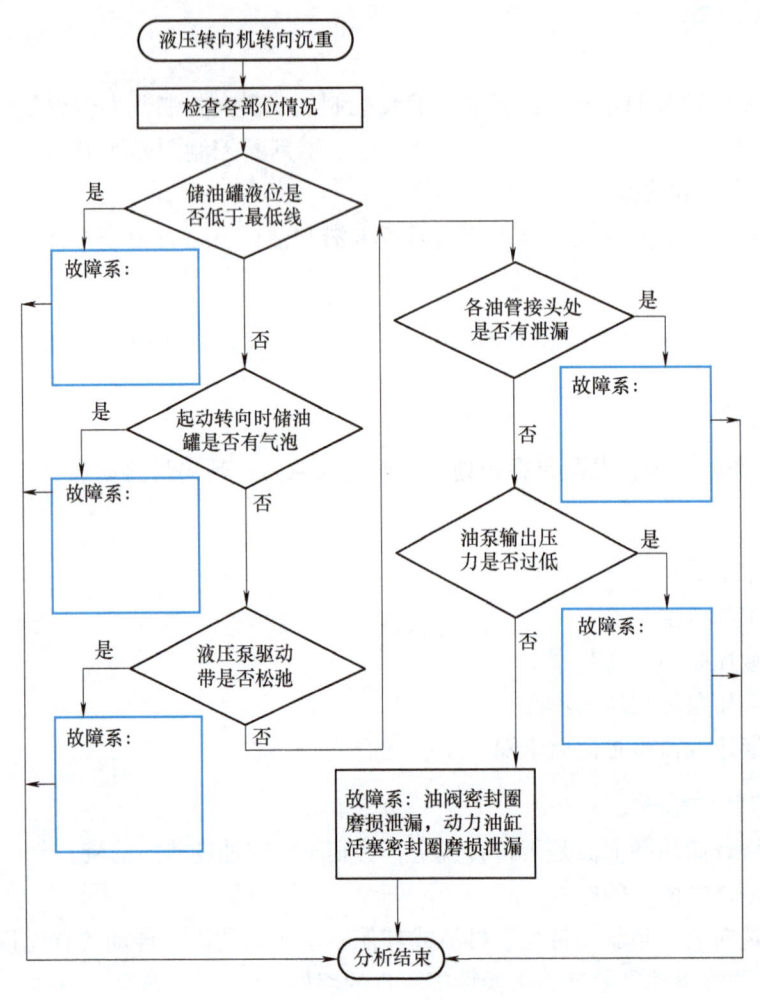

▲ 图 9-17　液压转向机转向沉重故障诊断分析流程图

任务三　检修动力转向系统

 任务目标

1. 熟知转向系统的检查。
2. 进行液压动力转向机维护检查。
3. 掌握液压转向液压泵的拆装。
4. 液压泵压力检查与油液的更换。

任务描述

学习转向系统的检查和常见故障的排除方法，对汽车动力转向系统进行常规检查和维护，做出故障分析。拆装液压动力转向系统的液压动力泵，进行液压泵压力检查与油液的更换作业。

知识储备

转向系统对汽车的安全行驶有着重要意义，在日常汽车检修中占据重要地位。下面就动力转向系统的检查和常见故障的排除方法进行简单的介绍。

1. 转向盘回位的检查

1）缓慢或迅速转动转向盘，检查两种情况下时转向盘能否回到中间位置。
2）使汽车以 3~5km/h 的速度行驶，将转向盘顺时针或逆时针转动 90°，然后放手 1~2s，如果转向盘能自动回转 70° 以上，说明工作正常。

2. 转向操纵力的检查

1）汽车停放在水平干燥的路面上，油液温度达到操作温度，轮胎气压正常，前轮处于直线行驶位置。
2）发动机怠速运转，用弹簧秤钩在转向盘轮缘上，拉动转向盘，检查转向盘左右转动一圈所需拉力的变化，弹簧秤拉力不应超过 50N。

3. 限位阀的检查和调整

支起车轮，将 3cm 厚的垫片放在前轴的限位凸块上（因液压限位阀卸荷时，车轮转角限位螺栓与前轴凸块之间的距离为 2~3mm），起动发动机，转动转向盘至车轮的限位机构起作用时为止，按逆时针方向旋转液压限位阀的调整螺钉直到卸荷为止，这时用螺钉旋具作传导，可听到卸荷的排油声。调整后进行复验，其方法是慢慢使汽车起步，转动转向盘直到液压开始加力作用时，车轮转向限位螺钉与前轴限位凸块之间应有 2~3mm 的间隙。

4. 转向盘与转向柱调到车辆驾驶员便于操作的位置

转向柱的倾斜度上、下不超过 15°，汽车直线行驶时，转向盘的轮辐不能遮住汽车仪表，以便于驾驶员第一时间对车辆的故障作出判断，把经济损失减到最小。

5. 控制阀和动力缸泄露检查

动力转向系统的泄露分内泄和外泄两种，外部泄露比较容易发现，内部泄露则是难以发现的。动力缸和控制阀的内泄可采取油路压力试验的方法，即先测出油路的数值（油压正常），然后将一块 15mm 厚的金属垫放在车轮转角限位螺栓上，左右转动转向盘，由于其极限位置受垫板的限制，使限位阀不能卸荷，这时再测量油路压力，若油压低于原来测得的油压，说明控制阀和动力缸内部有泄露现象。

6. 驱动带松紧的检查与调整（以桑塔纳 2000 型）

1）松开转向液压泵支架上的后固定螺栓。

2）拧松专用螺栓的螺母，通过张紧轮把 V 带绷紧，当用 98N 的力压下 V 带时，其挠度在 7mm 左右为宜，必要时松动转向液压泵固定螺栓进行调整。

3）把拧松的螺栓、螺母全部紧固即可。

4）汽车一般行驶 15000~20000km，应检查驱动带的张紧力。

7. 转向液压泵压力的检查与油液的更换

1）将油压表和节油阀串接到转向液压泵与转向器之间的管路中。

2）起动发动机，发动机怠速运转，前轮处于直线行驶位置，转动转向盘数次，急速关闭节油阀（不超过 5~10s），并读出压力数。压力值一般大车为 13~15MPa，小车为 6~8MPa。

3）若压力足够，说明转向液压泵正常，额定值没有达到，在逐步关闭手动阀时，油压也提不高，则为转向液压泵有故障，或安全阀未调整好，必要时拆检修复或更换新件，重新调整油压。

4）更换液压油、排放空气。

5）当发现液压油发黑变质、有气泡或乳化现象时，应予更换新油液和油液过滤器。

6）在加油过程中，由于转向液压泵的强力吸油，油液中会吸入一些空气，因此加油后必须进行排气作业。这时将车顶起，从储油箱上拆下回油管，将液压油流入容器内；起动发动机并怠速运转，反复转动转向盘使动力转向装置内的液压油全部出来，使活塞以全行程往复运动，将空气从油箱中逐渐排出。随着油箱中油面下降，排空气过程中应不断补充油液。当油箱中不再出现气泡，而且油液保持在要求的高度时，可停止排气，否则还应重复排气；油量应在油尺的正常标记处。

7）汽车一般行驶 20000~30000km 时，需更换转向油液。

任务实施

根据知识储备内容，实施汽车动力转向系统的检修实训，完成以下实训（表 9-2 ~ 表 9-4）。

选用的液压助力转向机品牌或使用车型号：＿＿＿＿＿＿＿＿＿＿＿＿＿＿＿＿，类型：＿＿＿＿＿＿＿＿＿＿＿。

表 9-2 液压动力转向机维护检查作业表

序号	检查项目	内容	检查结果	故障评估	解决方案
1	转向操纵力的检查				
2	限位阀的检查和调整				
3	转向盘与转向柱的调整				
4	控制阀和动力缸泄露检查				
5	驱动带的松紧检查与调整				
6	转向油的液位和油质检查				

表 9-3　转向液压泵拆装表

步骤	作 业 内 容	完 成 情 况
1	准备工具	工具：
2	举升车辆，锁定安全销	□完成　□基本完成　□未完成
3	拆卸转向液压泵上回油软管的高压软管的泄放螺栓，排放转向液压油（ATF 油）	□完成　□基本完成　□未完成
4	拆卸转向液压泵前支架上的张紧螺栓	□完成　□基本完成　□未完成
5	拆卸转向液压泵后支架上的固定螺栓	□完成　□基本完成　□未完成
6	松开转向液压泵中心支架上的固定螺母和螺栓	□完成　□基本完成　□未完成
7	把转向液压泵固定在台虎钳上，拆卸滑轮和中间支架	□完成　□基本完成　□未完成
8	清洁转向液压泵	□完成　□基本完成　□未完成
9	转向液压泵安装顺序与拆卸顺序相反	□完成　□基本完成　□未完成
10	调整转向液压泵 V 带的张紧度	□完成　□基本完成　□未完成
11	加注 ATF 油液	□完成　□基本完成　□未完成
12	松开转向液压泵支架上的后固定螺栓	□完成　□基本完成　□未完成
13	松开专用螺栓的螺母	□完成　□基本完成　□未完成
14	通过张紧螺栓把 V 带绷紧。当压在 V 带中间处，V 带应有 7mm 挠度为合适	□完成　□基本完成　□未完成
15	拧紧专用螺栓的螺母	□完成　□基本完成　□未完成
16	拧紧转向液压泵支架上的固定螺栓	□完成　□基本完成　□未完成
17	整理工具，清洁现场	□完成　□基本完成　□未完成

表 9-4　液压泵压力检查与油液的更换作业表

步骤	作 业 内 容	完 成 情 况
1	准备工具	工具：
2	将油压表和节油阀串接到转向液压泵与转向器之间的管路中	□完成　□基本完成　□未完成
3	起动发动机，发动机急速运转，前轮处于直线行驶位置，转动转向盘数次，急速关闭节油阀（不超过 5～10s），并读出压力数	□完成　□基本完成　□未完成
4	举升车辆，锁定安全销	□完成　□基本完成　□未完成
5	从储油箱上拆下回油管，将液压油流入容器内	□完成　□基本完成　□未完成
6	起动发动机并急速运转，反复转动转向盘使动力转向装置内的液压油全部出来使活塞以全行程往复运动，将空气从油箱中逐渐排出	□完成　□基本完成　□未完成
7	补充油液	□完成　□基本完成　□未完成
8	当油箱中不再出现气泡，而且油液保持在要求的高度时，可停止排气	□完成　□基本完成　□未完成
9	整理工具，清洁现场	□完成　□基本完成　□未完成

项目考核与评价

一、填空题

1. 动力转向系统由_____和_____组成,即是在机械转向系统的基础上加装一套_____。
2. 动力转向系统按其能源的不同可分为_____、_____和_____。
3. 液压动力转向系统是在机械转向系统的基础上加装一套_____装置。
4. 转向液压泵的常见形式有:_____、_____、_____和_____泵四种。其中,以_____和_____应用最多。
5. 转向液压泵的流量与齿轮转速(从而与发动机转速)成_____。
6. 叶片泵分为_____和_____。
7. 流量控制阀的作用是_____。
8. 转向控制阀按其结构类型可分为_____和_____两种。其中_____在动力转向系统中运用较多。

二、简答题

1. 简述动力转向系统的作用。

2. 简述动力转向系统的类型。

3. 液压动力转向装置包括哪些零部件?

动力转向系统的检修项目学习评价表

班 级		姓 名		学 号		总 评	
项目	自我评价 20%		小组评价 30%		教师评价 50%		小计
任务一							
任务二							
任务三							
评语							
学生总结							

项目十
制动系统的检修

汽车制动系统（图10-1）是保证汽车动力性能发挥和行车安全的最基本的系统。

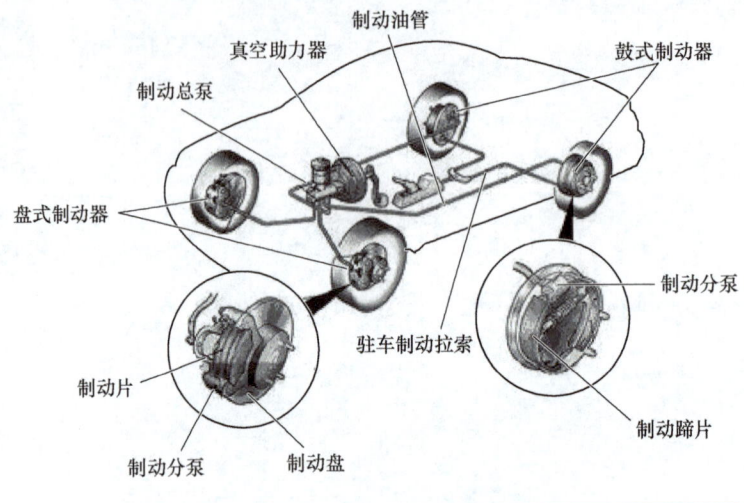

▲ 图10-1 汽车制动系统结构示意图

一、制动系统的功用

1）使行驶中的汽车按照驾驶员的要求进行强制减速甚至停车；使已停驶的汽车在各种道路条件下（包括在坡道上）稳定驻车；使下坡行驶的汽车速度保持稳定。

2）随着电子控制技术在汽车上的广泛应用，现在汽车都在原来制动系统基础上配置了制动防抱死电子控制系统（ABS），在汽车制动过程中，自动调节车轮制动力，防止车轮抱死，从而获得最佳的制动性能，以减少交通事故。

3）挂车意外自行脱挂时使挂车迅速地自行停车。

二、制动系统的分类及组成

1. 制动系统分类

（1）按制动能源分类 见表10-1。

表10-1 按制动能源分类及特点

分类方法	类 型	特 点
按制动能源分类	人力制动	以人力为唯一能源
	动力制动	以发动机动力转化为液压或气压制动
	伺服制动	兼用人力和发动机动力制动

（2）按制动能量传输方式分类 见表10-2。

表10-2 按制动能量传输方式分类及特点

分类方法	类 型	特 点
按制动能量传输方式分类	机械制动	以机械传输制动能量
	液压制动	以液压传输制动能量

(续)

分类方法	类　型	特　点
按制动能量传输方式分类	气压制动	以气压传输制动能量
	电磁制动	以电磁力传输制动能量
	组合制动	多种传输制动能量综合

2. 制动系统的组成

任何制动系统都具有以下四个基本组成部分：

(1) 供能装置　供给、调节制动所需能量以及改善传能介质状态的部分。
(2) 控制装置　产生制动动作和控制效果的部分。
(3) 传动装置　将制动能量传输到制动器的部分。
(4) 制动器　为产生阻碍车辆运动或运动趋势力的部件。

三、制动系统工作原理

当驾驶员踏下制动踏板，使活塞压缩制动液时，轮缸活塞在液压的作用下将制动蹄片压向制动鼓，使制动鼓减小转动速度，或保持不动，如图10-2所示。

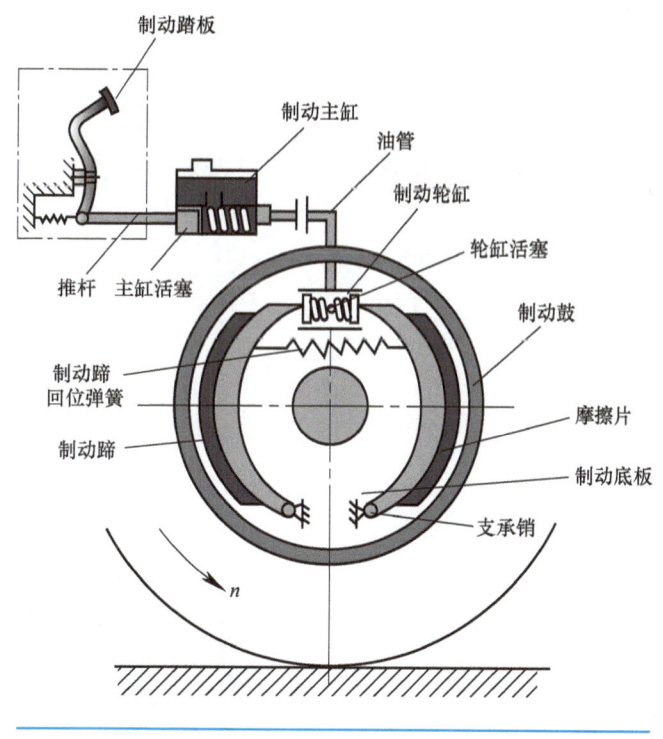

▲ 图10-2　制动系统工作原理示意图

四、对制动系统的要求

1) 具有良好的制动效能。用制动距离、制动时间、制动减速度或地面制动力评价。

2）操纵轻便、灵敏，调整与维护方便。
3）制动稳定性好。制动时不能有制动跑偏或制动侧滑失去转向能力的现象。
4）制动平顺性好、柔和。
5）散热性好。
6）对挂车制动系统，还要求其制动作用略早于主车，且挂车自行脱钩时能自动进行应急制动。

任务一　认知制动器

任务目标

1. 掌握制动器的基本结构和各部件的作用。
2. 了解制动器的类型和工作原理。

知识储备

一、制动器

制动器是产生阻碍车辆的运动或运动趋势的力（制动力）的部件。汽车上常用的制动器都是利用固定元件与旋转元件工作表面的摩擦而产生制动力矩，故又称为摩擦制动器。它有盘式制动器和鼓式制动器两种，如图10-3、10-4所示。

二、车轮制动器的工作原理

如图10-5和图10-6所示，当摩擦片压紧在旋转的制动盘或制动鼓时，两者接触面之间产生摩擦，通过摩擦将汽车的动能转变为热能，并将热量散发到空气中，最终使汽车减速停车。

▲ 图10-3　盘式制动器

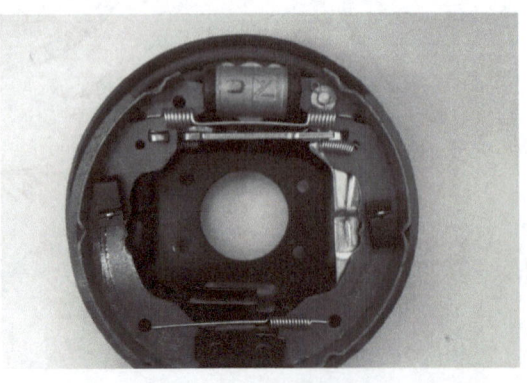

▲ 图10-4　鼓式制动器

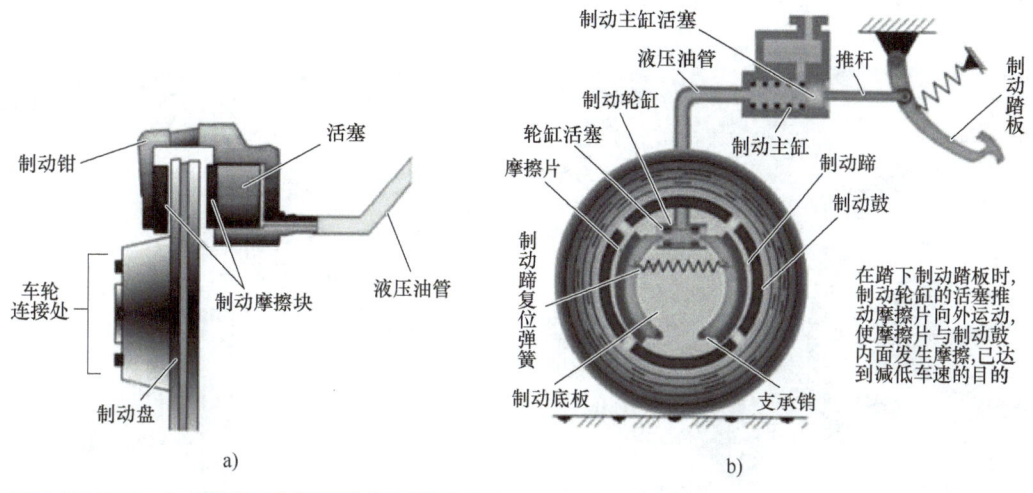

▲ 图 10-5 制动器的分类

a）盘式制动器　b）鼓式制动器

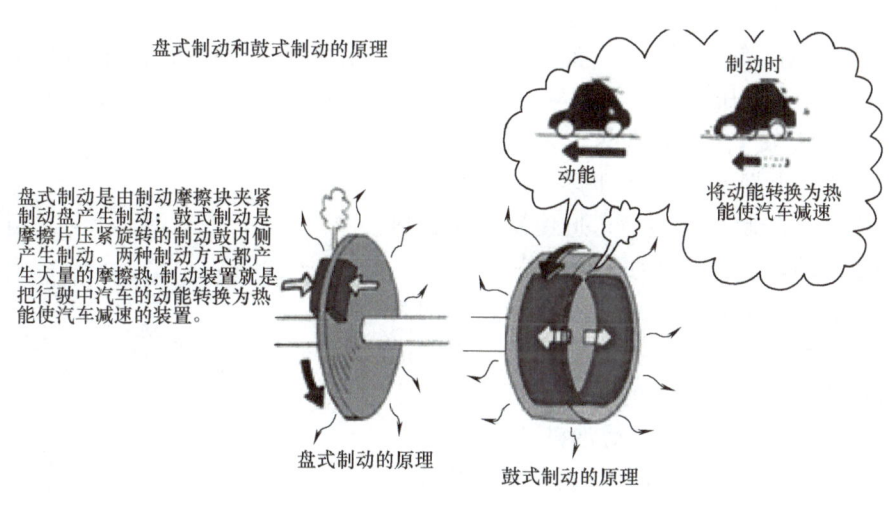

▲ 图 10-6 制动器工作原理图

三、结构及特点

1. 盘式制动器

盘式制动器大体上可分为钳盘式制动器和全盘式制动器两类。盘式制动器如图 10-7 所示。

（1）浮钳盘式制动器　浮钳盘式制动器主要由制动盘、制动钳体、制动摩擦块、导向销、活塞等组成，如图 10-8 所示。

1）制动的实现。制动时，油路系统向制动钳体输入压力油，压力油推动活塞向内侧制动块加压，顶压在制动盘右侧面，由反作用力将制动钳体向相反方向推，拉动外制动块压向制动盘左侧面，内外制动块形成对制动盘的夹紧力。制动盘与轮毂固连（车轮与轮毂连接），从而实现车辆的制动。

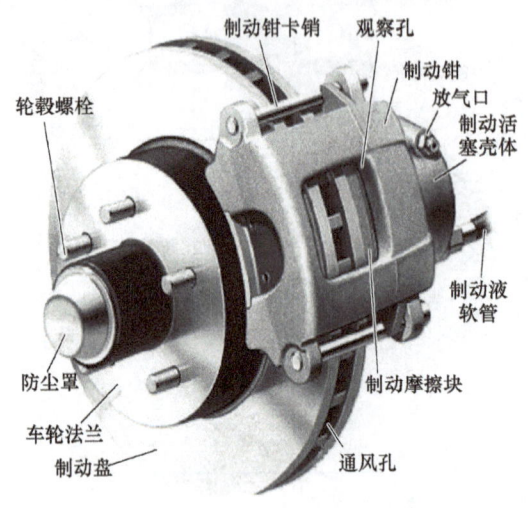

▲ 图10-7 盘式制动器

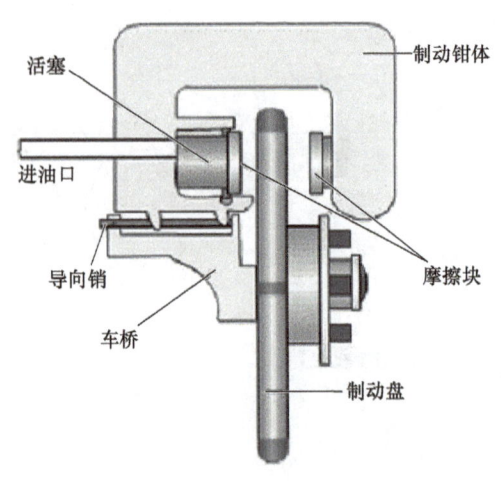

▲ 图10-8 浮钳盘式制动器

2）解除制动。解除制动时，油路系统卸压，制动系统恢复到初始原位而回弹，恢复原位的动力来源是受压缩、拉伸和弯曲变形零部件的恢复回弹力。活塞密封圈与活塞同步恢复到原始状态。由于制动盘工作面与旋转轴线不垂直，轴向圆跳动值不等于零，造成制动盘的局部工作扇区与制动块碰撞，迫使制动块退离原位而躲避制动盘，完成制动解除过程。

（2）定钳盘式制动器　跨置在制动盘上的制动钳体固定安装在车桥上，它不能旋转也不能沿制动盘轴线方向移动，其内的两个活塞分别位于制动盘的两侧。制动时，制动油液由制动总泵（制动主缸）经进油口进入钳体中两个相通的液压腔中，将两侧的制动块压向与车轮固定连接的制动盘，从而产生制动，如图10-9所示。目前基本淘汰。

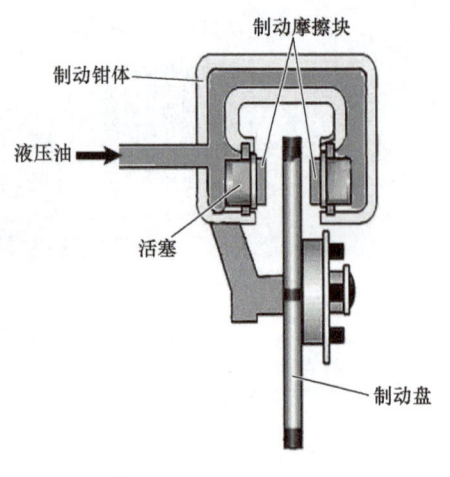

▲ 图10-9 定钳盘式制动器

2. 鼓式制动器

鼓式制动器由旋转部分（制动鼓）、固定部分（制动蹄和制动底板等）、张开机构（制动轮缸或凸轮）和调整机构（调整臂、调整螺栓、支承销）组成。

（1）鼓式制动器的组成　鼓式制动器主要包括制动轮缸、制动蹄、制动鼓、摩擦片、回位弹簧、凸轮等部分，如图10-10所示，主要是通过液压或气压装置作用于摩擦片与随车轮转动的制动鼓内侧面发生摩擦，从而起到制动的效果。

（2）鼓式制动器的工作原理　如图10-11所示，在踩下制动踏板时，推动制动总泵的活塞运动，进而在油路中产生压力，制动液将压力传递到车轮的制动轮缸推动活塞，活塞推动制动蹄向外运动，进而使得摩擦片与制动鼓发生摩擦，从而产生制动力。该形

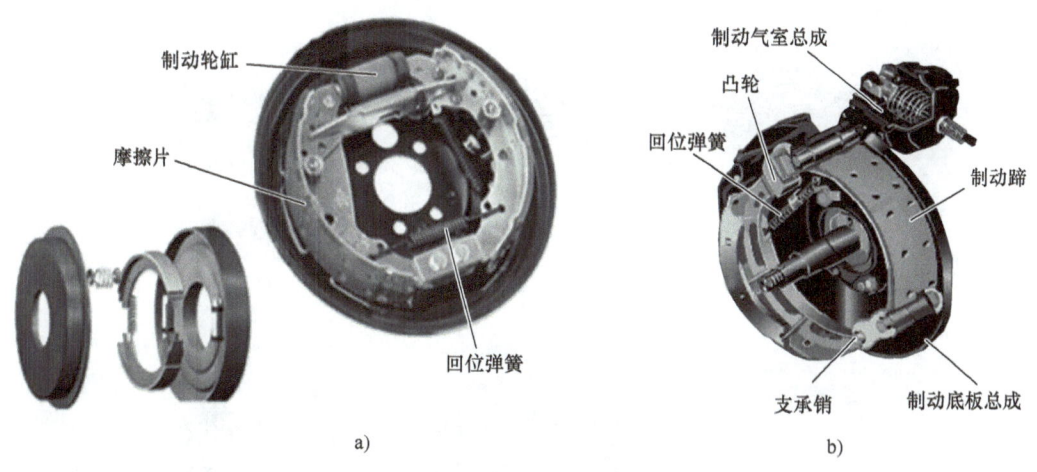

▲ 图 10-10　鼓式制动器
a）轮缸式鼓式制动器　b）凸轮式鼓式制动器

式广泛应用于中重型汽车上。

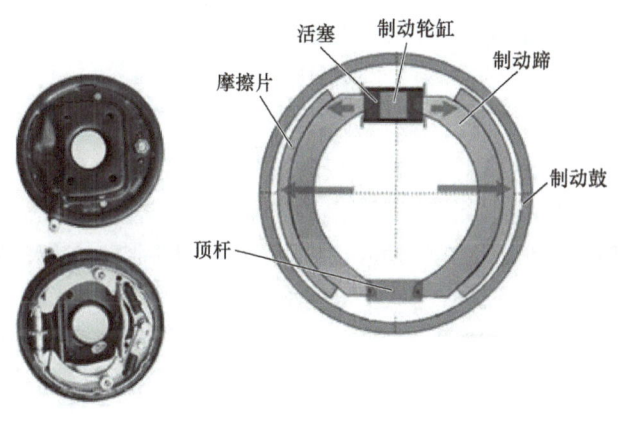

▲ 图 10-11　鼓式制动器的工作原理

（3）鼓式制动器的分类

1）按促动装置　鼓式制动器根据制动蹄张开装置（也称促动装置）形式的不同，可分为轮缸式制动器和凸轮式制动器。

2）按制动蹄受力　轮缸式制动器按制动蹄的受力情况不同，可分为领从蹄式、双领蹄式（单向作用、双向作用）、双从蹄式、自增力式（单向作用、双向作用）等类型，如图 10-12 所示。

① 领从蹄式。图 10-13 为领从蹄式制动器示意图，设汽车前进时制动鼓旋转方向（这称为制动鼓正向旋转）如图中箭头所示。沿箭头方向看去，制动蹄 1 的支承点 3 在其前端，制动轮缸所施加的促动力作用于其后端，因而该制动蹄张开时的旋转方向与制动鼓的旋转方向相同，具有这种属性的制动蹄称为领蹄。与此相反，制动蹄 2 的支承点 4 在后端，促动力加于其前端，其张开时的旋转方向与制动鼓的旋转方向相反，具有这种属性的制动蹄称为从蹄。当汽车倒车，即制动鼓反向旋转时，制动蹄 1 变成从蹄，而制动蹄

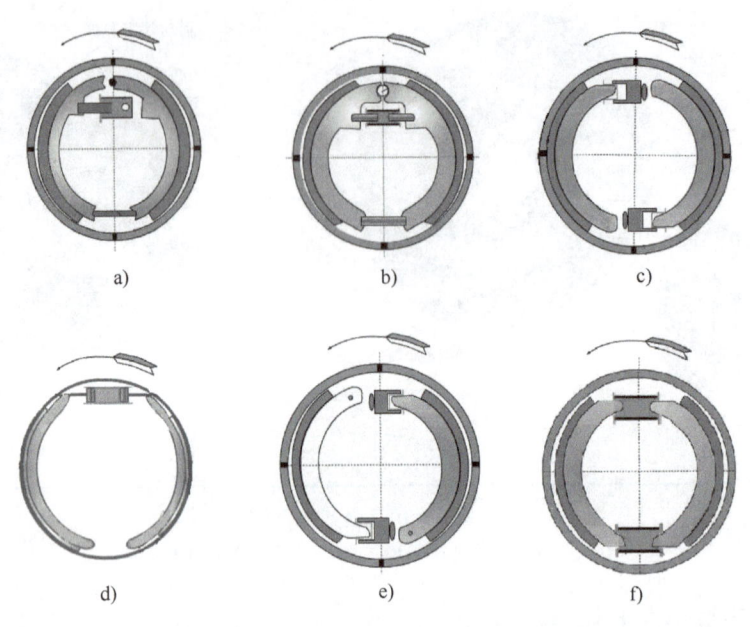

▲ 图 10-12 鼓式制动器按制动蹄受力分类

a) 单向自增力式　b) 双向自增力式　c) 单向双领蹄式
d) 领从蹄式　e) 双从蹄式　f) 双向双领蹄式

2 则变成领蹄。这种在制动鼓正向旋转和反向旋转时，都有一个领蹄和一个从蹄的制动器即称为领从蹄式制动器，具有增势与减势作用。

② 领蹄式和双向双领蹄式。在制动鼓正向旋转时，两蹄均为领蹄的制动器。如图 10-14 所示，采用双活塞式制动轮缸。两制动蹄两端都采用浮式支承，且支点的周向位置也是浮动的。制动底板上所有固定元件既按轴对称，又按中心对称布置。

双领蹄式制动器

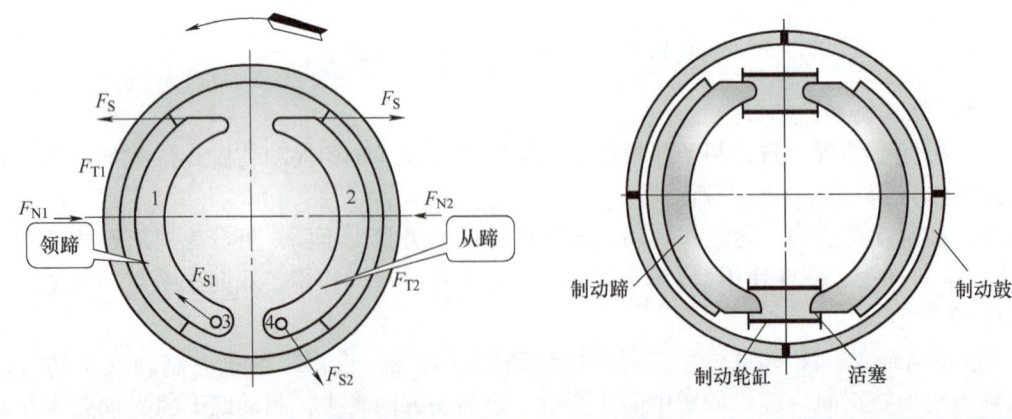

▲ 图 10-13　领从蹄式制动器　　　　▲ 图 10-14　双向双领蹄式制动器示意图

③ 单向自动增力式。如图 10-15 所示，两蹄下端分别浮支在顶杆两端。制动蹄只在上方有一支承销，只有一个单活塞轮缸。第一蹄由轮缸促动，第二蹄是由顶杆促动。前

进制动时,第二蹄制动力矩大于第一蹄制动力矩。倒车制动时,第一蹄制动力矩小,第二蹄无制动力矩。

④ 双向自动增力式。如图 10-16 所示,两蹄下端分别浮支在顶杆两端。制动蹄只在上方有一支承销,采用双活塞轮缸。前进制动时,后制动蹄制动力矩大于前制动蹄制动力矩。倒车制动时,前制动蹄制动力矩大于后制动蹄制动力矩。

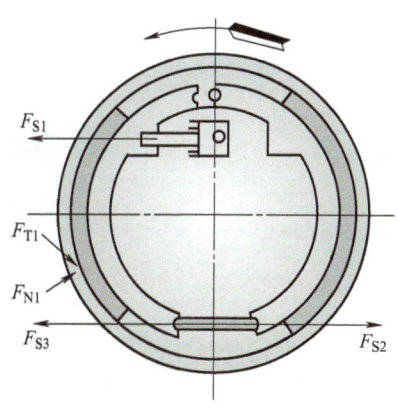

▲ 图 10-15 单向自动增力式制动器

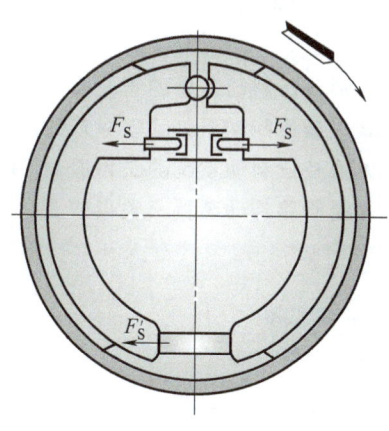

▲ 图 10-16 双向自动增力式制动器

任务实施

根据知识储备内容,实施认知制动器实训,完成以下实训(表 10-3)。

表 10-3 制动器的认知

一、选用的盘式制动器品牌或使用车型:＿＿＿＿＿＿,类型:＿＿＿＿＿＿。
二、根据制动器实物认识下列零部件,并写相关内容,完成后请在后面的 □ 内打√。
1) 制动钳体:　　　　位置＿＿＿＿＿＿＿＿＿功能＿＿＿＿＿＿＿＿＿□
2) 制动盘:　　　　　位置＿＿＿＿＿＿＿＿＿功能＿＿＿＿＿＿＿＿＿□
3) 制动钳支架:　　　位置＿＿＿＿＿＿＿＿＿功能＿＿＿＿＿＿＿＿＿□
4) 导向销:　　　　　位置＿＿＿＿＿＿＿＿＿功能＿＿＿＿＿＿＿＿＿□
5) 活塞:　　　　　　位置＿＿＿＿＿＿＿＿＿功能＿＿＿＿＿＿＿＿＿□
6) 防尘罩:　　　　　位置＿＿＿＿＿＿＿＿＿功能＿＿＿＿＿＿＿＿＿□
7) 制动摩擦块:　　　位置＿＿＿＿＿＿＿＿＿功能＿＿＿＿＿＿＿＿＿□
8) 橡胶套:　　　　　位置＿＿＿＿＿＿＿＿＿功能＿＿＿＿＿＿＿＿＿□
9) 排气螺栓:　　　　位置＿＿＿＿＿＿＿＿＿功能＿＿＿＿＿＿＿＿＿□
三、选用的鼓式制动器品牌型或使用车型:＿＿＿＿＿＿,类型:＿＿＿＿＿＿。
四、根据制动器实物认识下列零部件,并写相关内容,完成后请在后面的 □ 内打√。
1) 制动鼓:　　　　　位置＿＿＿＿＿＿＿＿＿功能＿＿＿＿＿＿＿＿＿□
2) 凸轮:　　　　　　位置＿＿＿＿＿＿＿＿＿功能＿＿＿＿＿＿＿＿＿□
3) 回位弹簧:　　　　位置＿＿＿＿＿＿＿＿＿功能＿＿＿＿＿＿＿＿＿□
4) 制动蹄:　　　　　位置＿＿＿＿＿＿＿＿＿功能＿＿＿＿＿＿＿＿＿□
5) 支承销:　　　　　位置＿＿＿＿＿＿＿＿＿功能＿＿＿＿＿＿＿＿＿□
6) 制动底板:　　　　位置＿＿＿＿＿＿＿＿＿功能＿＿＿＿＿＿＿＿＿□
7) 制动摩擦片:　　　位置＿＿＿＿＿＿＿＿＿功能＿＿＿＿＿＿＿＿＿□
8) 锥度轴承:　　　　位置＿＿＿＿＿＿＿＿＿功能＿＿＿＿＿＿＿＿＿□

任务二　认知液压制动系统

 任务目标

1. 了解液压制动装置的布置及各总成的相互关系。
2. 掌握液压制动系统的组成及作用。
3. 掌握液压制动系统的工作原理（即工作过程）。
4. 了解管路传动装置布置形式。

 知识储备

一、液压制动传动装置

液压制动传动装置利用特制油液作为传动介质，将制动踏板力转换为油液压力，并通过管路传至车轮制动器，再将油液压力转变为制动蹄张开的推力，即产生制动作用。

液压制动传动装置主要包括制动踏板、制动主缸、制动轮缸、液流管路、制动液和储液罐等。

1. 单管路液压传动装置

如图 10-17 所示，单管路是利用一个制动主缸，通过一套相互连通的管路，控制全车制动器。若传动装置中一处漏油，会使整个制动系统失效。现在汽车上已很少采用。

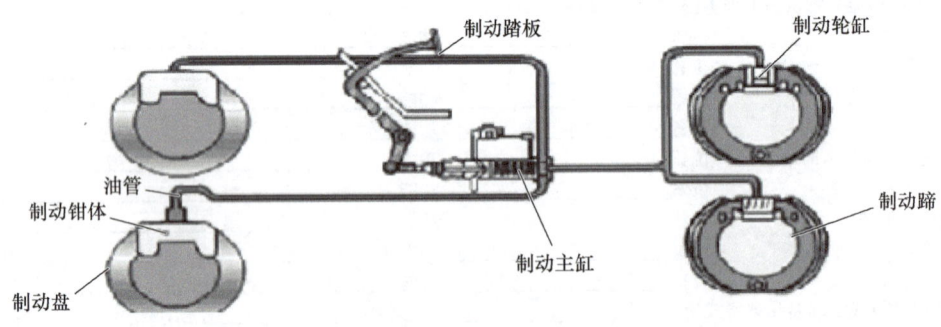

▲ 图 10-17　单管路液压传动装置

2. 双管路液压传动装置

双管路液压传动装置是利用两个彼此独立的液压系统，当一个液压系统发生故障时，另一个液压系统仍然照常工作，从而提高了汽车制动的可靠性和安全性，现代汽车都采用了双管路传动装置，布置形式如图 10-18 所示。

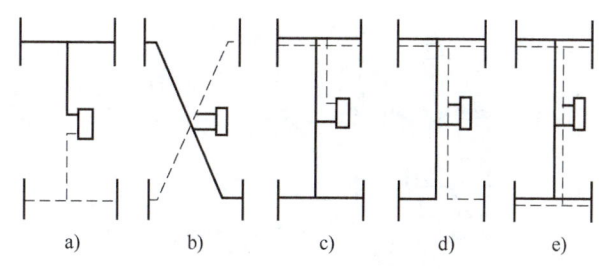

▲ 图 10-18　双管路液压制动传动装置布置形式
a）II 型：一轴对一轴　b）X 型：交叉型　c）HI 型：一轴半对半轴
d）LL 型：半轴一轮对半轴一轮　e）HH 型：双半轴对双半轴

3. 液压制动系统的结构和工作原理

如图 10-19 所示，踩制动踏板，液压油在踏板的推动下及真空助力器的作用下使制动液经过油管到高压泵，高压泵推动制动器，使制动器的制动蹄或摩擦片（块）在压力作用下与车轮制动鼓或制动盘接合摩擦，产生制动作用。根据驾驶员施加于踏板力矩的大小，使车轮减速或停车。当驾驶员放开制动踏板，制动蹄和分泵活塞在回位弹簧作用下回位，制动液压回到总泵，制动解除。

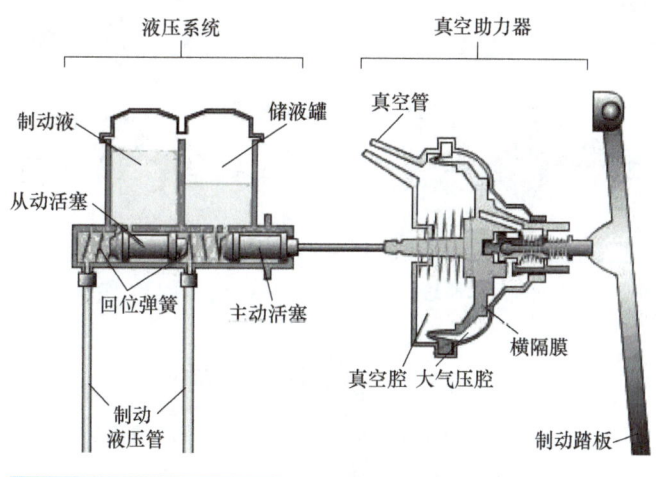

▲ 图 10-19　液压制动系统的结构和工作原理

二、真空助力器的结构及原理

结构如图 10-20 所示，工作原理如图 10-21 所示。

三、制动主缸的结构和工作原理

1. 液压制动主缸的组成

液压制动主缸的组成零件如图 10-22 所示。

2. 工作原理

液压式单腔制动主缸工作原理如图 10-23 所示。

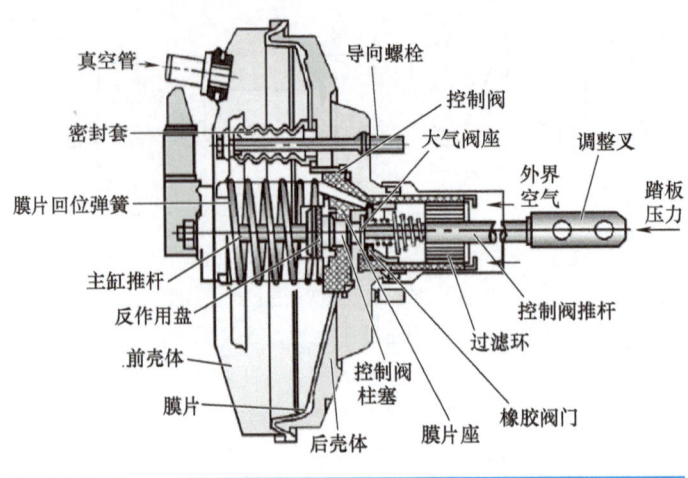

▲ 图 10-20　真空助力器的结构

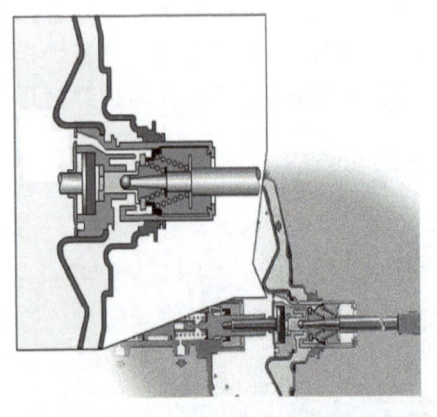

▲ 图 10-21　真空助力器的工作原理

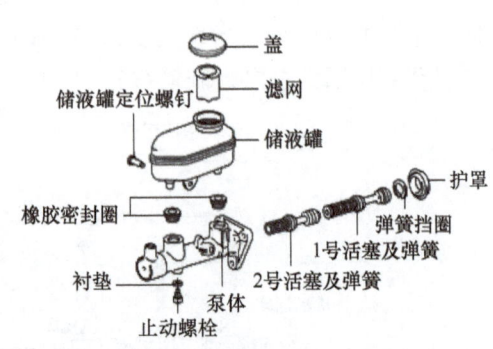

▲ 图 10-22　液压制动主缸的组成

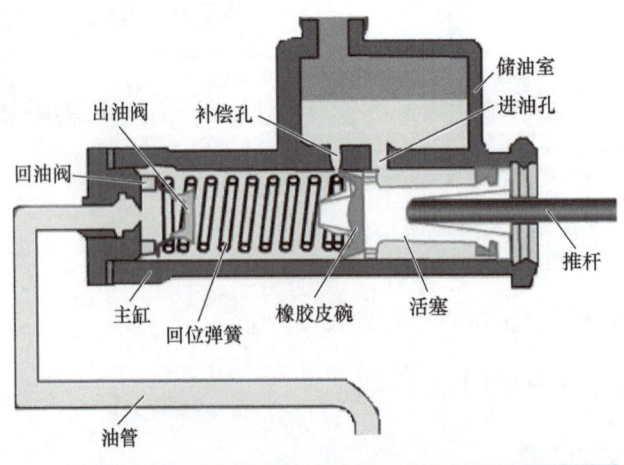

▲ 图 10-23　液压式单腔制动主缸

（1）不工作时　活塞头部与橡胶皮碗应正好在补偿孔和进油孔之间。主要用于当因泄漏或气温变化引起活塞包围的腔和主缸腔的制动液的收缩和膨胀，通过这两个孔维持平衡。

（2）制动时　推动推杆而后推动活塞和橡胶皮碗，堵住补偿孔后，主缸内的压力开始上升，当压力克服弹簧力后，推开回油阀后将制动液送到轮缸，解除制动后，踏板机构、主活塞、轮缸活塞在各自的回位弹簧作用下回位。

双腔制动主缸工作原理如图 10-24 所示。

制动时，后主缸中的推杆向前移动，使橡胶皮碗盖住储液罐补偿孔，此时后腔室液压升高，迫使制动液向后轮制动器流动，推动后轮制动器工作。与此同时，在后腔液压和后活塞弹簧弹力作用下，推动前活塞向前移动，前腔压力也随之提高，迫使制动液流向前轮制动器，推动前轮制动器工作。

放松制动踏板，主缸中活塞和推杆在前后活塞弹簧的作用下回到原始位置，制动解除。

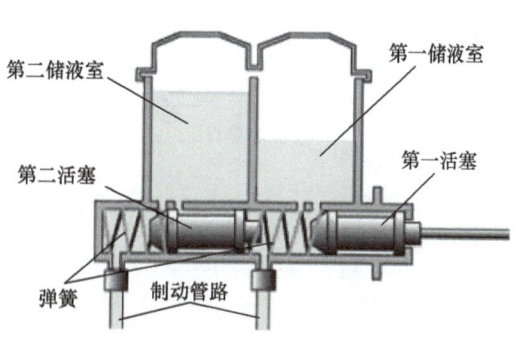

▲ 图 10-24　双腔制动主缸工作原理

> **优点：**当前腔控制的回路发生故障时，前活塞不产生液压，前轮制动失效。但在后活塞液力作用下，前活塞被推到最前端，后腔产生的液压仍使后轮产生制动。若后腔控制的回路发生故障，前腔仍能产生液压使前轮产生制动，确保行车安全。

四、制动轮缸的结构和工作原理

制动轮缸有单活塞式和双活塞式两种。单活塞式制动轮缸主要用于双领蹄式和双从蹄式制动器，而双活塞式制动轮缸应用较广，既可用于领从蹄式制动器，又可用于双向双领蹄式制动器及双向自增力式制动器，结构如图 10-25 所示。

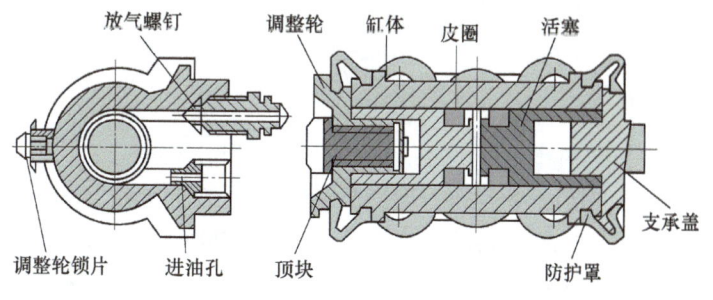

▲ 图 10-25　双活塞制动轮缸

制动轮缸的工作原理是将从制动主缸输入的液压能转变为机械能，从而使制动器进入工作状态。

任务实施

根据知识储备内容，实施液压制动系统认知，完成以下实训（表 10-4）。

表 10-4 液压制动系统的认知

一、选用的液压制动系统品牌或使用车型号：_____，类型：_____。
二、根据实物认识下列零部件，并写相关内容，完成后请在后面的 □ 内打√。

1) 制动踏板： 位置_____ 功能_____ □
2) 制动主缸： 位置_____ 功能_____ □
3) 制动轮缸： 位置_____ 功能_____ □
4) 储液罐： 位置_____ 功能_____ □
5) 推杆： 位置_____ 功能_____ □
6) 活塞： 位置_____ 功能_____ □
7) 弹簧： 位置_____ 功能_____ □
8) 橡胶皮碗： 位置_____ 功能_____ □

任务三　认知气压制动系统与驻车制动系统

 任务目标

1. 掌握气压制动系统的组成及作用。
2. 掌握气压制动系统的工作原理。
3. 了解各种气压阀。

 知识储备

一、气压制动系统

1. 气压制动系统的结构和工作原理

气压制动传动装置，是以发动机的动力驱动空气压缩机工作，然后将压缩空气的压力转变为机械推力，使车轮产生制动。驾驶员只需按不同的制动强度要求，控制踏板的行程，释放出不同数量的压缩空气，便可调整气体压力的大小来获得所需的制动力，如图 10-26 所示。

气压制动系统的组成部件较多，主要有空气压缩机、储气筒、制动控制阀和制动气室等。空气压缩机由发动机通过传动带驱动，产生压缩空气，向储气筒充气。驾驶员踩制动踏板时控制的是制动控制阀，气压由制动控制阀控制进入制动气室。当压缩空气进入制动气室时，推动制动气室的膜片移动，从而控制车轮制动器以实现制动。

国产汽车及部分进口汽车的气压制动系统中，都采用凸轮促动的车轮制动器，而且大多设计成领从蹄式。制动时，制动调整臂在制动气室的推杆作用下，带动凸轮轴转动，使得两制动蹄压靠到制动鼓上而制动。由于凸轮轮廓的中心对称性及两蹄结构和安装的

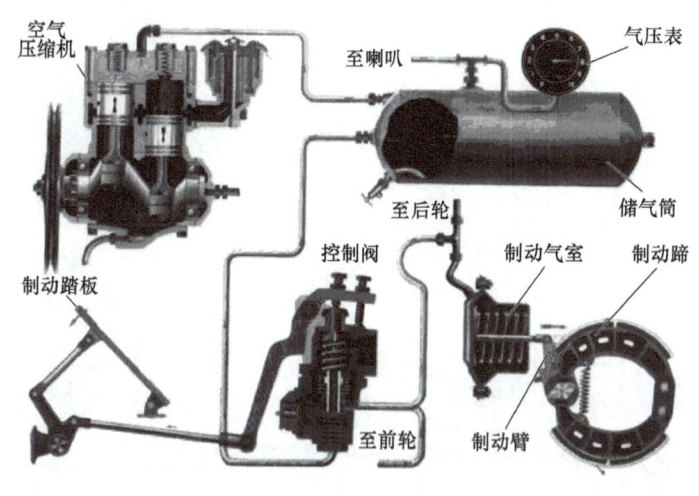

▲ 图 10-26　气压制动系统的结构和工作原理图

轴对称性，凸轮转动所引起的两蹄上相应点的位移必然相等，如图 10-27 所示。

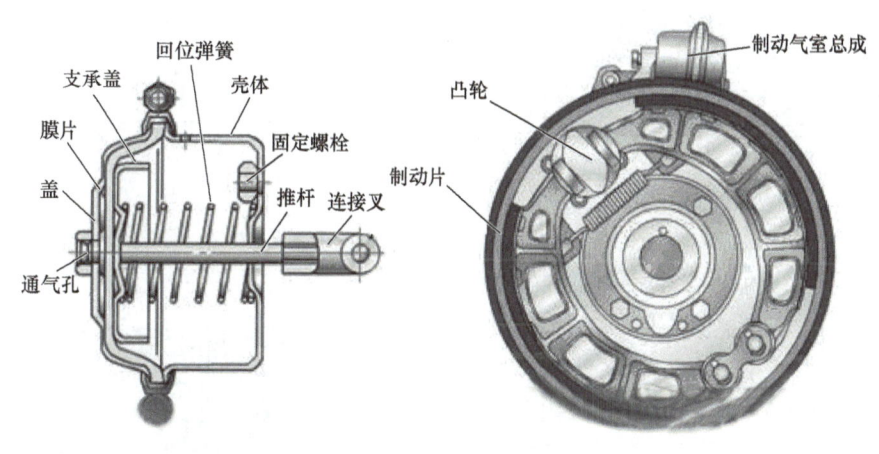

▲ 图 10-27　气压制动气室和车轮制动器原理图

气压制动系统的要求：

1）严格的调节、监控制动系统的气压。

2）双管路制动系统设计时，当一套管路因故失效时，另一套管路能提供制动。

3）制动控制阀必须有随动作用，即驾驶员踩制动控制阀的力度控制气压的高低。同时，制动控制阀对驾驶员脚的反作用力能精确地反映制动气压的高低。

4）长轴距、多轴和拖带半挂车、挂车的制动控制。

气压制动回路：如图 10-28，由发动机驱动的空气压缩机 1（以下简称空压机）将压缩空气经储气罐单向阀 4 首先输入湿储气罐 6，压缩空气在湿储气罐内冷却并进行油水分离之后，分成两个回路：一个回路经储气罐 14、双腔制动阀 3 的后腔通向前制动气室 2；另一个回路经储气罐 17、双腔制动阀 3 的前腔和快放阀 13 通向后制动气室 10。当其中一个回路发生故障失效时，另一个回路仍能继续工作，以维持汽车具有一定的制动能力，从而提高了汽车行驶的安全性。

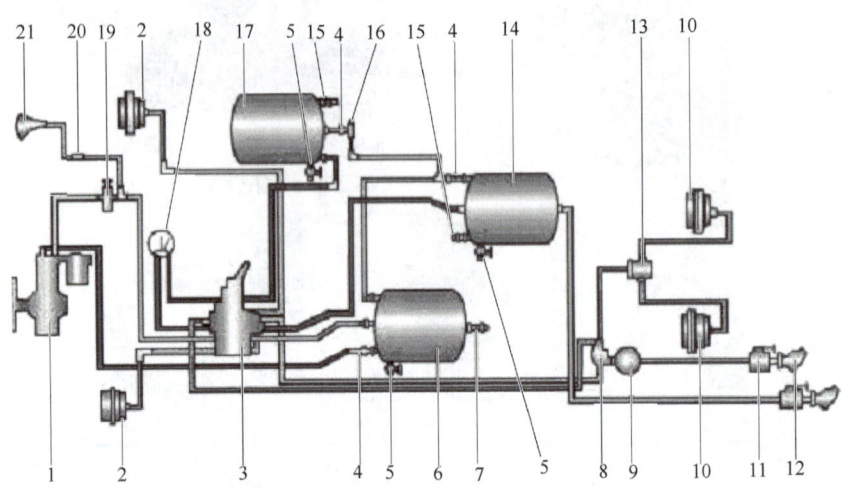

图 10-28　气压制动回路总成

1—空气压缩机　2—前制动气室　3—双腔制动阀　4—储气罐单向阀　5—放水阀　6—湿储气罐　7—安全阀　8—梭阀　9—挂车制动阀　10—后制动气室　11—挂车分离开关　12—接头　13—快放阀　14—储气罐（供前制动器）　15—低压报警器　16—取气阀　17—储气罐（供后制动器）　18—双针气压表　19—调压器　20—气喇叭开关　21—气喇叭

2. 空气压缩机的结构和工作原理

1）空气压缩机结构如图 10-29 所示。
2）功用。产生制动所用的压缩空气。
3）种类。单缸式和双缸式。
4）结构。活塞式。

活塞式无油润滑空气压缩机由传动系统、压缩系统、冷却系统、润滑系统、调节系统及安全保护系统组成。工作原理：工作时电动机通过联轴器直接驱动曲轴带动连杆、十字头与活塞杆使活塞在压缩机的气缸内做往复运动，完成吸入、压缩、排出等过程。该机为双作用压缩机，即活塞向上向下运动均有空气吸入、压缩和排出。当储气筒的压力未达到规定数值时，活塞下行进气阀打开，将空气从外界大气吸入。活塞上行时，排气阀打开，将压缩空气送入储气筒，对储气筒充气。当储气筒压力达到规定数值，在调压阀的作用下，卸荷阀将进气阀打开，空气压缩机卸荷，停止对储气筒充气。

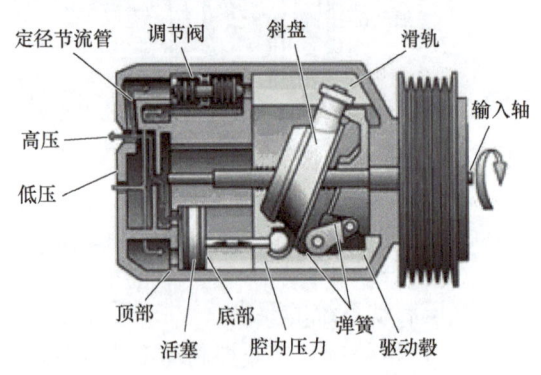

▲ 图 10-29　空气压缩机结构组成

3. 控制阀的结构和工作原理

（1）调压阀　如图 10-30 所示，其功用是调节供气管路中压缩空气的压力，使之保持在规定的压力范围内。

（2）制动阀 用以控制由储气筒进入制动气室的压缩空气量，并有随动作用。常见的有串列双腔活塞式和并列双腔膜片式。图10-31为CA1091型汽车串列双腔活塞式制动阀结构简图。

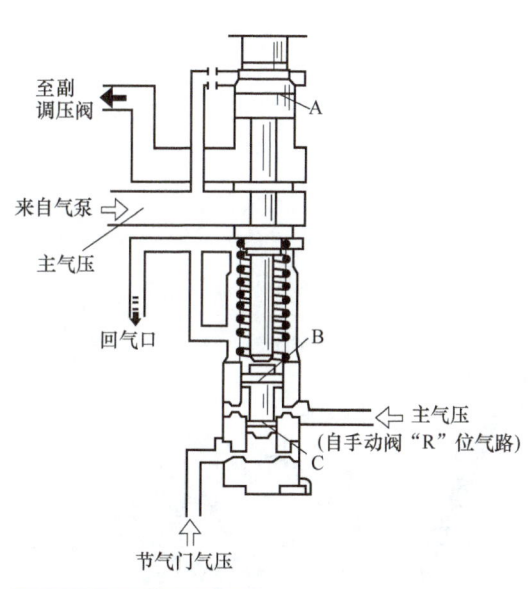

▲ 图10-30 单腔调压阀的结构和工作原理

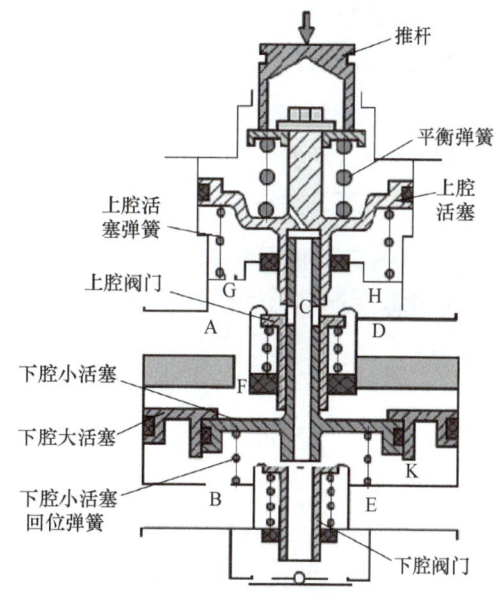

▲ 图10-31 串列双腔活塞式制动阀

制动阀的随动作用是靠平衡弹簧来保证的；制动阀的平衡位置是指进排气阀均关闭，且前后制动气室的气压保证稳定状态。每次平衡过程，平衡弹簧下端面的位置相同。

（3）继动阀与快放阀

1）继动阀。缩短由储气筒到制动气室的充气路程。

2）快放阀。解除制动时，可直接将制动气室的压缩空气排入大气。

4. 制动气室的结构和工作原理

1）功用。将输入的气压转换成机械能再输出，使制动器产生制动作用。

2）分类。分为单制动气式和复合制动气式。

单制动气式：活塞式、膜片式。

复合制动气式：多用活塞式，如图10-32所示。

3）组成。它由进气口、盖、膜片、支承盘、回位弹簧、壳体、推杆、连接叉、夹箍和螺栓等组成。

4）工作原理。当汽车制动时，空气从进气口进入制动气室，在空气压力作用下使膜片产生变形，推动推杆，并带动制动调整臂，转动制动凸轮，将制动蹄摩擦片压向制动鼓而产生制动。

二、驻车制动系统

1. 驻车制动系统的功用

驻车制动，俗称手刹，它的作用就是在停车时，给汽车一个阻力，防止汽车溜车。

驻车制动，也就是手刹或者自动档中的停车档，锁住传动轴或者后轮。驻车制动比行车制动的力要小很多，仅仅是在坡路停车不溜车就可以了。

1）停车后防止溜坡。
2）坡道起步。
3）紧急制动。

2. 驻车制动种类

1）中央制动器。
2）复合式制动器。

3. 机械驻车制动系统的组成

机械驻车制动系统如图 10-33 所示。

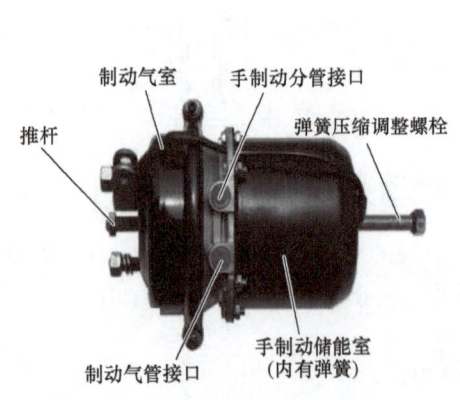

▲ 图 10-32　复合制动气式

▲ 图 10-33　机械驻车制动系统

 任务实施

根据知识储备内容，实施气压制动系统认知实训，完成以下实训（表 10-5）。

表 10-5　气压制动系统的认知

一、选用的气压制动系统品牌或使用车型号：_____，类型：_____。
二、根据气压制动系统实物认识下列零部件，并写相关内容，完成后请在后面的 □ 内打√。

1）制动踏板：	位置_____	功能_____	□
2）制动主缸：	位置_____	功能_____	□
3）制动轮缸：	位置_____	功能_____	□
4）储气罐：	位置_____	功能_____	□
5）推杆：	位置_____	功能_____	□
6）活塞：	位置_____	功能_____	□
7）弹簧：	位置_____	功能_____	□
8）橡胶皮碗：	位置_____	功能_____	□

任务四 认知制动防抱死系统（ABS）

1. 掌握 ABS 的组成及作用。
2. 掌握 ABS 的工作原理（即工作过程）。

知识储备

一、制动防抱死系统（ABS）简介

"ABS"是英文"Anti-lock Break System"的缩写，中文译为"制动防抱死系统"，它是用在制动过程中防止车轮被制动抱死，避免车轮在路面上进行纯粹的滑动，提高汽车在制动过程中的方向稳定性和转向操纵能力，缩短制动距离。ABS 是目前汽车上最先进、制动效果最佳的制动装置。

二、ABS 的功用

1) 充分发挥制动器的效能，缩短制动时间和距离。
2) 可有效防止紧急制动时车辆侧滑和甩尾，具有良好的行驶稳定性。
3) 可在紧急制动时转向，具有良好的转向操纵性。
4) 可避免轮胎与地面的剧烈摩擦，减少轮胎的磨损。

三、ABS 的组成

ABS 是在普通制动系统的基础上加装车轮速度传感器、ABS 电控单元、制动压力调节装置及制动控制电路等，如图 10-34 所示。

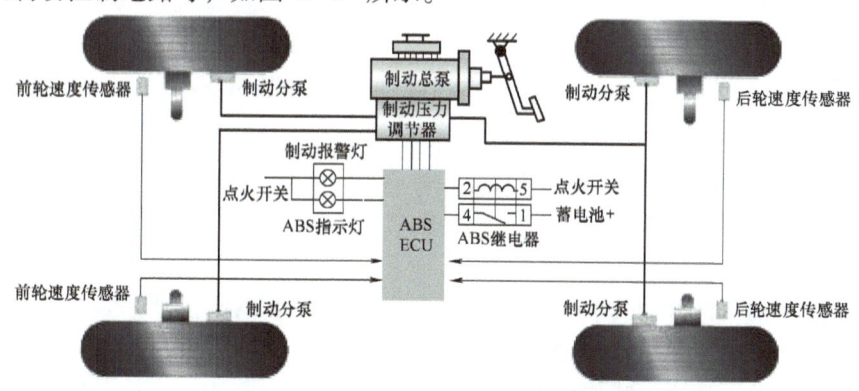

▲ 图 10-34　ABS 的组成

每个车轮上各安装一个转速传感器,将车轮转速信号输入电子控制装置。电子控制装置根据各车轮转速信号对各个车轮的运动状态进行监测和判定,并形成相应的控制指令,通过控制作用于车轮制动轮缸上的制动管路压力,使汽车在紧急制动时车轮不会抱死,这样就能使汽车在紧急制动时仍能保持较好的方向稳定性。其结构形式和控制方法因车而异。

ABS 系统

1. ABS 传感器

(1) 轮速传感器　用于检测车轮运动状态,获得车轮转速信号,并将车轮的减速度(或加速度)信号传递给 ECU。轮速传感器安装于车轮处,典型轮速传感器的外形与基本结构如图 10-35 所示。

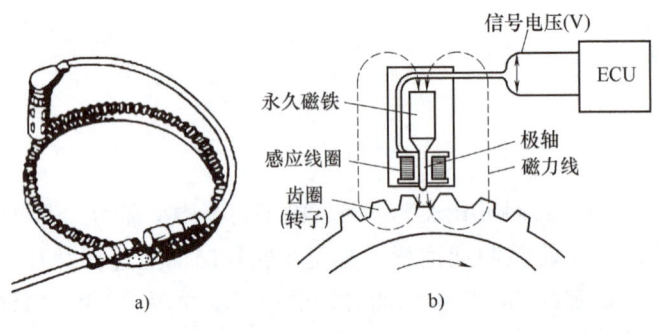

▲ 图 10-35　ABS 轮速传感器
a) 轮速传感器外形　b) 轮速传感器的基本结构

安装:一般在车轮处,但也有设置在主减速器或变速器中的。

(2) 横向加速度传感器　有一些 ABS 系统中装有横向加速度传感器,主要由开关触点组成。横向加速度低于限定值时,两触点都处于闭合状态,插头两端子通过开关内部构成回路。当汽车在高速急转弯过程中,横向加速度超过限定值时,开关中的一对触点在自身惯性力的作用下处于开启状态,插头两端子之间在开关内部形成断路,此信号输入 ECU 后可对制动防抱死控制指令进行修正,以便有效地调节左右车轮制动轮缸的液压,使 ABS 更有效地工作。此装置在较高级的轿车和跑车上采用较多。

(3) 减速度传感器　目前,在一些四轮驱动的汽车上,还装有汽车减速度传感器,又称 G 传感器。其作用是在汽车制动时,获得汽车减速度信号。判定汽车行驶在雪地、结冰路等易打滑的路面上时,采取相应控制措施,以提高制动性能。

2. ABS 控制单元

(1) 电子控制单元 ECU　接收轮速信号、车速信号、发动机转速信号、制动信号、液位信号等,分析判定车轮制动状态,需要时发出调节指令,并具有报警、记忆、存储、自诊断和保护功能。

(2) ECU 的防抱死控制功能　ECU 有连续监测四个轮速传感器速度信号的功能。ECU 连续地检测来自全部四个轮速传感器传来的脉冲电信号,并将它们处理、转换成和轮速成正比的数值,从这些数值中 ECU 可区别哪个车轮速度快,哪个车轮速度慢。ECU 根据四个轮子的速度实施防抱死制动控制。

（3）ECU 的故障保护控制功能 首先，ECU 能对自身的工作进行监控。由于 ECU 中有两个微处理器，它们同时接收、处理相同的输入信号，用与系统中相关的状态——ECU 的内部信号和产生的外部信号进行比较，看它们是否相同，从而对 ECU 本身进行校准。这种校准是连续的，如果不能同步，就说明 ECU 本身有问题，它会自动停止防抱死制动过程，而让普通制动系统照常工作。此时，修理人员必须对 ABS 系统（包括 ECU）进行检测，以及时找出故障原因。

3. ABS 执行器

（1）液压泵及储能器 产生控制油压，使制动压力调节装置工作。

（2）制动压力调节器 制动压力调节器是 ABS 系统中最主要的执行器，一般都设在制动总泵（主缸）与车轮制动轮缸之间。其作用是根据 ECU 的控制指令，自动调节制动轮缸的制动压力。

4. ABS 警示装置

（1）作用 警告灯可显示系统工作状态及自诊断报警。

（2）黄色的 ABS 灯亮 可显示 ABS 控制系统的故障（如 4 个轮速传感器、4 个电磁阀、ABS 主继电器、液压泵继电器、警告灯继电器等），它报警后汽车仍然能维持常规制动，但 ABS 系统已断电保护，停止工作。

（3）红色的 BRAKE 灯亮 显示驻车制动开关、行车制动开关信号、液位高低信号等有故障，危险性大，应停车检修。

循环式压力调节器工作原理

四、ABS 的工作过程

在 ABS 中，每个车轮上各安装一个转速传感器，将关于各车轮转速的信号输入给 ECU。ECU 根据各车轮轮速传感器输入的信号对各个车轮的运动状态进行监测和判定并形成相应的控制指令。当驾驶员踩下制动踏板紧急制动时，ABS 系统的控制单元（ECU）接收到制动灯开关接通信号，由装在车轮上的转速传感器采集 4 个车轮的转速信号，送到 ABS ECU 计算出每个车轮的线速度和车速进而推算出车辆的减速度及车轮的滑移率判断车轮是否有抱死的趋势。ABS 工作过程可以分为建压阶段、保压阶段、降压阶段和升压阶段。

车轮制动压力调节的控制过程如图 10-36 所示。

1. 建压阶段

制动时，通过助力器和总泵建立制动压力。此时常开阀打开，常闭阀关闭，制动压力进入车轮制动器，车轮转速迅速降低，直到 ABS ECU 通过转速传感器识别出车轮有抱死的倾向为止。

2. 降压阶段

ABS ECU 通过转速传感器得到的信号识别出车轮有抱死的倾向时，ABS ECU 即关闭常开阀，此时常闭阀仍然关闭。

3. 保压阶段

如果在保压阶段，车轮仍有抱死倾向，则 ABS 系统进入降压阶段。此时，ECU 命令常闭阀打开，常开阀关闭，液压泵开始工作，制动液从轮缸经低压蓄能器被送回到制动

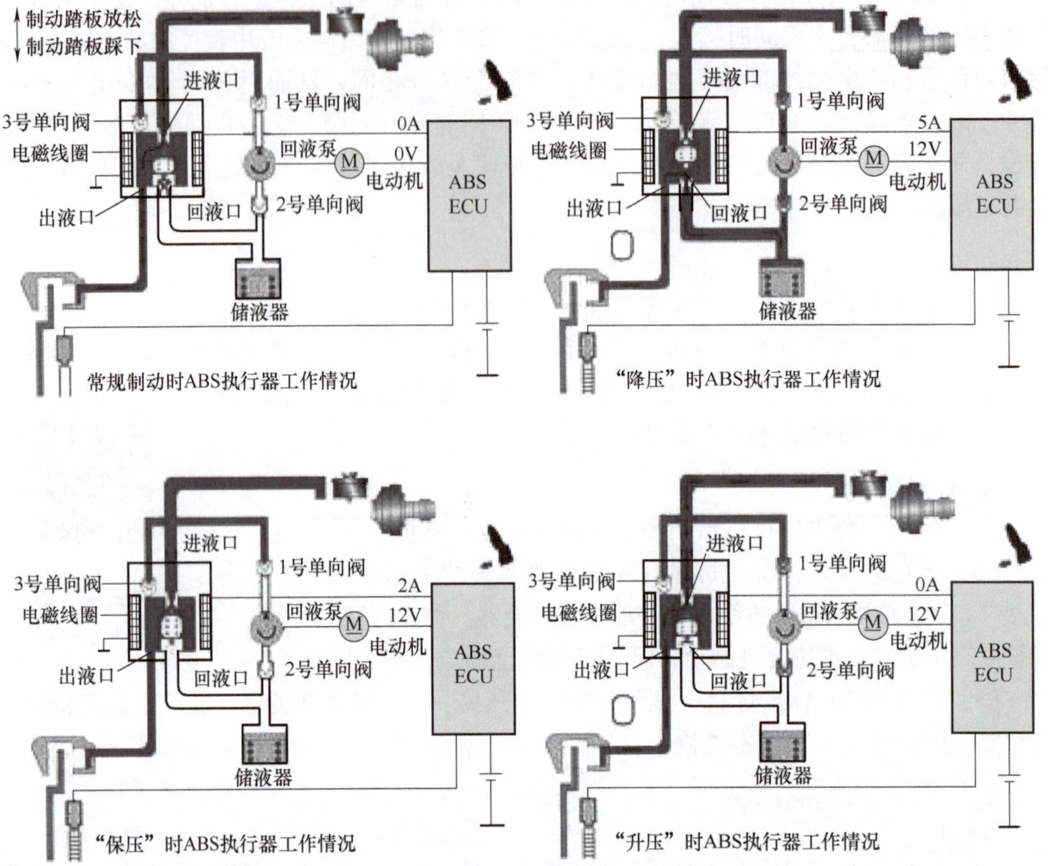

▲ 图 10-36 ABS 的控制过程

总泵，制动压力降低，制动踏板出现抖动，车轮抱死程度降低，车轮转速开始增加。

4. 升压阶段

为了达到最佳制动效果，当车轮达到一定转速后，ABS ECU 再次命令常开阀打开，常闭阀关闭。随着制动压力增加，车轮再次被制动和减速。这样反复循环地控制。

任务实施

根据知识储备内容，实施 ABS 认知实训，完成以下实训（表 10-6）。

表 10-6　ABS 结构认知

一、选用的车型品牌或使用车型号：_____，类型：_____。
二、根据实物认识下列零部件，并写相关内容，完成后请在后面的 □ 内打√。
1）前轮速度传感器：　　　　位置_____　　功能_____ □
2）制动压力调节器：　　　　位置_____　　功能_____ □
3）ABS ECU：　　　　　　　位置_____　　功能_____ □

(续)

4）ABS 警告灯：	位置_____	功能_____	☐
5）后轮速度传感器：	位置_____	功能_____	☐
6）停车灯开关：	位置_____	功能_____	☐
7）制动主缸：	位置_____	功能_____	☐
8）比例分配阀：	位置_____	功能_____	☐

任务五　制动系统故障分析

1. 能正确分析制动系统的常见故障。
2. 能理解并判断引起制动系统故障的原因。

 知识储备

一、轿车制动失效

1. 故障现象

汽车在行驶中使用制动时不能减速，连续踩下制动踏板时不起制动作用。

2. 故障原因

1）制动主缸内无制动液或缺少制动液。
2）制动主缸内皮碗破损或踏翻。
3）制动液管破裂或漏液。
4）某机械连接部位脱开。

二、轿车制动跑偏

1. 故障现象

汽车制动时，左、右车轮制动力不等或制动生效时间不一致，导致汽车向制动力较大或制动作用较早一侧行驶的现象，紧急制动时出现扎头或甩尾现象。

2. 故障原因

1）左、右车轮制动间隙大小不一致；接触面积相差太大；摩擦片材料、材质不一样。
2）左、右制动鼓内径相差过多；回位弹簧拉力相差太大；轮胎气压高低不一样。
3）个别车轮摩擦片有油污、硬化或铆钉外露；轮缸内活塞运动不灵活，皮碗发胀或制动管路堵塞；制动鼓失圆，单边管路凹瘪或有气阻。

4）车架变形；前轴外移；前、后轴不平行；左右两轮钢板弹簧弹力不一样。

三、轿车制动拖滞

1. 故障现象

在行车制动中，当抬起制动踏板时，全部或个别车轮仍有制动作用，致使车辆起步困难，行驶阻力大，制动鼓发热。

2. 故障原因

1）制动踏板没有自由行程，回位弹簧过软或折断。
2）踏板轴锈滞、发卡而回位困难。
3）主缸皮碗、皮圈发胀，活塞变形或被污物粘住。
4）主缸活塞回位弹簧过软或折断。
5）制动间隙过小；制动蹄回位弹簧过软或失效，制动蹄在支承销上不能自由转动。
6）制动轮缸皮碗胀大，活塞变形或被污物粘住。
7）制动管路凹瘪、堵塞，导致回油不畅。
8）制动液太脏，黏度太大，回油困难。

四、气压制动失效

1. 故障现象

汽车行驶中使用制动时不能减速或停车，制动阀无排气声。

2. 故障原因

1）储气罐内无压缩空气。
2）制动控制阀的进气阀不能打开或排气阀不能关闭。
3）气管堵塞，制动控制阀或制动气室膜片破裂漏气。
4）制动踏板与制动控制阀拉臂脱节。

五、气压制动拖滞

1. 故障现象

抬起制动踏板后，摩擦片与制动鼓仍然接触，致使汽车起步困难、行驶无力、制动鼓发热。

2. 故障原因

1）制动踏板无自由行程或制动间隙过小。
2）制动控制阀调整不当或排气阀弹簧失效，使排气阀不能完全打开，管路不畅通。
3）制动踏板与制动控制阀拉臂之间传动件卡住。
4）制动气室推杆伸出过长或因变形而卡住。
5）制动凸轮轴与衬套锈滞或同轴度超差，使凸轮转动不灵活。
6）桥壳、转毂轴承、半轴套管之间配合松旷。

六、ABS 故障灯常亮

1. 故障现象

打开点火开关到"ON"位,ABS 故障灯常亮。

2. 故障原因

1) ABS 指示灯线束故障(含插接器件接触不牢固)。
2) ABS 指示灯控制电路故障。
3) ECU 故障以上 1)、2) 原因,可能还有 ABS 动作。
4) 当传感器及阀体等出现故障时,ABS 功能一般会失效,ABS 不会有动作。

任务实施

一、制动失效

制动失效故障诊断流程图如图 10-37 所示。请在图中空白框内填写相关内容。

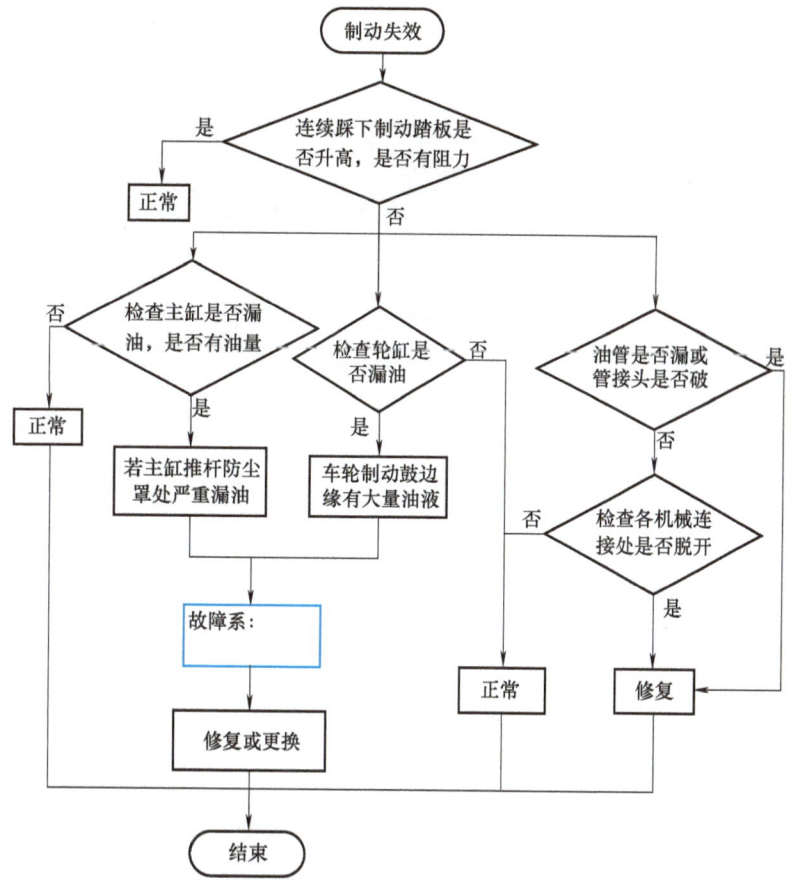

▲ 图 10-37 制动失效故障诊断流程图

二、制动跑偏

制动跑偏故障诊断流程图如图 10-38 所示。请在图中空白框内填写相关内容。

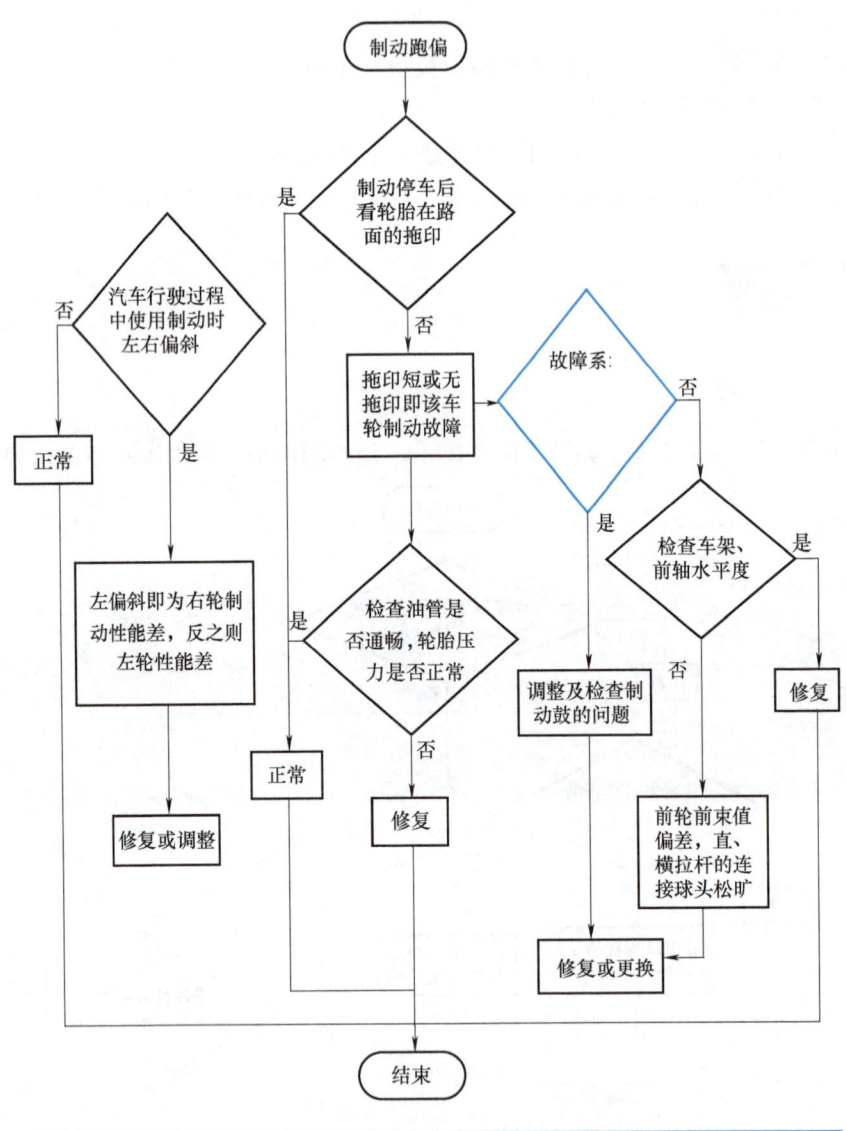

▲ 图 10-38　制动跑偏故障诊断流程图

三、ABS 故障灯亮常

ABS 故障灯常亮故障诊断流程图如图 10-39 所示。请在图中空白框内填写相关内容。

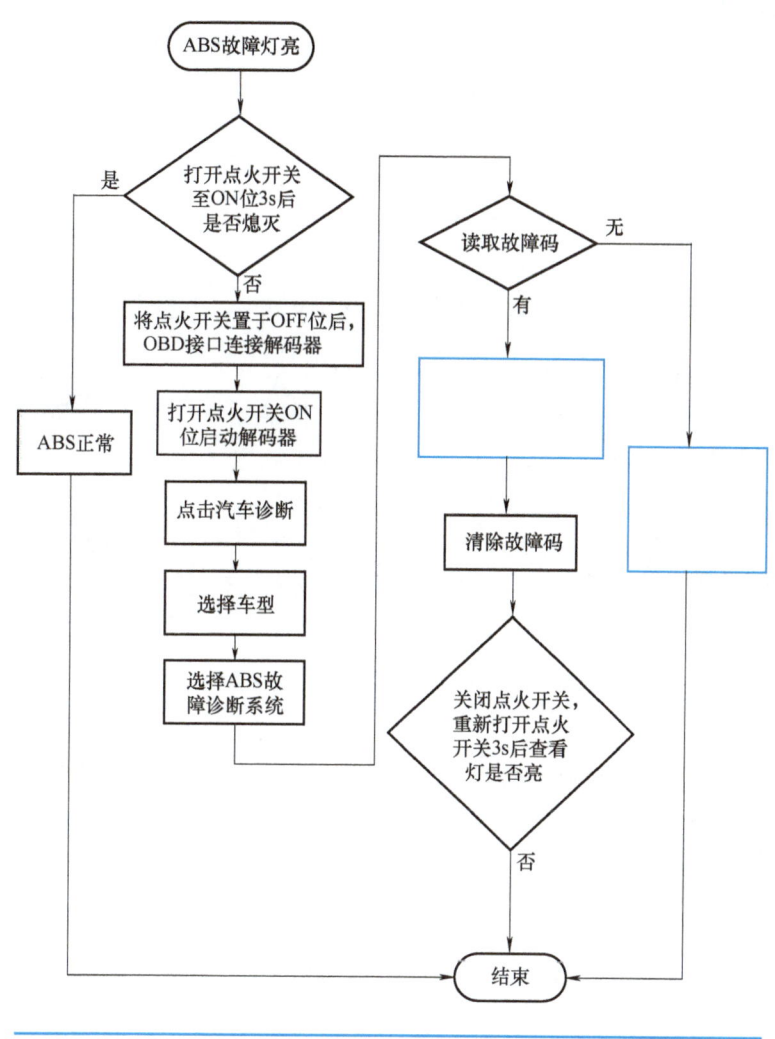

▲ 图 10-39　ABS 故障灯常亮故障诊断流程图

任务六　检修制动系统

 任务目标

1. 能按要求正确拆装制动系统各总成。
2. 能正确检测制动系统各个部分并对其做正确的判断和调试。
3. 能正确地使用拆装和测量的工量具。

一、盘式车轮制动器的拆装与检测

1. 制动器摩擦块的检测

1）通过泵体上的检测孔，检查摩擦块衬层的厚度，如图10-40所示。如厚度不符合要求，应更换。衬层最小厚度为1.0mm。

2）拧松制动轮缸下部装配螺栓，吊起制动轮缸，如图10-41所示。

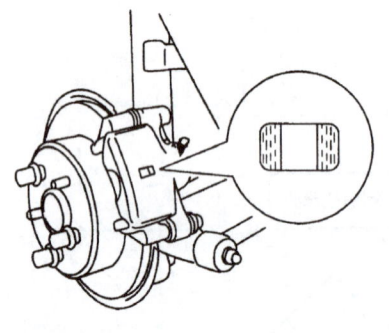

▲ 图10-40　摩擦块衬层厚度的检查

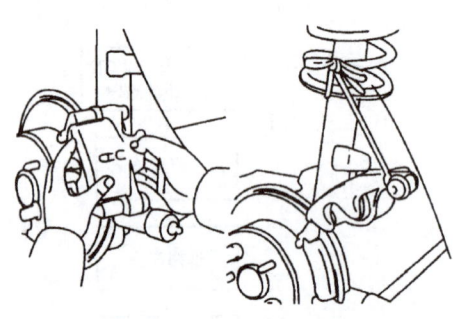

▲ 图10-41　制动轮缸的吊起

3）拆出以下零件：两块制动器摩擦块、4块消声垫片、1块摩擦块磨损指示板、4块摩擦块支承板，如图10-42所示。

4）装配新的摩擦块，如图10-43所示。

装配时应注意：磨损指示板应装在内摩擦块上，且安装时，摩擦块磨损指示板应面朝上，另外，在内消音垫片的两面抹上盘式制动器润滑脂。

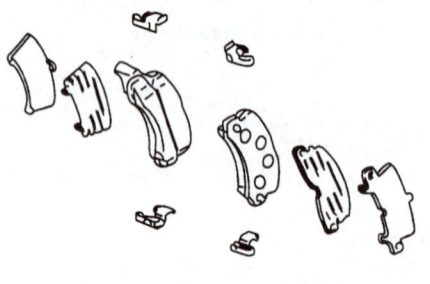

▲ 图10-42　制动器一组零件的拆卸

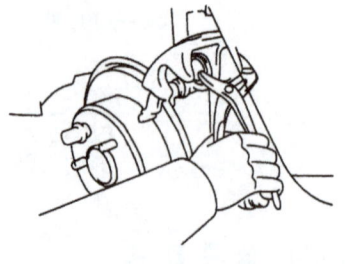

▲ 图10-43　新摩擦块的装配

2. 制动轮缸的拆装

1）从制动轮缸上拆下软管，用容器接排出的制动液。

2）拆下制动轮缸上下两个装配螺栓，拆下制动轮缸及摩擦块。

3）用螺钉旋具拆下活塞防尘罩。

4）用压缩空气从制动轮缸进油口将活塞吹出，如图10-44所示。

> **注意**，应让活塞掉在废布料或类似材料上，避免活塞表面划伤而影响密封性，小心别碰伤手。

5）用螺钉旋具拆出活塞密封件，如图10-45所示。

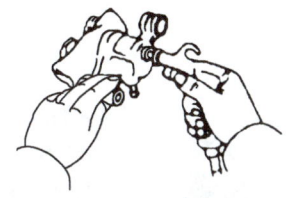

▲ 图10-44 制动轮缸活塞的拆卸　　▲ 图10-45 活塞密封件的拆卸

6）用制动液清洗缸套和活塞，更换新的密封件。检查缸套、活塞是否有明显的磨损、损伤，如有，应予更换。

7）在密封圈、活塞、防尘罩、导向销表面涂一层锂-皂基乙二醇润滑脂，如图10-46所示。

8）将密封件、活塞、防尘罩装入制动轮缸。

9）装好摩擦块，再装好制动轮缸。

10）连接好软管。

11）进行排空，并检查制动液是否有泄漏现象。

3. 制动器零件的检修

1）摩擦块衬层厚度的检测。如图10-47所示，用直尺测量衬层厚度，最小厚度应大于1.0mm。否则，应予更换。另外，如有严重的不均匀磨损，也应更换。

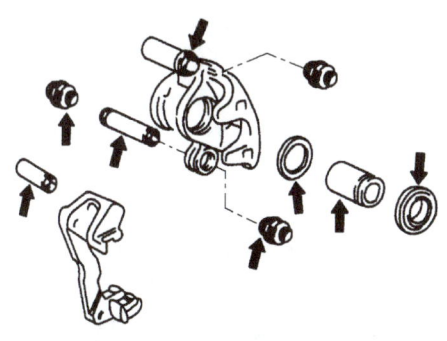

▲ 图10-46 涂润滑脂的部位

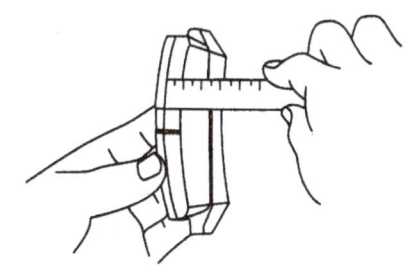

▲ 图10-47 摩擦块衬层厚度的检测

2）制动盘磨损的检修。制动盘如磨损起槽，应卸下在光磨机上光磨或车床车削，一次光磨深度为0.50mm。

> **注意**：要左右车轮同时光磨。光磨后制动盘的厚度不能小于标准厚度2.00mm，有些制动盘标有MIN，表示允许磨损的最小厚度。

3）制动盘轴向圆跳动的测量。如图 10-48 所示，将磁力表座吸附在车架上，用百分表抵压在距制动盘外缘 10mm 处，制动盘转动 1 周以上，读取百分表指针摆动的数值，应在规定的范围内，最大偏摆应小于 0.15mm，否则，应首先检查轴承的轴向间隙，如均无异常，则应光磨制动盘，如光磨后还不行，应更换制动盘。

4. 液压系统的排气

制动液的排空如图 10-49 所示。

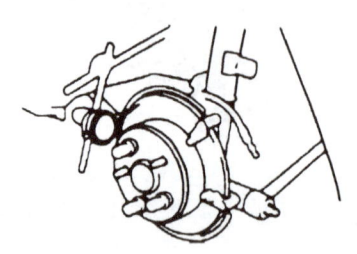

▲ 图 10-48　制动盘轴向圆跳动的检测　　▲ 图 10-49　制动液的排空

1）将制动总泵的油杯加满制动液。

2）一人将制动踏板连续踏下数次，直至踏板一次比一次增高，到踏不下去为止，然后用力踏着不放。

3）另一人此时拧松该制动鼓内侧的制动液放气螺栓，应有制动液流出，且该制动液不应混杂有气泡，待制动液流出停止后，将制动液放气螺栓拧紧，然后踩制动踏板的人放松制动踏板。

4）不断重复 2）、3）步骤，直至流出的制动液没有气泡且流速较大时，拧紧制动液放气螺栓。

5）按相同的方法对其余车轮进行排空。

6）注意液面高度应合适，按由远到近原则逐一排空。

二、鼓式车轮制动器的拆装、检测、调整

1. 轮缸促动鼓式车轮制动器

（1）鼓式制动器的拆卸

1）如图 10-50 所示，取下检测孔塞，从检测孔检查制动蹄摩擦衬层的厚度。最小厚度应大于 1.0mm。否则，应更换制动蹄。

2）卸下制动鼓，如难以卸下，可用金属丝将自动调整杆挑开，再用螺钉旋具转动调整装置，减小制动蹄被调整装置张紧的力度，如图 10-51 所示。

3）拆下回位弹簧、压紧弹簧、支承弹簧，拆下前、后制动蹄片，如图 10-52 所示。

4）从制动轮缸上拆下制动器油管，用容器接住制动液，如图 10-53 所示。

5）拆卸并分解制动轮缸（两个护罩、两个活塞、两个皮碗、1 个弹簧）。

（2）鼓式制动器零件的检测

1）制动蹄摩擦衬层的检测。如图 10-54 所示，摩擦衬层的厚度不能小于 1.0mm，且无不均匀磨损现象，否则，应予以更换。如需更换任何一个制动蹄片，则需要换左右两

轮全部蹄片。

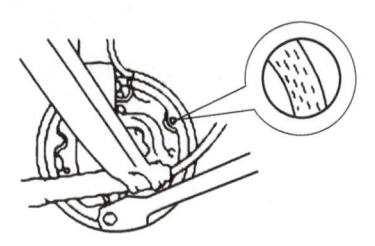

▲ 图 10-50 制动蹄摩擦衬层的厚度检测

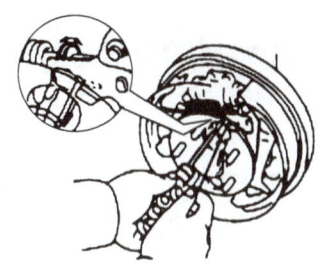

▲ 图 10-51 制动鼓的拆卸

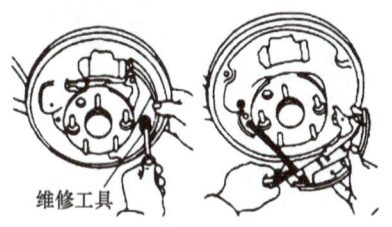

▲ 图 10-52 回位弹簧和制动蹄片的拆卸

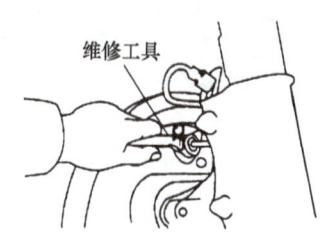

▲ 图 10-53 制动器油管的拆卸

2）制动鼓的检测。制动鼓内表面即摩擦面如有划痕或磨损起槽，可用车床将其打磨，一次打磨深度为 0.50mm。打磨后内径比标准内径的扩大不能超过 2mm（有些标有 MAX，那就是极限尺寸）。

3）检查制动蹄与制动鼓之间的贴合情况。

① 如图 10-55 所示，在制动鼓摩擦面上均匀涂抹一层白粉笔，将制动蹄在制动鼓内贴合转 1 周。

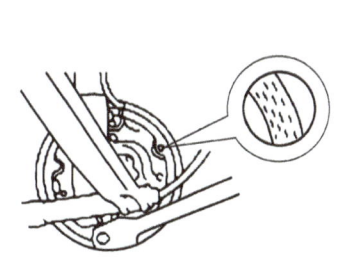

▲ 图 10-54 制动蹄摩擦衬层的检查

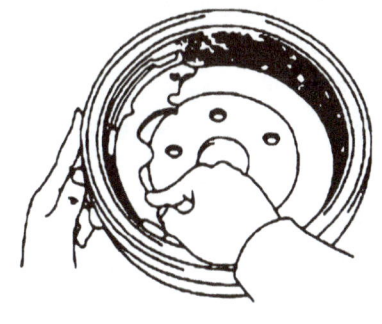

▲ 图 10-55 制动鼓的检查

② 检查制动蹄表面与制动鼓的接触面积（制动蹄表面的白色部分），应占整个摩擦面的 90% 以上。否则，应打磨制动蹄摩擦表面，用砂纸或锯片打磨白色部分，再进行贴合试验，重复进行，直至符合要求。

③ 将制动蹄中间部分约 10mm 宽的地方横向打磨，进行贴合试验，该位置应不白（即未与制动鼓接触），这样有利于在使用中提高制动蹄与制动鼓的接触面积。

4）检查制动轮缸活塞及缸筒，如有划痕或磨损严重，应予更换。另外，在装配时，应更换新的皮碗。

（3）鼓式车轮制动器的安装

1）在制动轮缸活塞、皮碗上涂一层锂-皂基乙二醇润滑脂，组装制动轮缸，如图 10-56 所示。

2）将制动轮缸安装在底板上并连接好制动油管。

3）在底板与制动蹄片的接触面上以及调整装置螺栓的螺纹和尾端涂抹高温润滑脂，如图 10-57 所示。

▲ 图 10-56　制动轮缸的组装

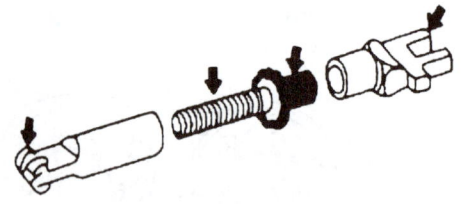

▲ 图 10-57　调整装置涂润滑脂的位置

4）将调整装置装至后制动蹄片上，装上后制动蹄片（同时装好驻车制动装置），然后装上前制动蹄片，装好支承弹簧。

5）如图 10-58 所示，将后制动蹄的驻车制动器操纵杆前后拉动，检验调整装置应能回转（即回位），否则应检验后制动蹄的安装是否正确，然后将调整装置的长度尽可能调至最短，装上制动鼓。

6）制动蹄片与制动鼓间隙的调整。用螺钉旋具从调节孔调节调整螺栓，使制动鼓用手不能转动，再用螺钉旋具慢慢放松至制动鼓可用手转动，但有点阻力为宜。

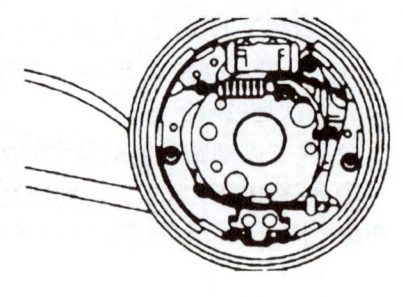

▲ 图 10-58　调整装置自动回转的检查

7）装配好车轮。

2. 凸轮促动式鼓式车轮制动器

（1）制动器的分解

1）将制动鼓从车桥上拆下。

2）用拉簧钩拆下蹄片回位弹簧，取下支承销上的垫板。

3）取下制动蹄总成，拆下支承销、制动凸轮、调整臂总成及制动气室、支架。

4）拆下制动底板。

（2）制动器的装配

1）将制动底板用螺栓固定在前桥转向节凸缘或后桥桥壳凸缘上，依次装上支承销、支架和制动气室总成、调整臂。

2）将凸轮轴的凸轮工作面、花键部分和轴颈处分别涂上少许润滑脂（防止凸轮轴锈住卡孔）后，装入支架的孔中，其花键部分与调整臂的内花键啮合，在尾端的伸出部分上装上垫圈后用开口销锁住。

3）将制动蹄套到支承销上并用垫板进行轴向定位，然后装上回位弹簧。

注意：两制动蹄的位置不要互换，其上端面要与凸轮工作面完全贴合，支承销内端的标记朝内相对。

4）装上制动鼓及其余零部件。
（3）制动器的调整
1）取下制动鼓上检查孔的盖片，松开支承销的固定螺母和凸轮轴支架、紧固螺栓。
2）拧转调整臂蜗杆轴使制动蹄张开与制动鼓贴紧至拧不动为止。
3）分别拧动偏心支承销使下端的间隙改变。

小贴士：经验做法是将偏心支承销放置在其左右所能转动的角度范围内的中间位置。

4）再继续拧转蜗杆轴至拧不动后，再按上述方法拧动支承销。这样反复拧动调整臂蜗杆轴和支承销，使蹄鼓间均匀贴合。
5）在拧紧凸轮轴支架和支承销上的紧固螺母后，将蜗杆轴拧松 1/2～2/3 圈（听声音 3～4 响），制动鼓应能自由转动而不与摩擦片或其他零部件擦碰。
6）用塞尺检查蹄鼓间隙，将厚度合适的塞尺从检查孔内塞入，拉动有阻力即为合适。

小贴士：具体间隙值为：EQ1092 型汽车支承端为 0.25～0.40mm，凸轮端为 0.4～0.55mm。CA1092 型汽车支承端为 0.25～0.40mm，凸轮端为 0.40～0.45mm，同一端两蹄间隙差应小于 0.1mm。

7）当制动蹄摩擦片磨损后，一般进行局部调整，局部调整时不要转支承销，仅转动调整臂就可以了。前桥顺时针拧动蜗杆轴则间隙减小，而后桥逆时针拧动蜗杆轴则间隙减小。
8）当汽车制动发生前轮跑偏时，可以减小跑偏一侧前轮的蹄鼓间隙或加大跑偏另一侧的间隙。

三、制动主缸的拆装与检测

1. 制动主缸的拆装

1）拆下总泵的护罩，拆下储液罐。
2）用螺钉旋具将活塞推入缸体尽头，拆下止动螺栓，如图 10-59 所示。

注意：螺钉旋具头上要缠好布。

3）用螺钉旋具将活塞推入，然后拆出弹性挡圈，如图 10-60 所示。
4）将活塞及弹簧垂直倒出。

2. 检查

1）检测泵筒内有无生锈或擦伤现象，如有，应予更换。

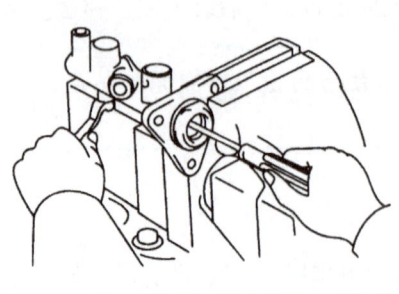 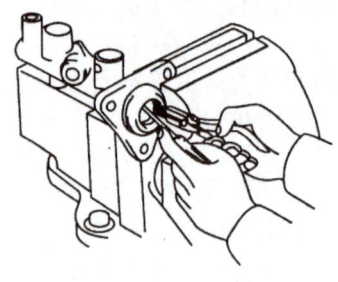

▲ 图10-59 活塞止动螺栓的拆卸　　▲ 图10-60 弹性挡圈的拆卸

2）活塞与泵筒的配合间隙应小于0.20mm，否则，应予更换。

3）检查皮碗有无软化、发胀，如有，应更换皮碗。

3. 组装

1）组装前，应把所有零部件用制动液或酒精清洗干净。
2）垂直装入两组弹簧及活塞，装上弹性挡圈。
3）用螺钉旋具将活塞推到底，装好止动螺栓。
4）装好储液罐。
5）装上总泵护罩。

> 注意：护罩有"UP"标记的面应朝上。

6）用螺钉旋具推压前活塞，前活塞移动灵活，无卡滞现象。

4. 检查、调整

1）推动活塞数次，检查其运动和回位是否灵活，完全放松时用细铝丝检查旁通孔、补偿孔是否畅通，如某一孔堵塞，应进行调整。

2）将总泵总成装回车架，然后调整踏板自由行程。调整时，先松开推杆中间接头的锁紧螺母，然后转动推杆至其球头与活塞接触，再反向转动推杆约1.5~2.5圈，此时推杆球头与活塞保持一定的间隙（1.2~2.0mm）和相应的踏板自由行程（10~15mm）。

3）检查制动踏板自由行程符合规定值后，将推杆中间的锁紧螺母锁紧，以免松动。

四、制动踏板自由行程的调整

1. 踏板自由行程的检查

踏板自由行程是主缸与推杆之间间隙的反映。检查时，可用手轻轻压下踏板，当手感变重时，用钢直尺测出踏板下移的量，该量即为踏板自由行程，应该符合有关技术规定。

踏板的踏下余量，也应该进行检测。将踏板踩到底后，踏板与地板之间的距离，即为踏板余量。踏板余量减小的原因主要是制动间隙过大、盘式制动器自动补偿调整不良、制动管路内进气、缺制动液等。踏板余量过小或者为零，会使制动作用滞后、减弱，甚至失去制动作用。

2. 踏板自由行程的调整

1）大多通过调节推杆长度的方法来实现。将推杆长度缩短，可以增大自由行程；加长则可以减小自由行程。

2）还有一些汽车推杆与踏板通过偏心销铰接，如图10-61所示，可转动偏心销，使推杆的轴向位置改变，从而使自由行程改变。推杆向踏板方向移动，可使自由行程增大；向主缸方向移动，可使自由行程减小。

3）调整方法，调整完毕后，应将锁紧螺母锁止。

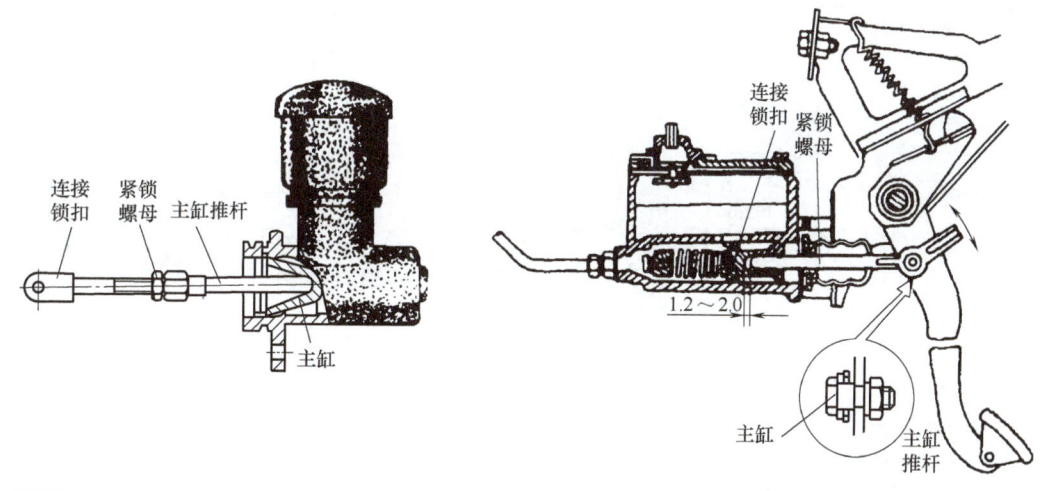

▲ 图10-61　踏板自由行程的调整

五、制动气室的检查

1）制动气室在制动时应无漏气现象，推杆不歪斜，运动无卡滞。前、后制动器推杆伸出长度应合适，不得超过规定值。各制动器推杆应协调一致，不得长短不一。

2）推杆变形时应进行校直，长度不合适时，应调整其长度。

一、制动系统拆装检测作业

制动系统拆装检测作业见表10-7。

表10-7　制动系统拆装检测作业表

名称	序号	作业内容方法	完成情况		
1）选用的制动器品牌型号：_____，类型：_____。					
拆卸前轮盘式制动器	1	取下轮上装饰罩，将车辆举升到一定高度，拆下车轮	□完成	□基本完成	□没有完成
	2	拆卸制动器上、下定位螺栓	□完成	□基本完成	□没有完成
	3	从支架上取下制动钳壳体，用铁丝挂在车身上	□完成	□基本完成	□没有完成
	4	取下制动器摩擦块	□完成	□基本完成	□没有完成
	5	从转向节上拆下制动钳支架螺栓，取下制动支架	□完成	□基本完成	□没有完成
	6	拆下制动盘紧固螺栓，取下制动盘	□完成	□基本完成	□没有完成

（续）

名称	序号	作业内容方法	完成情况		
安装前轮盘式制动器	1	安装制动盘、制动钳支架和制动器摩擦块	□完成	□基本完成	□没有完成
	2	用专用工具将活塞压入轮缸里	□完成	□基本完成	□没有完成
	3	安装制动钳壳体，紧固定位螺栓	□完成	□基本完成	□没有完成

2）认识各零部件名称。

写出图中序号的名称	1— 2— 3— 4— 5— 6— 7—	□完成 □基本完成 □没有完成

3）选用的制动器品牌型号：_____，类型：_____。

	序号	作业内容方法	完成情况		
拆卸后轮鼓式制动器	1	取下轮上装饰罩，将车辆举升到一定高度，拆下车轮	□完成	□基本完成	□没有完成
	2	用鲤鱼钳取下开口销，旋下车轮轴承上的六角螺母，取出止推垫圈	□完成	□基本完成	□没有完成
	3	拉出圆锥滚子轴承，取下制动鼓，用鲤鱼钳拆下压簧座圈	□完成	□基本完成	□没有完成
	4	提起制动蹄，取出下回位弹簧	□完成	□基本完成	□没有完成
	5	用鲤鱼钳取下制动杆上的驻车拉索，取下楔形件的拉力弹簧和回位弹簧	□完成	□基本完成	□没有完成
	6	把有压力杆的制动蹄夹在台虎钳上，拆下定位弹簧，取下制动蹄	□完成	□基本完成	□没有完成
	7	在制动底板上拆制动油管，拆下制动轮缸	□完成	□基本完成	□没有完成
安装后轮鼓式制动器	1	安装制动轮缸，把制动油管接到制动轮缸上	□完成	□基本完成	□没有完成
	2	装上定位弹簧，将制动蹄装在压力杆上，楔形件凸块朝向制动底板	□完成	□基本完成	□没有完成
	3	将有制动杆的制动蹄装在压力杆上，装上回位弹簧，制动杆上套驻车拉索，装入下回位弹簧	□完成	□基本完成	□没有完成
	4	装楔形件的拉力弹簧、压簧和弹簧座圈	□完成	□基本完成	□没有完成
	5	装上制动鼓轴承、止推垫圈螺母开口销、轮毂盖	□完成	□基本完成	□没有完成

（续）

4）认识各零部件名称。

写出图中序号的名称	(图：鼓式制动器，标注1-11)	1— 2— 3— 4— 5— 6— 7— 8— 9— 10— 11—	□完成 □基本完成 □没有完成

5）选用的制动器品牌型号：_____，类型：_____。

	序号	作业内容方法	测量过程记录	完成情况		
拆卸后轮鼓式制动器	1	找准点位		□完成	□基本完成	□没有完成
	2	正确的检测方法		□完成	□基本完成	□没有完成
	3	检测的结果正确性		□完成	□基本完成	□没有完成

	检测点	间隙要求	完成情况		
(图：制动器A、B、C、D标注)	A：	A：	□完成	□基本完成	□没有完成
	B：	B：	□完成	□基本完成	□没有完成
	C：	C：	□完成	□基本完成	□没有完成
	D：	D：	□完成	□基本完成	□没有完成

6）选用的制动器品牌型号：_____，类型：_____。

	序号	作业内容方法	排气过程记录	完成情况		
液压制动系统的排气	1	拔下防尘罩、接上软管		□完成	□基本完成	□没有完成
	2	反复数次踩下、放松制动踏板后，踩下制动踏板保持不动		□完成	□基本完成	□没有完成
	3	重复拧松放气螺栓，排出制动系统中的空气		□完成	□基本完成	□没有完成
	4	取下软管，套上防尘罩		□完成	□基本完成	□没有完成
	5	注意液面高度		□完成	□基本完成	□没有完成

	名称	完成情况		
(图：排气操作，标注1-5)	1—	□完成	□基本完成	□没有完成
	2—	□完成	□基本完成	□没有完成
	3—	□完成	□基本完成	□没有完成
	4—	□完成	□基本完成	□没有完成
	5—	□完成	□基本完成	□没有完成

二、制动器故障分析报告表

制动器故障分析见表10-8。

表10-8 制动器故障分析报告表

故障现象描述	
故障的可能原因分析	
制订解决方案	
解除故障实施过程记录	
总结	

项目考核与评价

一、填空题

1. 制动系统由_____、_____、_____、_____四个基本部分组成。
2. 制动系统按制动能源分_____、_____、_____和_____。
3. 制动器由_____、_____和_____组成。
4. 制动传动机构由_____、_____、_____、_____和_____组成。
5. 制动器的领蹄具有_____作用,从蹄具有_____作用。
6. 国产汽车和部分国外汽车的气压制动系统中,都采用_____。
7. 凸轮式制动器的间隙是通过_____来进行局部调整的。
8. 鼓式制动器以发动机的_____作为制动器制动的唯一能源,而驾驶员的体力仅作为_____的制动系统称之为气压制动系统。
9. 在储气筒和制动气室距制动阀较远时,为了保证驾驶员实施制动时储气筒内的气体能够迅速充入制动气室而实现制动,在储气筒与制动气室间装有_____,为了保证解除制动时制动气室迅速排气,在制动阀与制动气室间装_____。
10. 制动气室的作用是_____。
11. ABS具有_____等优点。
12. 在制动期间,最大摩擦力_____出现在轮胎与路面之间,而是出现在制动摩擦块或制动蹄与制动盘或制动鼓之间。
13. ABS是现代汽车_____安全性能的必备系统。
14. ABS的控制过程就是_____各个车轮制动油压的过程。

二、选择题

1. 制动蹄摩擦衬层的最小厚度应大于（　　），制动鼓内表面打磨后内径比标准内径的扩大不能超过（　　）。
   A. 1mm，2mm　　　　　　　　　　B. 1.5mm，2.5mm
   C. 0.5mm，1.5mm　　　　　　　　D. 1.5mm，2.0mm

2. 盘式制动器摩擦块的磨损极限值为（　　）。
   A. 5mm　　　　B. 6mm　　　　C. 7mm　　　　D. 8mm

3. 制动蹄鼓间隙的测量点应在蹄片的（　　）。
   A. 两端　　　　B. 中间　　　　C. 距端部 20～30mm

4. 领从蹄式制动器一定是（　　）。
   A. 等促动力制动器　　　　　　　B. 不等促动力制动器
   C. 非平衡式制动器　　　　　　　D. 以上三个都不对

5. 在液压制动传动装置中，制动踏板的自由行程取决于（　　）。
   A. 主缸推杆与活塞间的间隙和制动蹄摩擦片与制动鼓间的间隙之和
   B. 主缸推杆与活塞间的间隙
   C. 制动蹄摩擦片与制动鼓之间的间隙
   D. 主缸推杆与活塞间的间隙和制动蹄摩擦片与制动鼓之间的间隙之差

6. 制动控制阀的排气阀门开度的大小影响（　　）。
   A. 制动效能　　B. 制动强度　　C. 制动状态　　D. 制动解除时间

7. 下列几种形式的制动传动机构当中，（　　）仅用在驻车制动上。
   A. 机械式　　　B. 液压式　　　C. 气动式　　　D. 以上均不是

8. 汽车制动系统按其功能的不同可分很多类，其中在制动系统失效后使用的制动系统称为（　　）。
   A. 行车制动系统　　　　　　　　B. 驻车制动系统
   C. 应急制动系统　　　　　　　　D. 辅助制动系统

三、判断题

（　　）1. 等促动力的领从蹄式制动器一定是简单非平衡式制动器。

（　　）2. 无论制动鼓正向还是反向旋转时，领从蹄式制动器的前蹄都是领蹄，后蹄都是从蹄。

（　　）3. 在不同的路面上，临界区的滑移率是不会改变的。

（　　）4. 当车辆高速转弯时，后轮抱死，车辆会失去转向能力。

（　　）5. 当车辆高速转弯时，前轮抱死，车辆会失去转向能力。

（　　）6. 当车辆行驶在雪地路面时，制动时附着系数会上升。

四、简答题

1. 简述制动系统的功用。

2. 简述对制动系统的要求有哪些。

3. 简述液压制动传动装置的优缺点。

4. 简述 ABS 的结构组成与工作原理。

制动系统的检修项目学习评价表

班 级		姓 名		学 号		总 评	
项目	自我评价 20%		小组评价 30%		教师评价 50%		小计
任务一							
任务二							
任务三							
任务四							
任务五							
任务六							
评语							
学生总结							

参 考 文 献

[1] 欧益娥. 汽车底盘构造与维修 [M]. 上海：上海交通大学出版社，2014.
[2] 王庆和. 汽车底盘构造与维修 [M]. 长春：吉林大学出版社，2016.
[3] 谭本忠. 汽车底盘构造与维修 [M]. 济南：山东科学技术出版社，2010.
[4] 解云. 汽车构造 [M]. 北京：中国劳动社会保障出版社，2004.
[5] 黎巧云. 汽车修理与检测 [M]. 北京：中国劳动社会保障出版社，2004.
[6] 李晓. 汽车底盘构造与维修 [M]. 北京：人民邮电出版社，2010.
[7] 关文达. 汽车修理工 [M]. 北京：机械工业出版社，2006.